桥梁
BRIDGE
实用汉语中级教程
A PRACTICAL INTERMEDIATE CHINESE COURSE

主　编　陈　灼

副主编　王世生

编　者　（按姓氏笔画）

　　　　王世生　沈志钧　汪宗虎　杨　翼

　　　　陈　灼　舒春凌

英文翻译　周建民　曾宪宇

北语对外汉语精版教材
BLCU CHOICE TEXTBOOKS

桥 梁

实用汉语中级教程（上）

陈灼 主编

第三版 Third Edition

BRIDGE

A PRACTICAL INTERMEDIATE CHINESE COURSE （Ⅰ）

北京语言大学出版社
BEIJING LANGUAGE AND CULTURE UNIVERSITY PRESS

图书在版编目(CIP)数据

桥梁：实用汉语中级教程.上册/陈灼主编. — 3版
（修订本）. — 北京：北京语言大学出版社，2012.9（2024.9重印）
ISBN 978-7-5619-3375-6

Ⅰ.①桥… Ⅱ.①陈… Ⅲ.①汉语—对外汉语教学—教材 Ⅳ.①H195.4

中国版本图书馆CIP数据核字（2012）第221996号

书　　名：	桥梁：实用汉语中级教程（上）
责任印制：	邝　天

出版发行：	北京语言大学出版社
社　　址：	北京市海淀区学院路15号，100083
网　　址：	www.blcup.com
电子信箱：	service@blcup.com
电　　话：	编 辑 部　8610-82303647/3592/3395
	国内发行　8610-82303650/3591/3648
	海外发行　8610-82303365/3080/3668
	北语书店　8610-82303653
	网购咨询　8610-82303908
印　　刷：	北京鑫丰华彩印有限公司
经　　销：	全国新华书店

版　　次：	2012年9月第3版　2024年9月第9次印刷
开　　本：	787毫米×1092毫米　1/16　印张：22.25
字　　数：	386千字
书　　号：	ISBN 978-7-5619-3375-6 / H·12162
定　　价：	79.00元（含课本、扩展学习手册和MP3）

凡有印装质量问题，本社负责调换。售后QQ号1367565611，电话010-82303590

出版说明

《桥梁——实用汉语中级教程》(上、下)(以下简称《桥梁》)1996年出版第一版,2000年进行修订、出版第二版,至今已有十几年的时间。十几年来,《桥梁》以其编排的科学性、实用性,成为国内对外汉语课堂上广为使用的一套中级汉语主干教材,同时也走进了新疆少数民族地区和国外的汉语课堂。作为我社的精品教材,自出版至今,《桥梁》发行量已逾18万套,为18万人搭起了通往高级汉语和中国文化的"桥梁"!

随着社会的发展,教材中的某些内容及包装形式已显过时,在对使用者广泛调研的基础上,我们启动了第三版的修订工作。编者对过时内容进行了修订,用适合当下话题的内容更换了过时的课文和相关内容;针对原版的主、副课文的使用情况,调整教材的体例,将原来的上、下册各一分为二:课本和扩展学习手册,以便于师生灵活选择使用和携带;重新进行设计包装,新的版面美观、清晰,录音MP3扫码获取,更方便使用。

第三版《桥梁》进行了大幅度的修订,我们希望将一个保留了原版特色、优势,同时又崭新、亮丽的《桥梁》呈现给广大师生,愿它为更多的学习者架起汉语学习的桥梁,架起联通世界与中国的桥梁!

北京语言大学出版社

2012年8月

修订说明

《桥梁——实用汉语中级教程》(以下简称《桥梁》)于1996年由北京语言大学出版社出版第一版,距今已有16年之久。这期间,世界和我国的社会生活发生了巨大变化,对外汉语教育事业更有了长足的发展。为适应发展变化的形势,并受北京语言大学出版社之邀,我们对《桥梁》进行了本次修订。

为了保持《桥梁》的特色、优势以及稳定性,修订版的编写理念、原则、指导思想不变(请参阅第一版的"编写说明"),与此同时,对基本框架做了部分调整。主要有以下几点:

一、调整、撤换了部分课文

随着社会的发展,有些课文的内容略显过时,因此,我们将其中的7篇删去,增加7篇适合当下话题的新课文及语法、词汇、练习等相关内容。

二、调整体例

修订版《桥梁》仍分上、下册,30篇课文总数不变,但在形式、体例上有所调整:将上、下册各分为"课本"和"扩展学习手册"两部分。

● 1. 课本

"课本"包括课文、生词、词语搭配与扩展、语法例释及与课文相关的练习及交际性综合练习,是课堂教学的主要内容。

● 2. 扩展学习手册

原版中的阅读课文、会话课文、听力课文及相关练习,构成"扩展学习手册",教师可根据教学实际选择使用。

这种体例的调整,一方面是为了使课堂学习重点突出,另一方面,可以更灵活机动地实施当初设置副课文的目的——引导学生在学习完正课文的内容,并对其所列的词汇、语法结构等项目进行理解、操练后,进一步围绕限定的结构、功能、文化等项目进行听说读写的扩展练习与综合训练。因此,扩展学习手册是对主要学习内容的重现、补充、拓展和深化,它提供的语言环境、创造的语言氛围,是一种语言学习的熏陶,利于学生"习得"语言。

三、重新标注词汇等级

在"加强科学性、系统性"方面,修订版《桥梁》汲取最新科研成果,以《汉语国际教育用音节汉字词汇等级划分》（中华人民共和国教育部、国家文字委员会发布，北京语言大学出版社 2010 年 10 月出版）为重要依据和参照，控制生词量和教材的难易度，确定词汇、语法的讲练重点。根据统计，一级（初级）词汇占 9.1%，二级（中级）词汇占 28.7%，三级（高级）词汇占 27.2%，附录词汇占 5%，生词上纲率为 70%。

四、努力处理好结构、功能、文化三者的结合

在文化教学方面，更加注重传统文化的介绍，如增加了儒家文化以及汉字文化（"网"、"和"、"名"等）的内容。同时，也注重关注当下话题，如博客、手机、低碳等。

五、加强练习

根据多方面调查以及专家、同行的意见，增减了部分练习方式。为方便教师和学生使用，上下册将各配练习册一册，课本中练习的答案将附在练习册书后。

《桥梁》的此次修订，北京语言大学出版社在各方面给予了大力支持。刘珣教授结合教学实践，给教材提出了宝贵意见，责任编辑刘艳芬对修订版的框架设计提出了建设性意见，并付出了辛勤的劳动。在此，我们一并致以谢意！

关于教材中所采用文章，我们已设法征得大多数作者的同意，但由于诸多原因，仍有个别作者未能取得联系，我们除表示歉意和感谢外，还希望原文章作者能与我们联系，以便商议支付使用费等事宜。

编　者
2012 年端午

第一版编写说明

《桥梁——实用汉语中级教程》是为学习汉语言专业二年级的留学生编写的，是"中级汉语"主干课的教材，被列为国家汉办规划教材。也可供学完现代汉语基本语法并已掌握2500个左右汉语词的其他汉语习者学习使用。

一、编写原则

● 1. 注意交际性原则

本教材从主课文的选篇、副课文的匹配，到练习题的设计，都是以培养学习者的交际能力为目标，结合功能、文化项目，围绕教育、职业、婚姻家庭、经济、法律、道德、文化、交通、健康、环境等10个题材范围进行编写的。

本教材的构思、总体框架设计，吸取了功能教学法圆周式安排教学内容的精神，但在编写过程中，考虑到教材整体的纵横关系和难易程度，根据学习者需求和教学实际，有的题材循环了两次，有的循环了三次（小循环四到五次）。

● 2. 加强科学性和系统性

（1）汲取最新科研成果。本教材以《汉语水平词汇与汉字等级大纲》（国家对外汉语教学领导小组办公室汉语水平考试部编，北京语言学院出版社出版，1992年）、《汉语水平等级标准和等级大纲》（试行）（中国对外汉语教学学会汉语水平等级标准研究小组编，北京语言学院出版社出版，1988年）和《中高级对外汉语教学等级大纲》（孙瑞珍主编，北京大学出版社出版，1995年）为重要依据和参照，控制生词量和难易程度。

（2）紧扣上述三个大纲筛选词汇和语法的讲练重点。以丙级词汇和语法项目为主，有目的有计划地重现、扩展、深化部分甲、乙级词汇和语法项目的内容，并根据话题范围，吸收一定比例的丁级词、超纲词和相关的语法点进入训练系统。

（3）力求提高重现率。重现是第二语言教学的重要原则。本教材对重点讲练词汇、结构、常用句式、功能项目以及话题内容等，都根据交际训练的需要，安排了多个方面、多种类型的重现，并贯穿于教程的始终。

二、内容构成与教学建议

● 1. 内容构成

本教材分上下两册，共30课。每册书后附有生词总表。

每课书由正课文、生词、词语搭配与扩展、语法例释、副课文、练习六部分组成。

（1）**正课文**　在力求题材广泛、体裁多样的同时，注意到时代感与稳定性的统一，科学性与趣味性的有机结合，中外文化的对比与交流。

（2）**生词**　注有词性、汉语拼音、词汇等级；并配有英文翻译。

（3）**词语搭配与扩展**　根据词汇的词性、义项的不同，设置了不同的搭配框架，以帮助学习者掌握汉语词汇的搭配规律的特点。

（4）**语法例释**　语法内容的编排，以教学要求和学习者的难点为出发点，兼顾语法体系和语言知识的系统完整，注重实用性和针对性。讲练的语法内容，根据课文的需要以"点"的形式出现。对于较难较复杂的语法项目，采取化整为零、细水长流的方式，分别解决。例如，"把"字句（1）、（2）、（3），"被动句"（1）、（2）、（3）、（4），等等。

（5）**副课文**　副课文是对正课文的重现、补充、阐述、拓宽和深化。每课都配有阅读、会话、听力副课文各一篇。目的是便于直接围绕限定的结构与功能、文化项目进行听说读写的综合训练。使用时一定要有别于听力、口语、阅读的单项技能训练课。例如，本教材的听力课文配有录音，主要是为学习者课下"听"而设计的。教师可通过让学生"写"或课上回答问题，检查"听"的效果。

（6）**练习**　语言能力、语言交际能力是通过操练、实践获得的。为此，我们在练习的模式设计上，注意了启发性、交际性的原则，采用了一些汉语水平考试的题型。练习内容分为三类：一类是理解性、记忆性的机械性训练；一类是半机械性、半交际性训练；第三类是交际性训练。机械性训练是前提、基础；交际性训练是练习系统的核心，是沟通课堂教学与真实交际的桥梁。本教材中，每篇课文所设计的交际训练，都是从示例、提示的作用出发，以期引发学生结合现实生活进行活用，从而顺利地到达自由交际的彼岸。

● 2. 教学建议

一般的进度，一周（6课时）一课书；较长的课文，三周学习两课。上下两册一学年学完。本教材内容信息量大，覆盖面广，具有一定的弹性，便于使用者根据教学实际灵活掌握。本书配有录音，为自学者提供了方便。

三、祝你成功

《桥梁》的作用在于过渡、沟通。本教材为学习者架起了一座从基础阶段过渡到高级阶段的桥梁。我们希望它能帮助你克服重重困难，达到理想的目标。我们也希望本教材在沟通中国与世界的交流方面起到一点作用。祝你成功！

本教材继承、吸收了众多汉语中级教材，特别是《中级汉语教程》（北京语言学院出版社出版，1987年）的长处和经验，同时，我们在第二语言教学理论、框架设计、选材、训练体系等方面进行了新的探索，做出了努力。但由于水平、时间所限，肯定会有需要探讨和进一步提高、完善之处，欢迎使用本书的教师、读者批评指正。

在本书编写和出版过程中，曾得到国家汉办、北京语言学院、北京语言学院汉语学院、文化学院和北京语言学院出版社等各级领导及同行们的大力支持和热情帮助。中级汉语教研室的老师们积极试讲、研讨。系领导王晓澎副教授、孙德金老师也提出了很好的意见和建议，并给予我们极大的鼓励。鲁健骥教授（前出版社社长兼总编辑）在审稿过程中，对"词语搭配与扩展"等项提出了宝贵的修改意见。李杨教授自始至终关心本书的编写，并对部分初稿提出过宝贵的意见。在此，我们一并致以衷心的谢意。

本教材的课文大多选自报刊或电视广播，根据教学需要，对原文进行了删改，并在文后注上作者的姓名。关于版权，我们已设法征得了绝大多数作者的同意。但其中部分文章或段落，由于诸多原因，如转载转录、作者不详，我们未能与作者取得联系，在此表示歉意和感谢。

编　者

第一版序

陈灼老师把她为外国人主编的中级汉语教程命名为《桥梁》，其用意在于为学习者架起一座从基础阶段过渡到高级阶段的桥梁。

外国人学习汉语，入门也许不难，越学越觉得不容易却是常有的事。学习者在基础阶段掌握了不少语法规则，进入中级阶段，随着所学词汇量的增长，说出或写出的句子，却时常出错，表达不当也多有发生，这些很令学习者茫然。这是因为随着词汇增多，句式也变得细密繁难，语境更复杂，语言得体性要求也随之提高。加之民族心理、社会背景，以及文化传统诸多因素的渗入，语言学习出现了爬坡现象。这似乎是学习任何一种第二语言，在向中级阶段迈进时，或多或少总会遇到的麻烦。

因此，外国学生在掌握了约2500个生词之后，如何进一步提高语言水平，着重从哪些方面进入训练，才能克服进入中级阶段所遇到的学习困难，避免陷入困境，不断地提高交际能力，一直是对外汉语教学界教材编写和课堂教学所着意要解决的问题。《桥梁》一书的编者深入钻研了第二语言习得理论，探讨学习者的学习规律，在教材的框架设计、选材目光、训练体系等方面进行了有益的探索，使新编的教材耳目一新。

目前，我国的对外汉语教材面对学习者的严格选择和教材之间的存优汰劣，竞争不能说不激烈，要推陈出新，受到使用者的欢迎，也须绞尽脑汁，颇费思索。我以为《桥梁》一书在以下几点颇出新意。

一、教材采用主课文匹配副课文的办法，每一课有阅读、会话、听力副课文各一篇，以此直接围绕教材所限定的结构、功能及文化项目进行听、说、读、写的综合训练。一本教材的得失优劣，能否受到学习者的欢迎，主课文是至关重要的一项。课文内容应新鲜有趣，有文化内涵，适合成年人的口胃，符合学习者的文化品位。语言应该是规范的，但不是学院式的语言或人造语言，应尽量做到准确、生动、实用。切忌内容幼稚，语言干瘪，故作幽默，博取噱头。本教材在这方面做出了努力。

二、教材所出词汇及语法以《大纲》的丙级词汇和语法项目为主，并根据选题范围，吸收一定比例的丁级词，甚至大纲以外的词和语法现象进入训练系统。这样灵活处理，有所本，但又不拘泥，着眼点正在于培养学习者的交际能力，使课文的编写不至于因词汇与语法的局限，而干涩，而拗口，而影响交际。

三、在基础阶段学习者虽掌握了汉语的基本句型，但对句式内部成分的隐层语义关系并不十分了然。他们不知道词语的不同义项所具有的不同的语法功能，以及由此带来的不同的搭配。教材中"词语搭配与扩展"一项正是据此而设计的。在语法例释一项，注重词的用法，根据课文需要以"点"的形式出现。"点"分三种：体系型语法点（属传统语法体系内容）、自主型语法点（虚词及难于把握的词的用法）、格式型语法点（常用格式的用法）。这样安排也是针对中级汉语学习者的需要，体现了语义语法的特点，是很讲究实用的。

四、练习拉开层次，有助于学习者掌握语言，提高交际能力，特别是篇章表达能力。从理解记忆性的练习，到半机械半交际性的练习，到交际性练习。练习的编排是体现编者匠心的，当然也加大了编写难度。一部教材能否使学习者达到编者所预期的学习目标，练习是重要的保证。练习的量、练习内容的覆盖面、练习项目的设计安排、练习方式的多样化，既能检验教学者，又可检查学习者。如果练习做完了，做对了，学习者就基本掌握了本课的学习内容，这应该说是一份好的练习。本书编者在这方面做出了努力。

"由行家编写教材"，是第二语言教学中应该恪守的一条不成文的规定，因为他们既有丰富的教学经验，又有编写教材的理论素养和文字能力。《桥梁》一书的编者们都是长期从事对外汉语教学，特别是中、高级汉语教学的有经验的教师，他们了解中级阶段学生学习的难点，懂得对症下药。他们吸取众多中级汉语教材的优点与长处，扬长避短，突出自己的特色，使这部中级汉语教材得以问世。编写一部好的对外汉语教材，所付出的辛劳，个中的甘苦，局外人是难以了解的。至于教材编成后到底好用不好用，应该由使用者去评说。我相信，这部教材会成为一座真正的桥梁，在基础汉语和高级汉语之间，起到应起的过渡与沟通作用。我相信这是一座坚固、平稳、通畅的桥梁。

赵金铭

1996.4.10

目 录

			词语搭配与扩展	语法例释	
1	课文	生词	我的"希望工程" —— 1 宣布/拆/拒绝/任何/出事/打工/算（是）/负担/感受/挫折	轻易/其实/因为……而……/凭/尽管/总算/对……来说/……下去	练习
2	课文	生词	差不多先生传 —— 15 分明/讲究/算/搭/从容/称赞/无数	凡……就……/何必/不是……吗/既……又……/一面……一面……/一时/从此	练习
3	课文	生词	我记忆中的两个女孩 —— 27 塞/勉强/结婚/接触/合/控制/借口/故意/遗憾/珍惜	从来/始终/忍不住/……出来/一下/竟/……下来（下来₁）/量词（量词₁）	练习
4	课文	生词	醉人的春夜 —— 41 倒霉/无可奈何/串/似……非……/镇静/帮忙/跨/招呼/掏/瞎/格外	……起来（起来₁）/稍稍/不觉/差点儿/……归……/冲/怪……的/打/随即	练习
5	课文	生词	眼光 —— 55 实现/闭/充满/联系/花/避/承认/毫无/加以/吃惊/清醒	了（了₁）/……出去/毕竟/亲自/简直/连……带……/……过来	练习

I

			词语搭配与扩展	语法例释	
6	吸烟者的烦恼				70
	课文	生词	者 / 瘾 / 干涉 / 尊重 / 保障 / 生气 / 为难 / 委屈 / 同情 / 癌	难怪 / 既然……就…… / 反正 / 况且 / 然而 / 偏偏 / 甚至 / 居然 / 反问句 / 一……准……	练习
7	第一次转机				84
	课文	生词	衔接 / 托运 / 耽误 / 治疗 / 信息 / 不顾 / 开通	打交道 / 宁可……也…… / 果然 / 大不了 / 总 / 足足 / ……下来（下来₂）	练习
8	广告与顾客				101
	课文	生词	保证 / 合格 / 赔偿 / 付 / 规定 / 如此 / 举行 / 复制 / 吃亏	……之一 / 于是 / 不料 / 像……似的 / 不得了 / 怎么……也不 / ……着……着 / 是为了…… / 表示动作的进行状态	练习
9	李群求职记				116
	课文	生词	贴 / 报酬 / 选择 / 偶然 / 打扮 / 赚 / 价钱 / 适应 / 淘汰 / 从事 / 业务	把（把₁）/ 把（把₂）/ 被（被₁）/ 一眼 / ……起来（起来₂）/ 趁（着）/ 决不 / 是否	练习
10	写在助残日之前				132
	课文	生词	象征 / 文明 / 场合 / 享受 / 道歉 / 放弃 / 陌生 / 推荐 / 钻研	了（了₂）/ 不由得 / 因为……的缘故 / 尽量 / 不是……而是…… / 临 / 特地 / ……之类 / 倒（是）/ 一连	练习

			词语搭配与扩展	语法例释	
11	热爱绿色				148
	课文	生词	检验 / 消费 / 标准 / 观察 / 难以 / 客观 / 量 / 后果 / 保护	谁 / 看上去 / 令 / 即使……也…… / 别说……即使……也…… / 据…… / 只要……就（都）…… / 显然	练习
12	买彩票				163
	课文	生词	兴 / 赌 / 凑 / 骗 / 仔细 / 信任 / 种类 / 喘 / 嫉妒	由……哪怕……也（都）…… / 万一 / 照例 / 总得 / 另 / 拿……来说 / 随时 / 难道	练习
13	我的博客家园				178
	课文	生词	网络 / 赞美 / 探讨 / 满足 / 增强 / 抵抗 / 储备 / 创办	以至 / 或(者)……或(者)…… / 一下子 / 一旦 / 非 / 以 / 尤其 / 被……所……（被$_2$） / ……比……还……	练习
14	开车与人生				197
	课文	生词	驾驶 / 规则 / 遵守 / 把握 / 时机 / 在于	悄悄 / 或许 / ……过去 / 随着…… / 上来 / 稍微 / 只管 / 左……右……	练习
15	在那遥远的地方				214
	课文	生词	喜爱 / 青春 / 收集 / 改编 / 流传 / 拍摄 / 风格 / 欣赏	重新 / 不仅……而且…… / 手舞足蹈 / 被……作为……（被$_3$） / 而 / 正当…… / 任 / 是……的	练习
	词语总表				232

1 我的"希望工程"

课文

1989年10月30日，中国青少年发展基金会召开新闻发布¹会，正式宣布²："建立我国第一个救助³贫困⁴地区失学⁵青少年基金会"。此项工程定名为"希望工程"。

几年来，"希望工程"救助了成千上万⁶的失学青少年，使他们重新⁷回到了校园。

一位北京的大学生收到了井冈山少年的一封信，由此引出下面一个感人的故事——

我用颤抖⁸的手拆⁹开邮包¹⁰，由于激动，用力过猛¹¹，葵花子¹²洒¹³了一地。不知怎么，我的心一酸，眼前一片模糊¹⁴。人们常说，男子汉是轻易¹⁵不掉眼泪的。可此时，我控制¹⁶不住自己了。

邮包上的字歪歪扭扭¹⁷，仿佛跳着舞在向我讲述¹⁸：在那遥远¹⁹的山沟²⁰里，有多少孩子想读书、想学写字啊。他们恳求²¹自己的父母——我可以带着弟弟去上课……我一定干完地里的活儿再去上学，放学以后还可以挑水、拾柴……星期天也能帮助家里干活儿，让我把小学念完吧。

六个月前，当一封印有"希望工程"字样的信从北京一条小胡同²²寄到我手里时，命运²³就安排了我要认识你。其实²⁴，到现在，我只知道你的名字：黄志强——江西井冈山上一个因为贫穷²⁵而²⁶不得不²⁷三次停学，常常对着书包落泪的11岁的少年。

志强，多好的名字啊！就凭²⁸你这名字，我还有什么理由拒绝²⁹每学期寄给你学费呢？尽管³⁰我也是一个穷学生。

收到我寄的钱后，你回信了。信里既没有感激³¹的话，也没有表示什么决心，只有六个字："叔叔，我上学了。"这六个字像火一样地燃烧着我，我反复³²

看着读着……我感到一种强大的压力³³，一种时代的责任感³⁴。

此后几个月，没有你的任何³⁵消息。叔叔心里很不安³⁶，总担心你家里出了什么事³⁷，你又失学了。下课后，我常常跑到传达室³⁸，看看有没有你的信。今天总算³⁹盼⁴⁰到了你的信，还有一包葵花子。我急忙打开你的信：

"叔叔，我期末考试的平均⁴¹成绩是99分。你寄来的30元钱收到了，我哭了……我怎么报答⁴²你呢？我没有什么好东西可以送你。我想寄几块红薯⁴³给你，走了五十里山路，可乡里的邮局不让寄。后来，我想出一个好办法，在院子里种了几棵向日葵⁴⁴。每天浇水、拔草、捉虫，天天都要摸摸⁴⁵它们，盼着它们快快长大。盼呀盼呀，终于盼到了收获。我又到邮局去寄，这次阿姨不但让我寄了，还没有收我的邮费。叔叔，你知道这是为什么吗？……"

信还没读完，我的泪水已经打湿了信纸。我仿佛看到这满地的葵花子已长成一片竹林，是井冈山上的竹林。

志强，不要再给叔叔寄什么了。虽然叔叔并不富裕⁴⁶，也要靠打工⁴⁷来完成学业。每学期寄出30元，对叔叔这样的穷学生来说⁴⁸，并不算⁴⁹轻松⁵⁰。但叔叔不觉得是负担⁵¹，叔叔已经得到了最好的报答，得到了无价之宝⁵²，那就是从你那幼小的心灵⁵³深处感受⁵⁴到的人间⁵⁵真情，明白了自己身上的责任。

志强，在今后生活、学习的道路上，还会遇到许多想不到的困难，你一定要坚持下去呀！要像你的名字一样，要对得起⁵⁶你的名字。

志强，今后叔叔无论⁵⁷走到哪里，无论遇到什么困难，受到什么挫折⁵⁸，都会按时给你寄钱的。最近，我又给你买了几本书和一些学习用品。只要一想到你，叔叔就觉得有力量，就马上想去做事情。叔叔会打字、画画儿，会修理电视、录音机、自行车……是你给了叔叔希望。你，是叔叔的"希望工程"。

（选自《北京日报》，作者：方略。有删改）

我的"希望工程"

生词

1	发布	fābù	（动）	release	二
2	宣布	xuānbù	（动）	declare, announce	一③
3	救助	jiùzhù	（动）	help sb. in difficulty	二
4	贫困	pínkùn	（形）	poor, poverty-stricken	二
5	失学	shī xué	（动）	discontinue one's studies	二
6	成千上万	chéng qiān shàng wàn		thousands upon thousands	附
7	重新	chóngxīn	（副）	again	一②
8	颤抖	chàndǒu	（动）	quiver	三
9	拆	chāi	（动）	(tear) open, take apart	二
10	邮包	yóubāo	（名）	postal parcel	
11	猛	měng	（形）	violent	
12	葵花子	kuíhuāzǐ	（名）	sunflower seed	
13	洒	sǎ	（动）	spill	二
14	模糊	móhu	（形）	blurred	二
15	轻易	qīngyì	（副）	easily	二
16	控制	kòngzhì	（动）	control	二
17	歪歪扭扭	wāiwāiniǔniǔ	（形）	crooked	
18	讲述	jiǎngshù	（动）	tell	三
19	遥远	yáoyuǎn	（形）	remote	三
20	山沟	shāngōu	（名）	mountain area	
21	恳求	kěnqiú	（动）	implore	三
22	胡同	hútòng	（名）	lane	二
23	命运	mìngyùn	（名）	destiny, fate	一③
24	其实	qíshí	（副）	actually	一③
25	贫穷	pínqióng	（形）	poor	三
26	而	ér	（连）	used to express coordination by connecting cause and effect or aim and means	二

27	不得不	bùdébù		have no choice but to	一②
28	凭	píng	(介)	base on	二
29	拒绝	jùjué	(动)	refuse	二
30	尽管	jǐnguǎn	(连)	though	二
31	感激	gǎnjī	(动)	be thankful	三
32	反复	fǎnfù	(副、名)	repeatedly; reversal	一③
33	压力	yālì	(名)	pressure	一③
34	感	gǎn	(尾)	sense, feeling	
35	任何	rènhé	(代)	any	一③
36	不安	bù'ān	(形)	upset	一③
37	出事	chū shì	(动)	meet with a mishap	二
38	传达室	chuándáshì	(名)	reception office	
39	总算	zǒngsuàn	(副)	finally	二
40	盼	pàn	(动)	long for	三
41	平均	píngjūn	(动、形)	average	二
42	报答	bàodá	(动)	repay, requite	二
43	红薯	hóngshǔ	(名)	sweet potato	
44	向日葵	xiàngrìkuí	(名)	sunflower	
45	摸	mō	(动)	touch	二
46	富裕	fùyù	(形)	rich	三
47	打工	dǎ gōng	(动)	take a part-time or temporary job	一②
48	对……来说	duì……láishuō		indicating the person or thing to whom or which a statement pertains	
49	算(是)	suàn(shì)	(副)	regard as; consider	
50	轻松	qīngsōng	(形)	easy	二
51	负担	fùdān	(名、动)	burden	二
52	无价之宝	wú jià zhī bǎo		priceless treasure	
53	心灵	xīnlíng	(名)	heart, soul	二
54	感受	gǎnshòu	(动、名)	feel; feeling	一③
55	人间	rénjiān	(名)	the world	二

我的"希望工程"

56	对得起	duìdeqǐ	（动）	be worthy of	三
57	无论	wúlùn	（连）	no matter what/how, etc.	一③
58	挫折	cuòzhé	（名）	setback, reverse	三

专有名词

1	中国青少年发展基金会	Zhōngguó Qīngshàonián Fāzhǎn Jījīnhuì	China Youth Development Foundation
2	井冈山	Jǐnggāng Shān	Jinggang Mountain, a mountain located in the remote border region between Jiangxi and Hunan Provinces.
3	黄志强	Huáng Zhìqiáng	name of a person
4	江西	Jiāngxī	Jiangxi Province, a southern province in China

词语搭配与扩展

一 宣布

[动~] 要求~｜希望~｜害怕~｜拒绝~

[~动] ~散会｜~成立｜~结束｜~结婚

[~宾] ~命令｜~消息｜~成绩｜~一件事

[状~] 正式~｜庄严地~｜愉快地~｜向世界~

[~补] ~得及时｜~不了｜~一下｜~过好几次

[~中] ~的时间｜~的地点｜~的原因

（1）今天宣布了出国访问人员的名单。

（2）大会刚宣布结束，他就走了。

二 拆

[动~] 赞成~｜希望~（下来）｜拒绝~（房）｜决定~（下来）

[~宾] ~信｜~机器｜~房子

[状~] 一点儿一点儿~｜赶快~｜用手~｜从上面~

［~补］~完了｜（把零件）~下来｜~不开｜~了一上午

［~中］~的结果｜~的原因｜~的时间

（1）这房子拆了一半怎么就不拆了？

（2）不应该随便拆别人的信。

三 拒绝

［动~］受到~｜遭到~｜打算~（他）

［~动］~回答｜~修改｜~发表｜~接受

［~宾］~对方｜~他（的要求）｜~了这个小伙子

［状~］坚决~｜无理~｜找借口~｜被他~了

［~补］~得好｜~得没有道理｜~了好几次

［~中］~的原因｜~的方式

（1）那小伙子已经拒绝过我一次了。

（2）她找不出拒绝的理由，只好接受了。

四 任何

［~中］~国家｜~条件｜~困难｜~压力｜~负担｜
~变化｜~反应｜~挫折｜~感受｜~借口

（1）任何困难也吓不倒我们。

（2）他现在没有任何负担，很轻松。

五 出事

［动~］怕~｜担心~

［状~］差点儿~｜恐怕~了｜连续~｜一直没~｜不会~

［出……事］从未出过事｜出了大事｜出不完的事｜出了好几件事

（1）他弟弟是不是又出事了？他出什么事也不奇怪。

（2）咱们单位今年出了好几件新鲜事。

六 打工

［主~］学生~｜四川人~｜老外~

［状~］一直~｜连续~｜课余~｜业余~｜出国~

我的"希望工程"　1

[打……工] 打不上工｜打不了工｜打了半年工｜打了好几份工

（1）他从来没打过工，所以很担心干不好。
（2）学生们都是利用放假的时间打工。

七 算（是）

[~动/形]（不）~骂人｜~犯法｜~讲得好的｜~合格｜~干净的｜不~太热
[~宾] ~学生｜~外国人｜~大事｜不~病｜~你赢｜~咱俩有缘分
[状~] 应该~｜不能~及格｜竟然~模范

（1）走路的人口渴了，摘一个瓜吃，我们这里是不算偷的。
（2）他什么病也不会治，也算大夫？

八 负担

[动~] 增加~｜减轻~｜拒绝~｜开始~
[~动/形] ~增加｜~取消｜~（太）重｜~轻
[~宾] ~学费｜~老人｜~这个家庭
[定~] 家庭~｜工作~｜经济~｜思想~
[状~] 主动~｜全部~｜独自~｜由……~｜从……就~
[~补] ~到底｜~起来｜~不起｜~不了｜~了两年
[~中] ~的条件｜~的费用

（1）他的家庭负担太重，少分给他一点儿任务吧。
（2）不告诉他，是怕给他增加思想负担。

九 感受

[动~] 有~｜得到（一些）~｜获得（新的）~｜开始~到……
[~形] ~很深｜~深刻
[~宾] ~（到）变化｜~（到）鼓舞
[定~] 生活的~｜过去的~｜痛苦的~
[状~] 强烈地~｜突然~到……｜逐渐~到……

（1）他的不负责任的态度，我是太有感受了。
（2）打工以后，他对生活有了一种新的感受。

7

十 挫折

[动~] 受到~｜避免~｜害怕~｜战胜~｜经不起~

[~动] ~教育了……｜~锻炼了……

[定~] 很大的~｜意外的~｜爱情的~｜事业的~

（1）人的一生总是要遇到各种各样的挫折。

（2）挫折使他变得更坚强了。

语法例释

一 男子汉是轻易不掉眼泪的

"轻易"，副词。多用于否定。

1. 表示随随便便的意思。多作状语。例如：

（1）你不了解情况，不要轻易发表意见。

（2）张教授太严肃，大家不敢轻易跟他开玩笑。

（3）任何一种语言都不是轻易可以学好的，一定要下苦功夫。

（4）他就这样轻易地做出了决定，太不负责任了。

2. "轻易不"、"轻易……不"还表示"很少"、"不容易"的意思。例如：

（5）大李身体很好，轻易不感冒。

（6）赵先生太忙了，你轻易找不到他。

（7）平时，他轻易不喝酒，今天是太高兴了。

二 其实，到现在，我只知道你的名字

"其实"，副词。说明事情的真实情况和实质。"其实"前后的话语，意思上往往有转折；"其实"也可以放在一句、一段的开头，起承接作用。例如：

（1）我以为这篇课文很容易，其实很难。

（2）他不愿意再重新抄一遍，其实，多抄一遍对他复习生词有好处。

（3）大林和小妹生活了一辈子，其实，大林并不真正了解小妹。

（4）他除了上课就是做作业，其实，听广播、看电视也是学习汉语。

（5）昨天，学校又宣布了两项规定。其实，那些不遵守纪律的学生，根本不把规定放在心上。

（6）大家只知道他会写文章，其实他画画儿也画得很好。

三 一个因为贫穷而不得不三次停学……的少年

"而"，连词。常与"因为"、"因"构成"因为……而……"、"因……而……"的格式。"因为"、"因"后面可以是词、短语，表示原因。"而"连接由此引起的情况或结果。例如：

（1）刘小红因为挨了批评而生气不干了。

（2）他们因为怕得肝炎而不敢在外边吃饭。

（3）奶奶因为怕光而整天挂着窗帘。

（4）他因怕得感冒而不停地喝水。

（5）大哥因为要给妹妹交住院费而不得不每天去打工。

四 就凭你这名字

"凭"，介词。用来介绍出行为、动作所依据的事物、条件或理由。有时，"凭"的后面可带"着"。例如：

（1）她们凭着自己的力量，办起了小工厂。

（2）凭过去的老经验办事不行了。

（3）晚会要凭票入场，别忘了带票。

（4）老张凭耳朵听，就能知道机器出了什么毛病。

（5）就凭他现在的外语水平，还当不了翻译。

（6）他凭着老朋友的关系找到了这份工作。

"凭什么"是一个固定格式，表示质问。例如：

（7）他们凭什么随便罚款？

（8）你凭什么检查我的证件？

五 尽管我也是一个穷学生

"尽管"，连词。意思相当于"虽然"，表示让步，用来连接转折复句。常与连词"但是"、"可"、"可是"等相呼应。例如：

（1）尽管他没有给我什么帮助，但我还是很感激他。
（2）尽管在这个班学习有压力，可他还是不愿意离开。
（3）尽管经理脸上没表现出来，可是心里已经很生气了。

有时，由"尽管"引起的副句可放在主句之后。例如：

（4）这次水灾，他捐了很多钱，尽管他并不富裕。
（5）今天晚上他的体温还可能要上去，尽管现在已经控制住了。

六 今天总算盼到了你的信

"总算"，副词。表示经过较长的时间或做了很大的努力以后，某种愿望终于实现。例如：

（1）哎呀！这些人总算走了，我可以睡觉了。
（2）我们恳求了他半天，这次他总算没拒绝。
（3）找了一上午钥匙，总算找到了。
（4）试验成功了，大家总算没白努力。
（5）手术以后，他的病情总算控制住了。
（6）经过各方面的努力，住房问题总算解决了。

七 对叔叔这样的穷学生来说

"对/对于……来说/说来"，这个固定格式表示从某人或某事的角度来看待某一问题。在句中作状语。例如：

（1）对于这些年轻人来说，没有克服不了的困难。
（2）学汉字，写汉字，对日本学生来说，困难少一些。
（3）这儿的环境，对一个病人来说，太闹了。
（4）老师这种反复练习的方法，对我来说很适合。
（5）翻译这份材料，对你说来很容易，对我来说，可是一个很大的负担。

八 你一定要坚持下去呀

"……下去"，趋向补语。引申义表示已在进行的动作、行为继续进行。例如：

（1）你应该继续学下去，要有信心呀！

（2）他心里有急事听不下去了。

（3）雨越下越大，比赛进行不下去了。

（4）照这样争论下去，永远不会有结果。

（5）凭他的勤劳节省，日子还算过得下去。

（6）无论有什么困难，也要坚持下去。

练 习

一 熟读下列词组。

重新认识	反复考虑	遥远的地方	坚持下去
重新决定	反复修改	地方很遥远	继续下去
相同的命运	颤抖的双手	对得起他	控制不住
命运的安排	颤抖起来	他对得起	控制起来

二 给下列词语填上补语。

1. 扭＿＿＿＿＿ 2. 摸＿＿＿＿＿ 3. 负担＿＿＿＿＿ 4. 拆＿＿＿＿＿
5. 洒＿＿＿＿＿ 6. 富裕＿＿＿＿＿ 7. 轻松＿＿＿＿＿ 8. 拒绝＿＿＿＿＿

三 用指定词语完成句子。

1. 过去，这山沟里的农民生活很苦，＿＿＿＿＿＿＿＿＿＿＿＿＿＿＿＿＿＿＿＿＿。（富裕）

2. 他把拆开的邮包＿＿＿＿＿＿＿＿＿＿＿＿＿＿＿＿＿＿＿＿＿＿＿＿＿＿＿＿。（重新）

3. 前边的车子出事了，＿＿＿＿＿＿＿＿＿＿＿＿＿＿＿＿＿＿＿＿＿＿＿＿＿。（不得不）

4. 大家都以为他是日本人，＿＿＿＿＿＿＿＿＿＿＿＿＿＿＿＿＿＿＿＿＿＿＿。（其实）

5. ＿＿＿＿＿＿＿＿＿＿＿＿＿＿＿＿＿＿＿，最后才做出了这个决定。（反复）

6. 阿里写作业时非常认真，＿＿＿＿＿＿＿＿＿＿＿＿＿＿＿＿＿＿＿＿＿＿＿。（轻易）

7. 他因为怕出事，＿＿＿＿＿＿＿＿＿＿＿＿＿＿＿＿＿＿＿＿＿＿＿＿＿＿＿。（而）

8. 李小山明白，只有坚持学下去，＿＿＿＿＿＿＿＿＿＿＿＿＿＿＿＿＿＿＿＿。（对得起）

9. 我走以后你要注意安全，＿＿＿＿＿＿＿＿＿＿＿＿＿＿＿＿＿＿＿＿＿＿＿。（任何）

10. 一连下了七八天雨，＿＿＿＿＿＿＿＿＿＿＿＿＿＿＿＿＿＿＿＿＿＿＿＿＿。（总算）

11. ＿＿＿＿＿＿＿＿＿＿＿＿＿＿＿＿＿＿＿＿，但我还是把这篇文章翻译完了。（尽管）

12. 汉语有四个声调，＿＿＿＿＿＿＿＿＿＿＿＿＿＿＿＿＿＿＿＿。（对……来说）

四 用指定词语回答问题。

1. 你觉得这篇课文难吗？（算）

2. 你熟悉北京的胡同吗？（算）

3. 参观新华中学要办什么手续吗？（凭）

4. 你怎么知道何塞来过中国？（凭）

5. 小健不是戒烟了吗？怎么又抽起来了？（控制）

6. 老王为什么精神负担那么重？（出事）

7. 安娜接到那个通知以后怎么样？（控制）

8. 你对中国的"希望工程"有什么看法吗？（成千上万）

9. 杨青在学习上遇到了困难，咱们怎么鼓励她呢？（……下去）

10. 各方面的压力这么大，咱们还干吗？（……下去）

五 根据课文内容，判断下列句子对错，并说明理由。

（　　）1. 我用力拆邮包，是因为怎么拆也拆不开。

（　　）2. 邮包上写着，失学的孩子们恳求父母让他们去上学。

（　　）3. 11岁的黄志强因为贫穷而不得不三次停学。

（　　）4. "我"可以打各种工，所以给志强寄学费不觉得是负担。

（　　）5."我"感到一种强大的压力，那就是要按期给志强寄钱。

（　　）6.人间真情，对"我"来说，就是无价之宝。

（　　）7."我"今后无论遇到什么困难、挫折，都不会忘记"我"的"希望工程"。

（　　）8.从志强的求学过程中，"我"也受到了教育和鼓舞。

六 根据课文内容回答下列问题。

1. 什么是"希望工程"？
2. "我"收到邮包后的心情怎么样？
3. 寄邮包的人是谁？他为什么给"我"寄邮包？
4. 志强第一次寄邮包为什么没寄成？这次不但寄成了，而且没有收邮费，为什么？
5. 志强的名字是什么意思？"我"为什么说"要对得起你的名字"？
6. "我"为什么说"你，是叔叔的'希望工程'"？

七 交际训练。

1. 请告诉你的朋友：（说一段话或写一段话）

    （1）现在，在中国的农村、遥远的山沟里，还有很多孩子……

    （2）我到了一个新的班，尽管……

    （3）今天我收到了一封盼了很久的来信……

下面的词语可以帮助你表达：

> 贫穷　不得不　资助　捐　希望工程　压力　负担
> 轻松　重新　信心　拆　颤抖　反复　感激

2. 讨论：

    （1）你对中国的"希望工程"有什么看法？

    （2）介绍一下你们国家发展教育的情况。

    （3）你怎么看待学生打工的问题？

    （4）读"会话课文"（见"扩展学习手册"），说说你同意"任何一种语言都不是轻易可以学好的，非要下苦功不可"这种看法吗？为什么？

3. 语言游戏。

(1) 发给八个同学每人一张卡片，请他们念出卡片上的词、短语或句子，其他同学记录下来，然后连成一段话。

卡片
1) 这一切
2) 遇到了我小学时的好朋友
3) 其实
4) 我不能相信自己的眼睛
5) 我在北京的一条胡同里
6) 仿佛是命运的安排
7) 这种情况差不多谁都遇到过
8) 今天

(2) 请读读下面的句子，你懂它的意思吗？
请讲给大家听听，并写出与此有关的一个成语。（答案见"扩展学习手册"）
一年之计，莫如树谷；十年之计，莫如树木；百年之计，莫如树人。

4. 看一看，说一说，写一写。

九九歌
一九二九不出手
三九四九冰上走
五九六九沿河看柳
七九河开
八九雁来
九九加一九，耕牛遍地走

（北京地区　民谣）

春牛图

天津杨柳青年画

孩子是希望

2 差不多¹ 先生传²

课 文

你知道中国最有名的人是谁？提起此人，人人都知道。他姓"差"，名"不多"，各省各县各村都有叫这个名字的。你一定见过他，一定听别人谈起过他。差不多先生的名字，天天挂在大家的嘴上，因为他是很多人的代表³。

差不多先生的相貌⁴和你我都差不多。他有一双眼睛，但看得不很清楚；他有两只耳朵，但听得不很分明⁵；有鼻子和嘴，但他对于气味⁶和口味⁷都不很讲究⁸；他的脑袋也不小，但他的记性⁹却不很好。

他常常说："凡¹⁰事只要差不多就好了，何必¹¹太精细¹²呢？"

他小的时候，他妈妈叫他去买红糖，他买了白糖回来。他妈骂他，他摇摇头说道："红糖白糖，不是差不多吗？"

他上学的时候，有一次老师问他："古城西安在哪一个省？"他说在山西。老师说："错了，是陕西，不是山西。"他回答："山西同陕西不是差不多吗？"

后来，他在一个银行里工作，他既会写又¹³会算¹⁴，只是总不精细。"十"字常常写成"千"字，"千"字常常写成"十"字，经理生气了，常常骂他。而他只是笑嘻嘻¹⁵地赔不是¹⁶道："'千'字比'十'字只多了一小撇¹⁷，不是差不多吗？"

有一天，他为了一件要紧的事情，要搭¹⁸火车到上海去。他从从容容¹⁹地走到火车站，迟²⁰了两分钟，火车已经开走了。他白²¹瞪²²着眼，望着远去的火车，摇摇头道："只好明天再走了，今天走同明天走也还差不多。可铁路部门²³也未免²⁴太认真了，八点三十分开同八点三十二分开，不是差不多吗？"他一面说，一面²⁵慢慢地走回家。心里总不很明白，为什么火车不肯等他两分钟。

有一天，差不多先生忽然得了急病，赶快叫家人去请东街的汪先生。那家人急急忙忙地跑去，一时²⁶寻²⁷不着东街汪大夫，却把西街的牛医王大夫请来

15

了。差不多先生病在床上，知道寻错了人，但病急了，身上痛苦，心里焦急²⁸，等不得了，心里想到："好在²⁹王大夫同汪大夫也差不多，让他试试看吧。"于是，这位牛医王大夫走近床前，用医³⁰牛的方法给差不多先生治³¹病。不到一个小时，差不多先生就死了。

差不多先生差不多要死的时候，一口气³²断断续续³³地说道："活人同死人也差……差……不多，凡事只要差……差……不多……就……好了，……何……何……必……太……太……认真呢？"他说完这句名言就断了气。

他死后，大家都称赞³⁴差不多先生样样事情看得开，想得通；大家都说他一生不肯认真，不肯算账³⁵，不肯计较³⁶，真是一位有德行³⁷的人。于是大家给他取了个死后的法号³⁸，叫他圆通大师。

他的名声³⁹越传越远，越传越大，无数⁴⁰的人都学他的榜样。于是⁴¹人人都成了一个差不多先生——如果是这样的话，中国从此⁴²就成了一个懒⁴³人国了。

（选自《微型小说选刊》，作者：胡适。有删改）

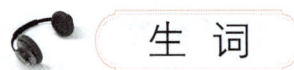

生 词

1	差不多	chàbuduō	（形、副）	similar, not much different from	一①
2	传	zhuàn	（名）	biography	三
3	代表	dàibiǎo	（名）	representative	一②
4	相貌	xiàngmào	（名）	facial features, looks	
5	分明	fēnmíng	（形）	clear, distinct	三
6	气味	qìwèi	（名）	smell	三
7	口味	kǒuwèi	（名）	the flavor or taste of food	三
8	讲究	jiǎngjiu	（形、动）	exquisite; be particular about	二
9	记性	jìxing	（名）	memory	
10	凡	fán	（副）	every, all	三

11	何必	hébì	（副）	there is no need, why	三
12	精细	jīngxì	（形）	careful	三
13	既……又……	jì……yòu……		both... and..., as well as	
14	算	suàn	（动）	calculate, reckon	一②
15	笑嘻嘻	xiàoxīxī	（形）	grinning	
16	赔不是	péi búshì		apologize	
17	撇	piě	（名）	left-falling stroke (in Chinese characters)	附
18	搭	dā	（动）	go by	二
19	从容	cóngróng	（形）	unhurried	三
20	迟	chí	（形）	late	二
21	白	bái	（副）	for nothing, in vain	一③
22	瞪	dèng	（动）	glare	三
23	部门	bùmén	（名）	department, branch	一③
24	未免	wèimiǎn	（副）	a bit too, rather too	三
25	一面……一面……	yímiàn……yímiàn……		at the same time	
26	一时	yìshí	（副）	for the time being	二
27	寻	xún	（动）	find	三
28	焦急	jiāojí	（形）	worried	三
29	好在	hǎozài	（副）	luckily	三
30	医	yī	（动）	cure, give medical treatment	
31	治	zhì	（动）	cure, give medical treatment	一③
32	气	qì	（名）	breath	一③
33	断断续续	duànduànxùxù	（形）	intermittent	三
34	称赞	chēngzàn	（动）	praise	二
35	算账	suàn zhàng	（动）	calculate, reckon accounts	附
36	计较	jìjiào	（动）	haggle over, fuss about	三
37	德行	déxíng	（名）	moral conduct	
38	法号	fǎhào	（名）	Buddhist monastic name	

39	名声	míngshēng	（名）	reputation	三
40	无数	wúshù	（形）	countless	二
41	于是	yúshì	（连）	thereupon	二
42	从此	cóngcǐ	（副）	from now on	二
43	懒	lǎn	（形）	lazy	二

专有名词

1	西安	Xī'ān	Xi'an, capital of Shaanxi Province
2	山西	Shānxī	Shanxi Province
3	陕西	Shǎnxī	Shaanxi Province
4	圆通大师	Yuántōng Dàshī	Master Yuantong (*yuantong* meaning "flexible" in Chinese)

词语搭配与扩展

一 分明

[主~] 态度~｜公私~｜是非~｜爱憎~｜黑白~

[~动] ~是……｜~看见｜~想｜~听见｜~说过

[~形] ~对了｜~错了｜~容易｜~坏了

[状~] 很~｜不~｜要~｜确实~

（1）他的态度分明是不同意你去。

（2）他说没时间来，分明是故意找借口。

二 讲究

[主~] 家具~｜衣服~｜饭菜~｜穿戴~

[动~] 开始~（起来）｜喜欢~｜需要~｜布置（得）~

[~动] ~吃｜~穿｜~打扮｜~享受

[~宾] ~质量｜~营养｜~形式｜~款式

[状~] 过分~｜确实~｜必须~｜一向~

［~补］~起来｜~极了｜~过几天｜~一下

［~中］~的程度｜~的方式｜~的地方

（1）做学生的不必过分讲究打扮。

（2）随着生活水平的提高，人们越来越讲究营养了。

三 算

［动~］要求~（清楚）｜允许~……｜拒绝~｜同意~

［~宾］~账｜~水电费｜~数学题｜~人数

［状~］认真~｜难~｜重新~｜一笔一笔地~｜用计算机~

［~补］~错了｜~起来｜~得快｜~不出来｜~了一上午｜~了两次

（1）你刚才算错了，这回算得对。

（2）我这些年的苦不是你拿钱算得清的。

四 搭

［动~］禁止~（车）｜准备~……｜计划~……

［~宾］~时间｜~钱｜~火车

［状~］必须~（车）｜不难~｜随便~｜一起~（车去）

［~补］~错（车）｜~得快｜~得及时｜~不了｜~过一回｜~一下

［~中］~的办法｜~的方式｜~的地方

（1）我们决定搭明天的火车去广州。

（2）他迟到是因为搭错了车。

五 从容

［主~］态度~｜举止~｜样子~｜表情~

［动~］显得~｜回答（得）~｜走（得）~｜说（得）~

［~动］~地讨论｜~地上车｜~地走去｜~地退出｜~地叙述

［状~］相当~｜十分~

［~补］~极了｜~得很｜~点儿｜~一些

［~中］~的态度｜~的样子｜~的步伐｜~的表情

（1）他做事情总是很从容，一点儿也不慌忙。

（2）他从容地站了起来，向门口走去。

六 称赞

[动~] 受到~ | 值得~ | 得到~ | 赢得~

[~宾] ~售货员 | ~……的态度 | ~……的文章 | ~……的精神

[状~] 热情~ | 极力~ | 一致~ | 普遍~

[~补] ~得好 | ~得过分 | ~一番

[~中] ~的理由 | ~的原因 | ~的对象

（1）大家一致称赞他是一个讲文明、懂礼貌的孩子。
（2）他刻苦学习的精神很值得称赞。

七 无数

[主~] 财富~ | 珠宝~ | 星星~ | 朋友~

[~中] ~事实 | ~的打击 | ~的烦恼 | ~的亲人 | ~次机会

（1）遭受了无数次打击之后，他变得越来越坚强了。
（2）无论走到哪儿，他都觉得有无数的朋友在身旁。

语法例释

一 凡事只要差不多就好了

"凡"表示在某个范围内无一例外，有"只要是"的意思，句中常用"就"、"便"、"都"或"没有不"等词语与之呼应，也可写成"凡是"。例如：

（1）凡跟他在一起工作过的人没有不称赞他的。
（2）凡犯了错误的人就应该认真接受批评。
（3）凡孩子就都有受教育的权利。
（4）凡有责任感的人都不会轻易拒绝别人。
（5）凡是学过的生词我都能记住。
（6）凡是这个作家写的小说，我没有不看的。

二 ……何必太精细呢

"何必"，副词。相当于"为什么一定要……"的意思。表示说话人认为某种事情或行为的进行是没有必要的。一般多用于反问句。例如：

（1）路又不远，何必坐车去呢？
（2）他犯的又不是什么大错，何必批评呢？
（3）孩子的事尽管让他们自己决定，何必管那么多呢？
（4）吃饱了就行了，何必那么讲究呢？
（5）那些小事你何必计较呢？
（6）他迟到又不是故意的，你何必责备他呢？

三 红糖白糖，不是差不多吗

"不是……吗"构成反问句，表示肯定，并有强调的意思。例如：

（1）你不是已经去过上海了吗？怎么还要去？
（2）他不是不喜欢那个公司吗？怎么又去那儿工作了？
（3）你去他去不是一样吗？你们不要再争了。
（4）他不是分明在气你吗？你怎么不生气呢？
（5）那个电影你不是看过吗？为什么还要去看？
（6）你不是不缺钱吗？为什么还去打工？

四 他既会写又会算，只是总不精细

"既……又……"表示同时具有两方面的性质或情况。用于并列复句，放在主语后，连接两个并列成分（多为形容词、动词短语）。例如：

（1）他既懒又笨，什么事也干不成。
（2）她既漂亮又温柔，没有人不喜欢她。
（3）尽管他既懂英语，又懂法语，可到现在还没找到一个理想的工作。
（4）我们既要肯定成绩，又要看到不足。
（5）小刘既聪明又努力，确实是一个好学生。
（6）那种毛衣既好看又便宜，他不仅给自己买了两件，还帮朋友买了一件。

五 一面说，一面慢慢地走回家

"一面……一面……"表示两种以上的动作同时进行。多用在动词前。书面语。例如：

（1）他一面上学，一面打工，很辛苦。

（2）孩子们一面唱，一面跳，玩得很开心。

（3）他一面讲述，一面在黑板上画着图。

（4）他一面哭，一面连声赔不是。

（5）小王一面听，一面做笔记，显得非常认真。

（6）他一面跑，一面叫，大家都奇怪地望着他。

六 ……一时寻不着东街汪大夫

"一时"，副词。表示行为、状态存在的时间很短暂。例如：

（1）这到底是怎么回事，我一时也无法解释。

（2）困难只是一时的，我们不应该被吓倒。

（3）其实他只是一时糊涂，请你原谅他。

（4）他只是一时激动，过一会儿就好了。

（5）我一时生气，批评了他几句，他就不高兴了。

（6）小王一时拿不出那么多钱，只好向别人借。

七 如果是这样的话，中国从此就成了一个懒人国了

"从此"，副词。意思是从说话人所指明的时间起，表示某事或某种情况从某时开始发生或出现。例如：

（1）他1943年来到中国，从此，他就一直待在这儿。

（2）他骗了我，从此，我再也不相信他了。

（3）前年，父亲因病去世了，从此，我不得不失学在家。

（4）我反复恳求他，他也不肯原谅我，从此，我们就再也不说话了。

（5）小刘大学毕业后就来这儿工作，从此，再也没有回过老家。

（6）五年前她看过《乡村女教师》这部电影，从此，她爱上了教师这个职业。

差不多先生传

练 习

一 画线连词。

1. 讲究　　分明　　　2. 态度　　事实
   算　　　车　　　　　无数　　从容
   是非　　卫生　　　　值得　　质量
   搭　　　账　　　　　讲究　　称赞

二 用指定词语完成句子。

1. _____没有不感动的。（凡）
2. _____都会意识到自己身上的责任。（凡是）
3. 学校已宣布放假了，_____？（何必……呢）
4. 其实你家并不贫困，_____？（何必）
5. _____？怎么还到这儿来打工？（不是……吗）
6. 你应该好好报答他，他_____？（不是……吗）
7. _____，同学们都说值得买。（既……又……）
8. 他_____，怎么会出事呢？（既……又……）
9. 小王_____，
   觉得这里的一切都很新鲜。　　　　　　　　（一面……一面……）
10. 他_____，把葵花子洒了一地。（一时）
11. 他_____，心里焦急，急忙向出事地点跑去。（一时）
12. 因为家里太贫穷，去年爸爸不得不让我停学，每天上街卖红薯，_____
    _____。（从此）
13. 无论我怎么恳求他，他都不肯原谅我，_____。（从此）

三 用指定词语改写句子。

1. 任何被"希望工程"救助的孩子都很感激他们的救助人。（凡……没有不……的）

2. 只要是有责任感的人都会努力地工作。（凡是……就……）

3. 你很熟悉那个地方，就请你给我们带路吧！（不是……吗）

4. 你算账总是很精细，怎么会出这种错呢？（不是……吗）

5. 北京大学离这儿又不远，为什么一定要坐车去呢？（何必……呢）

6. 治病救人是我的责任，你们不用称赞我。（何必……呢）

7. 小王会唱会跳，相貌也不错，公司盼着她尽早来公关部门工作。（既……又……）

8. 我和小刘一边欣赏着这海上的景色，一边沿着海边的小路慢慢走着。（一面……一面……）

9. 他暂时拿不出那么多钱，不得不去向别人借。（一时）

10. 因为生活困难，去年他失学了，从那以后，他再也没跨进过学校大门。（从此）

四 整理句子。

1. 在 故意 他 借口 是 分明 找

2. 讲究 过分 衣着 他 打扮

3. 准备 我 去 上海 火车 搭 明天 的

4. 你 这么 呢 何必 计较

5. 回答　他　从容　很　问题　总是

6. 学生　好　称赞　老师　他　个　是

7. 无数　克服　困难　了　他　才　成功　获得　了

五 根据课文内容回答下列问题。

1. 差不多先生有什么特点？
2. 差不多先生最爱说的一句话是什么？
3. 差不多先生是怎么死的？
4. 差不多先生临死前留下了什么"名言"？
5. 为什么大家认为差不多先生是一位有德行的人？
6. 如果大家都以差不多先生为榜样，会出现什么情况呢？

六 交际训练。

1. 说或者写一段话：

   （1）我有个朋友，干什么都特别马虎，例如……
   （2）我有个朋友，特别精细，例如……

   词语提示：　记性　计较　无数　凡是……都　既……又……　懒
   　　　　　　焦急　任何　从此　讲究　称赞　尽管　出事

2. 自由讨论：

   （1）"差不多"真是一个人的名字吗？为什么说各省各县各村都有叫这个名字的人？
   （2）在你的周围有"差不多"先生吗？讲一讲他们的表现。
   （3）"差不多"先生是个悲剧人物还是个喜剧人物？

3. 语言游戏。

   （1）发给六个同学六张卡片，请他们念出卡片上的词组或句子，其他同学记录下来，然后连成一段话：

卡片　1）就是有点儿马虎
　　　2）由于"马虎"
　　　3）丁力是一个喜欢帮助别人的学生
　　　4）好事没做成
　　　5）常常在帮助别人的时候
　　　6）反而给别人带来麻烦

（2）你知道"粗心大意"、"粗枝大叶"这两个成语的意思吗？如不明白，请查查词典或问问你的中国朋友，下次讲给大家听听。

4. 看一看，说一说，写一写。

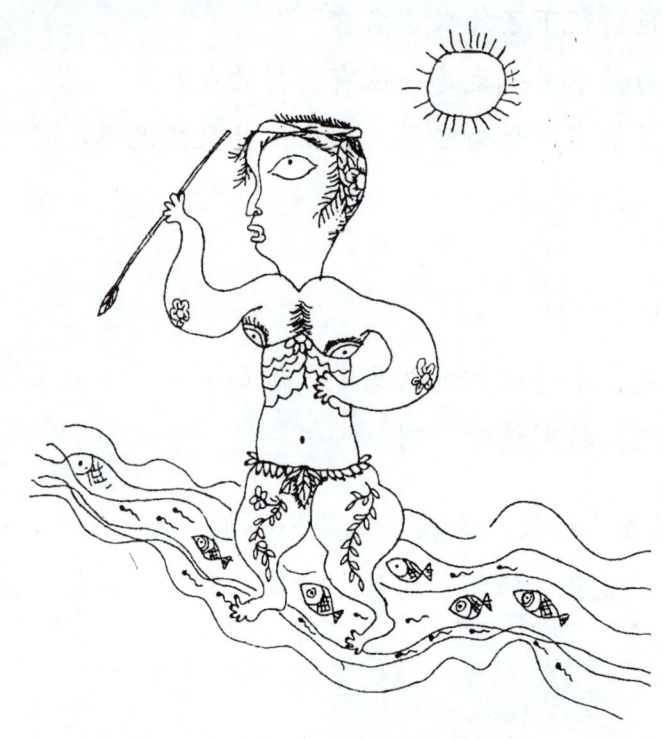

我们的祖先是根据直立着的人侧面形象来构造"人"这个字的，人作偏旁时也可作"亻"，用来表示与人有关的事物和活动。

——选自《汉字的故事》，施正宇编著

3 我记忆¹中的两个女孩

课　文

　　有两个女孩我很难忘记：一个，她爱我，我不爱她；另一个，我爱她，她却不爱我。

　　前者²是一个湖南女孩，我大学时的同班同学，她长得一般，又不太爱说话，所以我很少注意到她。没想到大学三年级的一天，她找到了我，把一封信往我手里一塞³，做贼⁴似地逃走了。打开一看，我全明白⁵了。我当时只觉得她好笑，因为在我的记忆里，从来⁶没有过她的位置。

　　第二天课间，我把那封信还给了她。直到下课，她也没有抬起头。从此，每当见到我，她总是低着头，静静地走过。

　　那学期末，我得了一场⁷病，在医院一住就是一个多月，正当⁸我为即将⁹到来的期末考试着急时，没想到她来看我了，还带来了我最爱吃的梨，我真不好意思。她边削¹⁰梨边说："我不怨¹¹你，感情¹²上的事不能勉强¹³……你安心养病吧，五门¹⁴课的笔记我全帮你补了。"凭着她那清晰¹⁵的笔记，我顺利通过了考试。

　　毕业后，我到了江苏，她到了湖南，她常常给我来信，对我十分关心¹⁶。后来，她谈了恋爱¹⁷，结了婚¹⁸。但我们仍然¹⁹是很好的朋友，书信²⁰不断。

　　后来，我虽然也接触²¹过一些女孩，但始终²²没有一个合²³我心意²⁴的。工作三年后，我考上了研究生²⁵。就在上研究生的第二年，我遇到了一个化学系的女孩儿。这一次我的感情彻底失去²⁶控制了。那是个苏州女孩，有着一双²⁷明亮的大眼睛，一口²⁸白白的牙齿²⁹；她的衣服虽不算是时髦³⁰，可总是很得体³¹。和你讲话时，她总是含³²笑地看着你，显得³³很美。

　　她和我的老乡³⁴住同一宿舍，我每天都去找老乡，这当然只是借口³⁵。哪一天不见到她，我就觉得好像丢了些什么。这种状况一直持续³⁶了半年。终于有一天我再也忍不住了。我找到了她，故意³⁷装出无所谓³⁸的样子说，我最近看了一本小说，很感动。她问是本什么样的书，我说是一个爱情悲剧³⁹：一对男女互相喜欢，但由于都不好意思表白⁴⁰，最后还是留下了遗憾⁴¹。我接着问她："你有没有爱上谁而不好意思说呢？"她的脸一下子⁴²红了，轻声说："有。""那你就该告诉他。他是哪儿的？"我着急地问。"就在你们那座⁴³楼。"我十分激动⁴⁴："哪一层？""第三层。""哪个房间？"我的声音有些颤抖。"312。"我好像突然被人推进了冰水中——我在301。

以后又谈了些什么，我记不得了。只记得走出她的宿舍时，脚下发软……那夜我总觉得明天太阳再也不会出来了。我有些恨她。

一个星期过去了，我仍然没能从痛苦⁴⁵中解脱⁴⁶出来。一天吃过晚饭，我来到校园里的湖边，一个人慢慢地走着。忽然，我发现了一个女孩坐在湖边的椅子上，头伏⁴⁷在膝盖⁴⁸上，分明是在哭。我走了过去，想安慰⁴⁹那个女孩一下，没想到竟⁵⁰是她。"怎么了？"我问。她大哭起来，等平静下来，她告诉我：那天我俩谈话后，她终于⁵¹向312那位男士表白了，可没想到312那位男士说他心中早已有了偶像⁵²。

那天我伟大极了，安慰了她半个多小时，可心里那股⁵³酸劲就别提了。

回宿舍的路上，我一下子平静了许多，爱情是没有什么道理可讲的。有的人，可以一生做你的朋友，却永远不能做丈夫或妻子。这正如两条平行⁵⁴线，虽然可以一直画下去，却始终不能相交。这可能就是所谓⁵⁵的缘分⁵⁶了。而缘分这东西却不是你想要就有的。我忽然想起了那个湖南女孩，顿时⁵⁷有了新的感想："有缘多珍惜⁵⁸，无缘莫⁵⁹勉强。"

(选自《经济日报》，作者：王慧敏。有删改)

生 词

| 1 | 记忆 | jìyì | （名） | memory | 二 |

我记忆中的两个女孩

2	者	zhě	（尾）	used after an adjective, verb, adjectival phrase or verbal phrase to indicate that a person or thing possesses that quality or performs that action	
3	塞	sāi	（动）	stuff, squeeze in	二
4	贼	zéi	（名）	thief	三
5	明白	míngbai	（动）	understand, know	一①
6	从来	cónglái	（副）	all along, ever	一①
7	场	cháng	（量）	a measure word	
8	正当	zhèng dāng		just when	
9	即将	jíjiāng	（副）	be on the point of, be about to	二
10	削	xiāo	（动）	pare with a knife	三
11	怨	yuàn	（动）	blame, complain	二
12	感情	gǎnqíng	（名）	love, affection	一③
13	勉强	miǎnqiǎng	（动、形）	force sb. to do sth; reluctant	三
14	门	mén	（量）	a measure word for subjects of study	一①
15	清晰	qīngxī	（形）	clear	三
16	关心	guān xīn	（动）	care for	一②
17	恋爱	liàn'ài	（名、动）	love; be in love	二
18	结婚	jié hūn	（动）	marry	一②
19	仍然	réngrán	（副）	still	一③
20	书信	shūxìn	（名）	letter	
21	接触	jiēchù	（动）	come into contact with	二
22	始终	shǐzhōng	（副）	all along, from beginning to end	一③
23	合	hé	（动）	suit	一③
24	心意	xīnyì	（名）	liking	三
25	研究生	yánjiūshēng	（名）	postgraduate	二
26	失去	shīqù	（动）	lose	一②
27	双	shuāng	（量）	(a measure word) pair	一②
28	口	kǒu	（量、名）	a measure word for something with a mouth, etc.; mouth	一①

29	牙齿	yáchǐ	（名）	tooth	三
30	时髦	shímáo	（形）	fashionable	三
31	得体	détǐ	（形）	appropriate	附
32	含	hán	（动）	have, wear	二
33	显得	xiǎnde	（动）	look, appear	一③
34	老乡	lǎoxiāng	（名）	fellow-townsman	二
35	借口	jièkǒu	（名）	excuse	三
36	持续	chíxù	（动）	continue	一③
37	故意	gùyì	（副）	on purpose, intentionally	一②
38	无所谓	wúsuǒwèi	（动）	be indifferent	二
39	悲剧	bēijù	（名）	tragedy	二
40	表白	biǎobái	（动）	express, speak out	附
41	遗憾	yíhàn	（名、形）	pity; regretful	二
42	一下子	yíxiàzi	（副）	all of a sudden	一③
43	座	zuò	（量）	a measure word for buildings, mountains, etc.	一②
44	激动	jīdòng	（形）	excited	二
45	痛苦	tòngkǔ	（形）	painful, agonized	一③
46	解脱	jiětuō	（动）	extricate	三
47	伏	fú	（动）	bend over	
48	膝盖	xīgài	（名）	knee	三
49	安慰	ānwèi	（动、名）	comfort	二
50	竟	jìng	（副）	unexpectedly	三
51	终于	zhōngyú	（副）	finally	一②
52	偶像	ǒuxiàng	（名）	image, idol	二
53	股	gǔ	（量）	a measure word for strength, smell, or a long, narrow thing, etc.	二
54	平行	píngxíng	（形）	paralleled	
55	所谓	suǒwèi	（形）	so-called	三

56	缘分	yuánfèn	（名）	lot or luck by which people are brought together	三
57	顿时	dùnshí	（副）	immediately	三
58	珍惜	zhēnxī	（动）	treasure, cherish	二
59	莫	mò	（副）	no, not	

专有名词

1	湖南	Húnán	Hunan Province
2	江苏	Jiāngsū	Jiangsu Province
3	苏州	Sūzhōu	Suzhou, name of a city

词语搭配与扩展

一 塞

［动～］打算～（进去）｜准备～（给他50块钱）｜需要（往里）～（一下）

［～宾］～报纸｜～钱｜～苹果｜～着耳朵

［状～］乱～｜用力～｜往里～｜用棉花～｜满满地～｜尽量～

［～补］～满｜把……～住｜～进去｜～不下｜～在枕头下｜～了半天｜～一下

［～中］正～的时候｜～的地方｜～的方式｜～的目的

（1）他总是往抽屉里乱塞东西，该用的时候什么也找不到。

（2）他不在家，我把报纸给他塞在门上了。

二 勉强

［动～］显得～｜觉得～｜感到～｜用不着～

［～动］～毕业｜～接受｜～通过｜～及格｜～笑了笑

［～宾］～孩子｜～你（买）｜（不要）～子女｜～学生（这样做）

［状～］别～｜总～｜一再～｜决不～｜不能～

（1）你愿意干就干，不愿意干就算了，我决不勉强你。
（2）他这学期身体一直不好，勉强坚持到期末。

三 结婚

[动~] 拒绝~｜推迟~｜希望~｜同意~
[状~] 跟他~｜已经~｜还没~｜决不~｜必须~
[~中] ~典礼｜~的仪式｜~的方式｜~的日期｜~的地方｜~的场面
[结……婚] 结了三次婚｜结不了婚｜结过婚

（1）他俩还都不到结婚年龄，暂时还不能结婚。
（2）我和男朋友已经恋爱四年了，我们打算明年旅行结婚。

四 接触

[动~] 开始~｜停止~｜准备~｜保持~｜去~
[~宾] ~实际｜~社会｜~群众｜~……生活｜~过（他的）作品
[状~] 广泛｜初次｜经常｜直接｜秘密~｜和……~
[~补] ~得广泛｜~起来｜~过一段时间｜~一下｜~过几次
[~中] ~的目的｜~的情况｜~的原因｜~的方式

（1）我经常和中国人接触，所以比较了解他们的特点。
（2）小王脾气很怪，不容易接触。

五 合

[~宾] ~（我的）胃口｜~（一般人的）习惯｜~心意｜~标准
[状~] 轻轻地~（上书）｜一直~（不来）｜总是~（不上）｜用力~
[~补] ~不上｜（把书）~起来｜~得来｜~不拢｜~了一会儿（眼）｜
　　　~过一回（闸）｜~一下

（1）请把书合上，现在开始听写。
（2）他慢慢地合上了眼睛。

六 控制

[动~] 设法~（他们）｜决定~（钱数）｜负责~（人数）｜得到~
[~宾] ~局面｜~感情｜~温度｜~资金｜~人口增长率

［状～］由计算机～｜被他们～｜牢牢地～｜严格～

［～补］～在20摄氏度左右｜～得很严｜～不住｜～一下｜～一会儿

［～中］～的范围｜～的手段｜～的部门

（1）中国一定要控制人口增长。

（2）在大家面前，他控制住了自己的感情。

七 借口

［动～］找～｜是～｜没有～｜编造～

［～动］～看（病）｜～有（事）｜～旅行｜～不认识

［定～］他的～｜骗人的～｜一种～

（1）他总是借口有病不来上课。

（2）她一次又一次地找借口拒绝我的邀请。

八 故意

［～动/形］～反对｜～不来｜～迟到｜～冷淡｜～沉默｜～错

（1）他不是故意迟到，你不要怪他。

（2）别理他，他故意装作不明白。

九 遗憾

［动～］感到～｜觉得～｜表示～

［定～］一点儿～｜终身的～｜深深的～｜内心的～

［状～］真～｜确实～｜实在～｜太～了

［～补］～极了｜～得不得了｜～了很长时间

［～中］～的事｜～的感觉｜～的心情｜～的表情

（1）那么精彩的演出你没看，真是太遗憾了。

（2）那么好的机会你没抓住，我始终为你感到遗憾。

十 珍惜

［动～］值得～｜希望～（这次机会）｜需要～

［～宾］～时间｜～机会｜～友谊｜～文物

［状～］好好～（它）｜十分～｜过分～｜加倍～

［~中］ ~的程度 | ~的原因 | ~的意义

（1）他十分珍惜这次学习汉语的机会。

（2）得到她的感情不容易，一定要加倍珍惜。

语法例释

一 ……从来没有过她的位置

"从来"，副词。有以下几种用法：

1. 表示从过去到现在都是如此。多用于否定句。用否定词"没（有）"时，动词或形容词后通常要带"过"。例如：

（1）他从来不浪费粮食。

（2）我从来没有听说过那件事。

（3）上课的人数从来没少过。

（4）她从来没拒绝过我。

（5）我的屋子从来就很干净。

2. 在"从来+没（有）+形容词"的格式中，如果形容词前加上"这么、这样……"，意思就会跟原来完全相反。试比较：

（6）情况从来没好过。（现在仍然不好）

（7）情况从来没这么好过。（现在比以前任何时候都好）

（8）他从来没有马虎过。（现在仍然不马虎）

（9）他从来没有这样马虎过。（这次非常马虎）

二 ……但始终没有一个合我心意的

"始终"，副词。表示从头到尾持续不变。常用于否定式。例如：

（1）在困难面前他始终没后退。

（2）他们的工作责任始终不明确。

（3）虽然他遇到过许多挫折，但始终没失去信心。

（4）从开学到放假，他始终没请过假。

（5）这学期他学习始终很努力。

（6）我始终认为这个错误不是他造成的。

三 终于有一天我再也忍不住了

"忍不住"，"动词＋可能补语"结构。表示没有能力实现动作的结果。意思相当于"不能忍住"。例如：

（1）皇帝忍不住问道："你这些东西是怎么弄到的？"

（2）听了阿里讲的故事，大家忍不住哈哈大笑起来。

（3）那位老人一谈到过去的痛苦生活就忍不住流下了眼泪。

（4）一听到音乐，罗希就忍不住要跳起舞来。

（5）看见他又在骗人，我再也忍不住了，就骂了他一顿。

常用的"动词＋可能补语"词组还有"控制不住、想不通、算不清"等。

四 我仍然没能从痛苦中解脱出来

"……出来"，复合趋向补语。当我们的立足点在外时，它表示动作使事物由里向外的移动。本句中的"出来"是引申意义，表示动作使人或物由某种状态转到另一状态。还可表示动作使事物从无到有或由隐蔽到显露。例如：

（1）刘强，星期五以前，你得把那篇文章赶出来。

（2）我看出来了，这幅画儿画的是咱们这条街。

（3）这一切都是劳动人民用双手创造出来的。

（4）你说的那种建筑，现在还没设计出来。

（5）请你把要说的话写出来。

（6）我眼前突然闪出一幅美丽的图画来。

五 想安慰那个女孩一下

"一下"，动量补语。在这里表示试着做、做一次。常说的有：安慰一下、劝一下、说一下、照顾一下。当补语为"一下"，宾语为人名以及对人的称呼时，宾语可在补语前，也可在补语后。例如：

（1）你们劝一下张明，他正为考得不太好难过呢。

（2）我去安慰张明一下，你们先走吧。

（3）请等小王一下，他马上就来。

（4）对不起，我不知道小红的电话号码，请你问一下杨兰吧。

（5）小赵最近总迟到，你说一下小赵。

（6）我得马上去机场，你帮我找一下张师傅，好吗？

注意：当补语为时量补语，人称代词作宾语时，宾语一般位于补语前。例如：

（7）我安慰了她半小时。

六 没想到竟是她

"竟"，副词。表示出乎意料，与"竟然"、"居然"同义。例如：

（1）今天本想出去玩，不料竟下起雨来。

（2）没想到你竟答应了他提出的条件。

（3）我以为考题很难，没想到竟这么简单。

（4）从来不讲究的他，今天竟讲究起来了。

（5）这么重要的事他竟没跟我商量就自己决定了。

七 等平静下来（"下来₁"）

句中的"……下来"是复合趋向补语的引申用法，表示某种状态开始出现并继续发展，前面多为"暗、静、黑、冷静、平静"等可以表示由强到弱变化的形容词。例如：

（1）天色渐渐暗下来。

（2）会场很快安静下来。

（3）他每天都注意减肥，终于慢慢瘦下来了。

（4）听了朋友的劝告，他才慢慢冷静下来。

（5）风浪平息下来了，大海又恢复了它往日的宁静。

八 量词（量词₁）

汉语的量词分为名量词和动量词两种。本课中出现的"一场病、那座楼、那股酸劲、五门课、一口牙齿、一双眼睛"等都是名量词。名量词除了与具体事物组合外，还可以与抽象事物组合。例如：

一双手　　　　一口井　　　　一场大雪

一双儿女	一口气	一场误会
一座大山	一股泉水	一门技术
一座工厂	一股力量	一门心思

（1）很远我就闻到了一股香味。

（2）他总算掌握了那门复杂的技术。

（3）我跟他之间曾经闹过一场误会。

（4）三十年前，那个地方曾爆发过一场战争。

（5）只要我们团结，就可以形成一股力量。

顺便说一下，"场"字作量词有两个读音，一个读 cháng，用于事情的经过，如课文中出现的"一场病"，再比如：一场大雪、一场争论；另一个读 chǎng，用于文艺演出、体育比赛或考试等，如：一场电影、一场足球比赛、一场考试。

练 习

一 熟读下列词组。

征婚者	故意迟到	塞饱肚子	珍惜时间
作者	不是故意的	往里塞	十分珍惜
前者	找借口	广泛接触	严格控制
后者	借口有病	接触实际	控制不了

二 选词填空。

一场　　一双　　一口　　一座　　一股　　一门

＿＿＿山	＿＿＿学科	＿＿＿工厂	＿＿＿大炮
＿＿＿气味	＿＿＿热气	＿＿＿报告	＿＿＿技术
＿＿＿功课	＿＿＿力量	＿＿＿电影	＿＿＿球赛
＿＿＿心思	＿＿＿手	＿＿＿战争	＿＿＿雨
＿＿＿气	＿＿＿误会		

三 词语搭配。

_____口味	_____分明	显得_____	遗憾_____
_____位置	_____遗憾	怨_____	清晰_____
_____结婚	_____及格	分明_____	合_____

四 用指定词语完成句子。

1. 她总是那么温和，_____。（从来）
2. _____，他把那个人救活了。（凭）
3. 那个邮包的秘密，他_____。（始终）
4. 本来我轻易不掉泪，这一次却_____。（忍不住）
5. 电影快开演了，_____。（一下）
6. 李强病了，起不来床，_____。（一下）
7. 现在他生活得轻松、愉快，_____。（……出来）
8. 听说他刚刚失去了亲人，_____。（一下）
9. 他家并不富裕，但为了救助失学的孩子，他_____。（竟）
10. 我耐心地劝了他半天，_____。（……下来）

五 判断下列句子对错并改正病句。

( ) 1. 我从来去过那个地方。

( ) 2. 你说得对！他从来就很计较。

( ) 3. 这次他是怎么啦？他可从来没考得这样糟过。

( ) 4. 凭学生，我可以买半价飞机票。

( ) 5. 他始终拒绝告诉我为什么要这样做。

( ) 6. 终于有一天，我再也忍得住了，我给他写了一封信。

( ) 7. 他始终没能从痛苦中解脱出去。

(　　) 8. 你看他那么痛苦，你去安慰一顿他吧！

(　　) 9. 其实我早就知道你竟会爱上他。

(　　) 10. 他重新平静下来了。

(　　) 11. 他总算瘦下来了。

六 根据课文内容回答下列问题。

1. 那个湖南女孩交给"我"一封什么样的信？
2. "我"为什么拒绝了那个湖南女孩？
3. 后来，湖南女孩和"我"的关系怎么样？
4. "我"为什么会喜欢那个苏州女孩？
5. "我"怎样去接近苏州女孩？
6. "我"用什么办法来向苏州女孩表达感情？
7. "我"为什么没能得到苏州女孩的爱？
8. 失恋以后，"我"对爱情有了什么新的认识？
9. 为什么两个女孩会留在了"我"的记忆之中？

七 交际训练。

1. 说或写一段话：

　　（1）我想通过电视征婚找到一个理想的爱人，我希望她（他）是一个……

　　（2）我是一个征婚者，当我在电视征婚节目中露面时，你一定想知道我各方面的情况。好，现在我就自我介绍一下……

2. 讨论：

　　（1）谈谈你对爱情的认识。你相信缘分吗？

　　（2）介绍一个给你留下深刻印象的人。

3. 语言游戏。

　　（1）请你描述一位本班的同学，然后请大家猜一猜你讲的是谁？（可以结合相貌、性格特点、学习特点、衣着特点进行介绍）

注意使用学过的词语：

> 记忆　笑嘻嘻　牙齿　眼睛　从容　激动　瞪　时髦　显得　讲究
> 一面……一面……　既……又……　无所谓　接触　借口　忍不住
> 算（是）　始终　从来

（2）你知道"有缘千里来相会，无缘对面不相逢"、"千里姻缘一线牵"这两句俗语的意思吗？试着给大家讲一讲。

4. 看一看，说一说，写一写。

顾此失彼

刘小青

4   醉¹人的春夜

课 文

"再遇到人，一定开口。"陈静想着，抬眼望了望胡同里昏²黄的路灯。夜深了，到处是一片片黑黝黝³的怪影。"唉！这倒霉⁴的自行车！"她推着车子，无可奈何⁵地说。

身后传来一串⁶自行车铃声，陈静"哎"了一声，骑车的小伙子已经一掠⁷而过。

咦⁸！骑车的小伙子又回来了。陈静心里却紧张起来："这么晚了，他……""您刚才喊我？"小伙子跳下车。"啊，没。"一种不安和自卫⁹的心理占了上风¹⁰，她语无伦次¹¹了。"是车子坏了吧？"一双似笑非笑¹²的细长眼睛望着她。陈静稍¹³稍镇静¹⁴了一下："链子¹⁵卡¹⁶在大套里了。"她低着头，心里升起一线希望的光。"那，我也帮不了你的忙¹⁷了。没工具，谁也拆不开大链套¹⁸呀。"陈静心里又是一片黑暗。"你家远吗？""我家？"她没了主意，不觉¹⁹推着车子往前走了几步。"这样吧，胡同口外左边，有个车铺²⁰，这会儿可能还有人，你去看看吧！"小伙子在她身后跨²¹上车子，边说边飞快地骑跑了。"这号人！"陈静差点儿²²哭了。十一点了，哪家的车铺这时候还有人？她心里咒²³那小伙子："骗人！叫你今晚做个噩梦²⁴。"

不信归²⁵不信，出了胡同口，陈静忍不住真朝左手方向看了一眼。便道²⁶上，果然有间小屋还亮着灯。她踌躇²⁷地站住了。小屋里走出一位二十来岁的姑娘，冲²⁸着陈静喊："同志，来吧！""哎呀，真是车铺！"陈静觉得周围一下子亮了起来，沮丧²⁹、恐惧³⁰，一股脑儿³¹都没了。

这是间临³²街的平房³³，通里屋的门关着。外面这间，只有一桌一床和一辆自行车。一个年轻人正蹲³⁴在桌边翻看什么。"请进，就是地方小了点。"年轻人站起身，手里拿着把改锥³⁵。陈静一愣³⁶："是你？""是我。"年轻人笑了，

"我说有人嘛,还能骗您?"他调皮[37]地眨[38]了眨细长的眼睛。"我哥送我嫂子[39]上夜班[40],回来就急火火地把我叫起来,说有要紧的事,原来是……"跟在陈静后面的姑娘说话像是放机枪[41]。"还是有个体户[42]好。"陈静心里想着,感激地冲那姑娘笑了笑:"太麻烦你们了。""没什么,我哥怕您不敢来,才让我起来招呼[43]您。其实您也是胆子[44]太小,我就不怕。"说得陈静怪难为情[45]的。

会者不难,车很快修好了。"多少钱?"陈静打心里希望这小伙子多收她点儿钱。"钱?"小伙子一愣,随即[46]笑了:"给五块吧。"一只大手,满是油污[47],伸到陈静面前。"五块?"陈静心里一惊[48],却又无可奈何地掏[49]出钱包[50]。"哥——"快嘴的姑娘拉长了声音叫着,"这么晚了,你还开玩笑!"说着把那只油污的手打下去,转头对着陈静:"同志,您别多心[51],他就这样,跟谁都瞎[52]逗[53]。我们又不是开业[54]修车的,哪儿有帮帮忙就要钱的?"姑娘有点儿不好意思,脸一下子红了。"好了,不开玩笑了。"小伙子搓[55]了搓手,咧[56]开嘴笑着,露出一排洁白[57]整齐的牙齿。

一路上,微风吹着陈静的长发,拂[58]到脸上,怪痒[59]痒的,又很舒服。她觉得今天晚上的路灯格外[60]地亮,亮得耀眼[61];空气中,也仿佛有种醇美[62]的甜味。

呵,这醉人的春夜!

(选自《微型小说选刊》,作者:吴金良。有删改)

生 词

1	醉	zuì	(动)	be drunk, intoxicate	二
2	昏	hūn	(形)	dusky	二
3	黑黝黝	hēiyōuyōu	(形)	shiny black	
4	倒霉	dǎo méi	(动)	have bad luck, get into trouble	三
5	无可奈何	wú kě nàihé		be utterly helpless	三

醉人的春夜

6	串	chuàn	（量、动）	a measure word for a string of things; go from place to place	二
7	掠	lüè	（动）	sweep past	
8	咦	yí	（叹）	(expressing surprise) well, why	
9	自卫	zìwèi	（动）	defend oneself	三
10	上风	shàngfēng	（名）	upper hand	
11	语无伦次	yǔ wú lúncì		speak incoherently or illogically	
12	似笑非笑	sì xiào fēi xiào		wear a faint smile	
13	稍	shāo	（副）	slightly	二
14	镇静	zhènjìng	（形）	calm	
15	链子	liànzi	（名）	chain	
16	卡	qiǎ	（动）	get stuck	二
17	帮忙	bāng máng	（动）	help, give sb. a hand	一①
18	链套	liàntào	（名）	chain case	
19	不觉	bùjué	（副）	unconsciously	
20	车铺	chēpù	（名）	shop for repairing bicycles	
21	跨	kuà	（动）	stride, step	二
22	差点儿	chàdiǎnr	（副）	almost, nearly	
23	咒	zhòu	（动）	curse, abuse	
24	噩梦	èmèng	（名）	terrible dream, nightmare	
25	归	guī	（动）	(used between identical verbs) despite, regardless of	二
26	便道	biàndào	（名）	sidewalk, pavement	三
27	踌躇	chóuchú	（动）	hesitate	
28	冲	chòng	（介）	facing, towards	二
29	沮丧	jǔsàng	（形）	dispirited, depressed, dejected	三
30	恐惧	kǒngjù	（动）	frighten, fear, dread	三
31	一股脑儿	yìgǔnǎor	（副）	completely, root and branch	
32	临	lín	（动）	overlook, face	三
33	平房	píngfáng	（名）	one-storey house	

34	蹲	dūn	(动)	squat	二
35	改锥	gǎizhuī	(名)	screwdriver	
36	愣	lèng	(动、形)	dumbfound; dumbfounded	三
37	调皮	tiáopí	(形)	naughty	二
38	眨	zhǎ	(动)	blink, wink	
39	嫂子	sǎozi	(名)	elder brother's wife	三
40	夜班	yèbān	(名)	night shift	三
41	机枪	jīqiāng	(名)	machine gun	
42	个体户	gètǐhù	(名)	self-employed laborer	
43	招呼	zhāohu	(动)	call, greet, take care of	二
44	胆子	dǎnzi	(名)	courage, nerve	三
45	难为情	nánwéiqíng	(形)	embarrassed	三
46	随即	suíjí	(副)	immediately	三
47	油污	yóuwū	(名)	greasy dirt	
48	惊	jīng	(动)	surprise	三
49	掏	tāo	(动)	take out	二
50	钱包	qiánbāo	(名)	purse	一①
51	多心	duō xīn	(动)	oversensitive	三
52	瞎	xiā	(副、动)	groundlessly; blind	三
53	逗	dòu	(动)	tease (for fun)	三
54	开业	kāi yè	(动)	(of a shop etc.) start business	一③
55	搓	cuō	(动)	rub with the hands	三
56	咧	liě	(动)	grin	
57	洁白	jiébái	(形)	pure white	
58	拂	fú	(动)	stroke, touch lightly	
59	痒	yǎng	(动)	itch	三
60	格外	géwài	(副)	exceptionally, especially	二
61	耀眼	yàoyǎn	(形)	dazzling	三
62	醇美	chúnměi	(形)	mellow	

4 醉人的春夜

专有名词

陈静　　　　　Chén Jìng　　　　　name of a person

词语搭配与扩展

一 倒霉

[动~] 自认~ | 找~ | 觉得~

[状~] 真~ | 太~了 | 要~ | 可能~

[~补] ~透了 | ~极了 | ~得很

[~中] ~的事 | ~的天气 | ~的时候 | ~的自行车

（1）真倒霉，我今天上街买东西的时候，钱包被偷了。

（2）怎么那么多倒霉的事都让你碰上了呢？

二 无可奈何

[主~] 妈妈~ | 老师也~ | 大家对他~

[~动] ~地问 | ~地说 | ~地叹了口气

[~中] ~的事 | ~的时候 | ~的眼光

（1）我劝他别去，可他不听，我也无可奈何。

（2）赵红无可奈何地说："我的腿摔坏了，不能跟你们一起去旅行了。"

三 串

[~宾] ~味儿 | ~亲戚 | ~胡同

[~补] ~起来 | ~不了 | ~到一起

[~名] 一~钥匙 | 一~羊肉 | 一~珍珠 | 一~泪珠 |
　　　一~自行车铃声 | 一~问题 | 一~数字

（1）我们串了几条胡同才找到李明的家。

（2）刚才我在门口捡了一串钥匙，是你丢的吗？

四 似……非……

~梦~梦 | ~烟~烟 | ~红~红 | ~笑~笑 |
~懂~懂 | ~哭~哭 | ~醉~醉 | ~睡~睡

（1）我走进屋时，爷爷正似睡非睡地躺在床上。

（2）学生似懂非懂地看着老师，不知怎么回答。

五 镇静

［主~］内心~ | 态度~ | 神情~

［动~］保持~ | 显得~ | 失去~ | 恢复~

［状~］要~ | 必须~ | 特别~ | 不~

［~补］~得多 | ~一些 | ~一下 | ~一会儿

（1）几个坏人冲进银行，我不由一惊，但马上镇静下来。

（2）你别过于激动，先镇静一下，咱们再谈。

六 帮忙

［动~］想~ | 主张~ | 答应~ | 继续~

［状~］常常~ | 应该~ | 主动地~

［~中］~的目的 | ~的方式 | ~的报酬

［帮……忙］帮不上忙 | 帮了我的忙 | 帮了我的大忙 | 帮不了你的忙 | 帮倒忙 |
　　　　　　帮一下忙 | 帮过几次忙 | 帮着忙 | 帮起忙来 | 帮帮忙

（1）小张明天下午搬家，我去给他帮忙。

（2）小伙子，过来帮帮忙，帮我把这些书搬上车。

七 跨

［动~］打算~（过去）| 决定~……

［~宾］~（过）沟 | ~（上）车 | ~（进）门 | ~行业 | ~世纪

［状~］向前~ | 大步~ | 从后边~ | 一下子就~（上去了）

［~补］~上（马）| ~在车上 | ~过来 | ~了一下 | ~了几步

（1）小战士一下子跨上马，飞快地奔跑起来。

（2）沟不太宽，你能跨过来。

八 招呼

[动~] 听到~｜忘了~｜打~

[~宾] ~客人｜~朋友｜~大家

[状~] 应该~（他）｜拼命地~｜快~（他们）

[~补] ~起来｜~得快｜~不了｜~一下｜~一会儿（他）

[~中] ~的对象｜~的声调｜~的态度｜~的人

（1）李大妈忙出来招呼我们进屋里暖和暖和。

（2）路上碰见熟人，他总是热情地打招呼。

九 掏

[动~] 喜欢~（耳朵）｜负责~（垃圾）

[~宾] ~（出）钱包｜~书包｜~车票｜~打火机

[状~] 别~（姐姐的书包）｜从口袋里~（出来）

[~补] ~干净｜~出来｜~得快｜~不着｜~了半天｜~了几次

（1）克里木从口袋里掏出一百美元，塞到我手里。

（2）掏耳朵可不是个好习惯，你得改。

十 瞎

[~动] ~说｜~问｜~写｜~花钱

（1）你呀，瞎花钱，见着什么买什么。

（2）别瞎闹了，上课了！

十一 格外

[~形] ~香｜~安静｜~努力｜~轻松｜~有意思｜~小心

（1）大明格外有钱，买什么都不在乎。

（2）考完试了，我感到格外轻松。

语 法 例 释

一 陈静心里却紧张起来（"起来₁"）

"……起来"，趋向补语。可紧跟在形容词和动词后面，引申义为某种状态开始发展，而且程度还在继续加深，或某种动作开始进行，并且还在继续进行。例如：

（1）孩子们的胆子渐渐大起来。
（2）他前些日子事不多，最近忙起来了。
（3）只有酒能使他高兴起来。
（4）不知为什么，他们说着说着就笑起来了。
（5）风吼着，雨又下起来，越下越大。
（6）你提到画儿，我才想起来了。
（7）忽然，一群少年把他包围起来。

二 陈静稍稍镇静了一下

"稍稍"，副词。表示程度轻微或时间短暂，在其所修饰的动词或形容词后面往往带着"一点儿、一些、一下"等词语。例如：

（1）你来得稍稍晚了一点儿，他刚走。
（2）老太太大哭了一场，现在心情稍稍平静了一些。
（3）马路上传来孩子和妇女的哭叫声，直到天亮，才稍稍静了下来。
（4）老王马上就来，请你稍稍等一会儿。
（5）他32岁，个子不高，稍稍有点儿胖。
（6）你一会儿再来，他刚吃完药，得稍稍休息一下。

三 不觉推着车子往前走了几步

"不觉"，没有感觉到，指某种变化没有引起特别注意。例如：

（1）哥俩边走边说，不觉到了村口。
（2）吃过饭，小李躺在床上看小说，看着看着，不觉睡着了。
（3）兰兰去国外学习不觉已经半年了。
（4）时间过得真快，树上的苹果不觉已经红了。

（5）下雨堵车，不觉天都快黑了，还没到家。

四 陈静**差点儿**哭了

"差点儿"，副词。同"差一点儿"，表示某种情况接近实现或勉强实现。

1. 如果是说话人不希望实现的事，说"差点儿"或"差点儿没"，意思一样，都是指事情接近实现而没有实现。例如：

（1）今天早上我去上课，差点儿（没）迟到。（没迟到）
（2）前几天他得了场大病，差点儿（没）死了。（没死）
（3）老太太脚底下一滑，差点儿（没）摔倒。（没摔倒）
（4）三个孩子在河里游泳，越游水越深，差点儿（没）淹死。（没淹死）

2. 如果是说话人希望实现的事，"差点儿"和"差点儿没"的意思不一样。"差点儿"表示惋惜事情未能实现；"差点儿没"表示庆幸事情终于实现了。例如：

（5）他差点儿就考上了，人家取10名，他的成绩是第11名。（没考上）
（6）我差点儿就买到了文艺晚会的票，可惜排在我前边的那人把最后几张票都买走了。（没买到）
（7）那本词典我去买的时候只剩一本了，买的人很多，我差点儿没买到。（买到了）
（8）这次考试的题太多了，考了两个小时，我差点儿没做完。（做完了）

五 不信**归**不信

"归"，动词。用在相同的动词、形容词、名词或动词、形容词、名词性结构中间，表示让步，有"虽然"的意思。例如：

（1）我们俩吵归吵，吵完了还是好朋友。
（2）那两口子骂归骂，闹归闹，可从来没提过"离婚"两个字。
（3）你们好归好，在工作上可不能没有原则。
（4）咱们朋友归朋友，钱你不能不收下。
（5）老乡归老乡，该多少钱一斤你就卖我多少钱一斤。
（6）不信归不信，出了胡同口，陈静忍不住真朝左手方向看了一眼。
（7）你们之间有意见归有意见，可不要影响工作。

六 冲着陈静喊

"冲",介词。介绍出动作的对象,表示动作主体对着某人或对着某事物发出动作,有"朝、对、向"之意,用于口语。"冲"也可以说成"冲着"。例如:

(1)不是他的错,你为什么冲他发脾气?
(2)我一扬手,出租车便冲我们开过来。
(3)老人冲儿子瞪了一眼,扭头就走了。
(4)"我给你叫去。"小护士说着就冲北房喊叫。
(5)那匹马高大得出奇,冲着我们直奔过来。
(6)刘伟转过脸来,冲着我盯了好一会儿。

七 怪难为情的

"怪",副词。表示程度高,相当于"挺"。后边必须加"的"。"怪……的"中间可以是形容词、动词(主要是表示心理状态的动词)或动词性结构。否定词"不"要放在"怪"之后、形容词或动词之前。例如:

(1)三只小狗怪可爱的,在草地上互相追逐着。
(2)风那么大,怪冷的,咱们明天再去找他吧。
(3)这件事怪麻烦的,咱们别管了。
(4)我和大哥好几年没见面了,心里怪想他的。
(5)都深夜一点了,妹妹还没回家,我怪担心的。
(6)那孩子很懂事,怪招人喜欢的。
(7)他老大声说话,影响我睡觉,我心里怪不高兴的。

八 陈静打心里希望……

"打",介词。"从"的意思,用于口语。例如:

(1)你打这儿往前走,走十分钟就看见车铺了。
(2)打你们村骑车到县城得多长时间?
(3)咱们打明天开始种树,种一个星期。
(4)我打上个月就看这本小说,看了一个多月了,还没看完。
(5)黄先生打心里感激那个帮了他大忙的小伙子。

九 随即笑了

"随即"，副词。表示某一件事是紧跟在另一件事之后发生的。用于书面语。例如：

（1）骑在马上的战士说完后，随即轻快地跳下马。

（2）"好，就这么办吧。"刘良同意了，随即转身离开了。

（3）宋胜站起来喊了一声，那个人影随即消失了。

（4）张班长看到这种情况，随即带着我们跑上山去。

（5）突然，他清醒了似的，随即又什么都不知道了。

（6）他望望远处，随即拉住小王的手说："我扶你走吧。"

（7）老师亲切地对他说："不懂的字可以查字典。"随即递给他一本《新华字典》。

练 习

一 用指定词语完成句子。

1. _____我的钱包找不着了。（倒霉）

2. _____，交给咱们的任务还得完成。（……归……）

3. 今天我上班，_____。（差点儿）

4. 买那本词典的人很多，_____。（差点儿）

5. _____，咱们还是到屋里谈吧。（怪……的）

6. 时间过得真快，_____。（不觉）

7. 听说你考上了大学，_____。（打）

8. _____："谢谢你，你帮了我的大忙。"（冲）

9. 父亲身体不好，我劝他不要去旅行，可他不听，_____
_____。（无可奈何）

10. 刘师傅看了我一眼，_____。（随即）

二 解释下列句子中带"．"的词语。

1. 她没了主意，不觉推着车子往前走了几步。

2. "这号人！"陈静差点儿哭了。

3. 陈静觉得周围一下子亮起来，沮丧、恐惧，一股脑儿都没了。

4. 跟在陈静后面的姑娘说话像是放机枪。

5. 您别多心，他就这样，跟谁都瞎逗。

6. 夜深了，到处是一片黑黝黝的怪影。

7. 陈静打心里希望这小伙子多收她点儿钱。

8. 一种不安和自卫的心理占了上风。

三 给下列句子中的趋向补语"起来"前边填上适当的动词或形容词。

1. 大雨哗哗地_____起来。

2. 说着说着，她伤心地_____起来了。

3. 两个人准备好材料后，便动手_____起来。

4. 快到夏天了，天气逐渐_____起来。

5. 最近这条马路两侧种上了树和花草，这条马路显得_____起来。

6. 针对这个问题，大家热烈地_____起来。

7. 哦，我_____起来了，我的书借给钱青了。

8. 开始写汉字时，我写得很慢，现在_____起来了。

9. 吃菜呀，咱们是老同学，你怎么_____起来了。

10. 以前我不喜欢自己的工作，现在开始_____起来了。

四 选择适当的词语填空。

掏　格外　似懂非懂　帮忙　跨　瞎　招呼　随即　稍稍

1. 你_____说什么！他考试时并没问我。

2. 我明天去朋友家_____，不去玩了。

3. 你去_____客人，我去厨房做饭。

4. 老林从口袋里_____出一支笔，递给我。

5. 那个农民说的家乡话我_____。

6. 里面的那个房间_____安静，咱们去那儿开会吧。

7. 沟不宽，你能_____过来。

8. 孙国华看了一眼商店的牌子，_____走了进去。

9. 听大夫说，姐姐的病不要紧，我的心情才_____轻松一些。

五 根据课文内容回答问题。

1. 骑车的小伙子回到陈静身旁时，陈静的心情怎样？为什么？
2. 骑车的小伙子想帮陈静修车吗？为什么没给她修？
3. 小伙子告诉陈静，胡同口左边有个车铺，陈静相信吗？为什么？
4. 小伙子为什么把妹妹叫起来招呼陈静？
5. 小伙子帮陈静修好了车要没要钱？为什么？

六 交际训练。

1. 讨论：

   （1）骑车的小伙子回到陈静身旁时，陈静为什么"紧张起来"？

   （2）你认为帮陈静修车的小伙子怎么样？

   （3）在你的生活中遇到过帮助你的陌生人吗？请介绍一下事情的经过。

2. 请到讲台前，介绍一下本国人过节的情况（如圣诞节、狂欢节、斋月、新年等）。

3. 模拟两个人打电话：

   （1）同学之间谈学习。

   　　A：喂，_____？

   　　B：我是_____。这几天我没去上课。老师讲新课了吗？

   　　A：刚讲第_____课。你怎么没来上课？

   　　B：……

   这些词语可以帮助你表达：

   > 倒霉　格外　勉强　竟　一下子　记性　不得不　任何
   > 尽管　平均　反复　对……来说

   （2）朋友之间谈工作。

   　　A：喂，_____

   　　B：我是_____。你最近忙吗？

   　　A：我不在华夏旅行社工作了……

   　　B：……

这些词语可以帮助你表达：

> 夜班　胆子　差点儿　既……又……　轻松　打工　……起来
> 怪……的　故意　终于　从来　何必

4. 语言游戏。

读读下面的"国学语录"，明白它的意思吗？能写出其中的一个成语吗？

子曰："君子成人之美，不成人之恶。小人反是。"（《论语·颜渊》）意思是，孔子说："君子成全别人的好事，不帮助别人做坏事。小人则相反。"

5. 看一看，说一说，写一写。

两个人背靠背是"北"。后来，"北"用来表示方向，它的本义就用"北"下面加了一个"月（肉）"的方法来表示，写做"背"；读音也发生了变化，读做 bèi。

在战斗中，打了败仗的一方转过身去逃跑称为"败北"。

——选自《汉字的故事》，施正宇编著

5 眼 光[1]

课 文

开幕[2]的热烈场面[3]过去了，来宾们走了一大半，留下的贵宾用完午餐之后也都一个个离去。展览厅里空空的，连一个观众都没有，只剩下他和年轻的妻子。

妻子原是他的一个学生，对他非常崇拜[4]。当崇拜变成爱情时，他不安了，但终于挡不住姑娘火一般的爱情攻击[5]，他跟生活了二十几年的老妻分了手[6]，和比他小二十几岁的崇拜者结了婚。老妻是位中学教师，不会画画儿，对他的作品从不多言多语。而年轻的妻子却[7]相反，对于他的每件[8]作品，都要大大称赞一番[9]。这个画展就是年轻妻子为他举办[10]的，作为献给他55岁生日的礼物。他画画儿四十多年，早就盼望能举办一次个人画展。但以前每次和老妻商量此事，她总是显得很不热情。这次展览虽然一幅作品也没卖出去，但毕竟开幕了，实现了他一生的一大愿望。

"老师！回家吧，该闭[11]馆了！"妻子还像做学生时那样叫他老师。

"闭馆了？"他慢慢抬起头，与妻子的目光[12]相遇了。妻子的眼中充满[13]了失望[14]，她心中的偶像已经动摇了。

几天来，展览大厅里非常安静。除了展览馆门口的一块广告牌子[15]，美术界[16]的人一句话也没说。电视台、报纸也都沉默着，观众少得可怜。他亲自[17]联系了几家小报的记者，并送了礼，但也仅有两家小报登了只有一两句话的简单新闻。展览结束前两天，他花钱又登了一次广告，提醒[18]人们注意这个画展的存在，但参观的人还是不多。

参加闭幕[19]式的人很少，最后剩下两个学生帮他收拾作品。他像骗子[20]一样避开妻子冷冷的目光，他真后悔[21]和一个崇拜者结了婚。他觉得自己欺骗了她，对不起她。她好可怜啊……

这时，展览馆办公室走来了一位职员，告诉他们，有20幅画儿已在昨晚被一位不肯说出姓名的海外[22]收藏[23]家买下了，他的代理人已将一万元送到。他简直[24]不敢相信这是真的，他以为这是一个梦[25]！可这的的确确是真的。

妻子冷冷的脸一下子笑开了，接着就像小姑娘一样跳起来，连呼带[26]叫地向丈夫扑过去，吊着他的脖子[27]响亮地吻[28]了一下。"老师，我没有看错你，我相信你是天才，早晚会被承认的！"她激动地说着。在她眼里，偶像似乎长高了许多。

他觉得妻子到底有眼光，是她第一个发现了自己，选择了自己。当然自己也有眼光，坚决[29]地甩掉了毫无[30]共同语言的老妻而娶[31]了她……

他的画儿被海外收藏家买了20幅的消息一下子惊动了记者，大报小报纷纷[32]加以报道，家里的客厅天天人来人往，上门买画的人越来越多。不到一个月，展出过的一百幅画儿全部卖光，连画稿也卖出了几幅。不少报纸接连[33]发表[34]评论[35]和介绍文章，登他的作品，称赞这个大画家。他自己也完全糊涂[36]了，以为天上真的多出了一个太阳。

那天，他正一个人在家作画，忽然来了一位客人。客人衣服十分讲究，说着不太标准[37]的普通话[38]。他想：可能又是来买画儿的，就请他在沙发上坐下。客人并没有马上坐下，而是久久地盯[39]着他。

"知道三个月前买了你20幅画儿的海外收藏家是谁吗？"那人神秘[40]地笑了笑，"就是我。但我并不是收藏家，在海外我只是个普通[41]商人[42]！"

他愣了一下，接着热情地伸出双手。"谢谢，谢谢！"他连声地说。

"不用谢我，我是根据你前妻的请求办的。"商人又沉默了一会儿，"她至死都爱着你！"画家吃了一惊[43]，怀疑地瞪着眼睛。

"她参观你的展览出来后遇上了车祸[44]。临死前，她把自己的两个眼角膜[45]给了我母亲，因为我母亲正等着做角膜移植[46]手术[47]。你前妻要求我以海外收藏家的身份收藏你的两幅画儿，结果[48]我就买了20幅！"画家差点儿晕[49]倒了，过了好一会儿才渐渐清醒[50]过来。"她，她为什么要这样做？"

来客想了一下，从口袋里摸出一盘[51]磁带放进收录机[52]里。不一会儿，里面便传出老妻吃力[53]的声音："……帮帮他吧，只有这个办法能使他成功，因为他的作品太一般了……"

他一阵[54]阵颤抖，仿佛又看到了老妻冷冷的目光，深刻而尖锐[55]。他不安地低下了头。

客人走后不久，妻子回来了，告诉他说："展览期间被那海外收藏家买去的20幅画儿最近已转卖出去，价格是当初[56]的三倍。"

他又是一惊。

妻子说："那人真有眼光！"

生 词

1	眼光	yǎnguāng	（名）	view, way of looking at things	二
2	开幕	kāi mù	（动）	(of a meeting, exhibition, etc.) open, inaugurate	二
3	场面	chǎngmiàn	（名）	scene, occasion	二
4	崇拜	chóngbài	（动）	worship, adore	二
5	攻击	gōngjī	（动）	attack	二
6	分手	fēn shǒu	（动）	divorce, break up	二
7	却	què	（副）	but	二
8	件	jiàn	（量）	a measure word for works of art, etc.	一②
9	番	fān	（量）	a measure word for actions, deeds, etc.	二
10	举办	jǔbàn	（动）	hold	一③
11	闭	bì	（动）	close	二
12	目光	mùguāng	（名）	eye	二
13	充满	chōngmǎn	（动）	be full of	一③
14	失望	shīwàng	（动）	disappoint	二
15	牌子	páizi	（名）	board	一②
16	界	jiè	（名）	field	二

17	亲自	qīnzì	（副）	personally	一③
18	提醒	tíxǐng	（动）	remind	二
19	闭幕	bì mù	（动）	(of a meeting, exhibition, etc.) close	二
20	骗子	piànzi	（名）	cheater, swindler	二
21	后悔	hòuhuǐ	（动）	repent, regret	二
22	海外	hǎiwài	（名）	overseas	二
23	收藏	shōucáng	（动）	collect	二
24	简直	jiǎnzhí	（副）	simply, at all	一③
25	梦	mèng	（名）	dream	二
26	连……带……	lián……dài……		and, while	
27	脖子	bózi	（名）	neck	三
28	吻	wěn	（动、名）	kiss	三
29	坚决	jiānjué	（形）	resolute	一③
30	毫无	háo wú		not at all	三
31	娶	qǔ	（动）	marry (a woman)	三
32	纷纷	fēnfēn	（副）	one after another	二
33	接连	jiēlián	（副）	in succession	二
34	发表	fābiǎo	（动）	publish	一③
35	评论	pínglùn	（动、名）	comment; review	二
36	糊涂	hútu	（形）	confused	三
37	标准	biāozhǔn	（形、名）	standard	一③
38	普通话	pǔtōnghuà	（名）	Mandarin	一②
39	盯	dīng	（动）	fix one's eyes on, stare	三
40	神秘	shénmì	（形）	mysterious	二
41	普通	pǔtōng	（形）	ordinary	一②
42	商人	shāngrén	（名）	merchant, businessman	一③
43	吃惊	chī jīng	（动）	surprise	二
44	车祸	chēhuò	（名）	traffic accident	三
45	眼角膜	yǎnjiǎomó	（名）	cornea	

46	移植	yízhí	（动）	transplant	三
47	手术	shǒushù	（名）	operation	二
48	结果	jiéguǒ	（连、名）	as a result; result	一②
49	晕	yūn	（动）	faint	二
50	清醒	qīngxǐng	（动、形）	regain consciousness; clear-headed	二
51	盘	pán	（量）	*a measure word for disks, tapes, etc.*	二
52	收录机	shōulùjī	（名）	radio cassette tape recorder	
53	吃力	chīlì	（形）	strenuous, laborious	二
54	阵	zhèn	（名、量）	short period; *a measure word*	二
55	尖锐	jiānruì	（形）	sharp	三
56	当初	dāngchū	（名）	originally	一③

词语搭配与扩展

一 实现

[主~] 计划~了｜目标~了｜愿望~了｜理想~了

[~宾] ~理想｜~愿望｜~目标｜~统一｜~邦交正常化

[状~] 努力~｜难以~｜顺利地~｜基本~

[~补] ~得快｜~得早｜~起来很困难｜~不了

[~中] ~的原因｜~的方法｜~的手段

（1）我们要为实现理想努力学习。

（2）高中毕业以后，他终于实现了自己的愿望，考上了大学。

二 闭

[~宾] ~眼｜~嘴｜~会｜~幕｜~门（谢客）

[状~] 紧紧~（着）｜赶紧~（上）｜暂时~（会儿）｜整天~门不出

（1）结婚以后，她经常闭门不出，很少跟别人接触。

（2）小王闭上眼睛休息了一会儿，记忆顿时显得清晰多了。

三 充满

[~宾] ~阳光｜~泪水｜~欢笑声｜~信心｜~力量

[状~] 对前途~（希望）｜应该~（信心）｜永远~（活力）

（1）客厅里充满了阳光，显得特别明亮。

（2）别人怎么说都无所谓，重要的是自己要充满信心。

四 联系

[主~] 干部~（群众）｜理论~（实际）｜自己~

[动~] 加强~｜保持~｜失去~｜继续~

[~宾] ~思想｜~单位｜~工作｜~实际问题｜~朋友

[状~] 不断地~｜进一步~｜主动~｜广泛~｜可以~

[~补] ~成了｜~上了｜~好了｜~了半天｜~了几天｜~一下

（1）她结婚以后，一直跟姑姑有联系。

（2）我给王秘书打了好几次电话，可总是联系不上。

五 花

[动~] 想~（时间）｜不让~（钱）｜打算~（钱买）｜决定~（工夫研究）

[~宾] ~钱｜~时间｜~力气｜~精力

[状~] 计划着~（钱）｜乱~（钱）｜白~（时间了）｜至少~（两小时）

[~补] ~完了｜~得很快｜~不了｜~出去了

[~中] ~的精力｜~的金钱｜~的工夫

（1）为了买这件心爱的首饰，她把赚来的钱都花掉了。

（2）李小平花了三天时间才把这个问题弄明白。

六 避

[~宾] ~光｜~雨｜~开灾祸｜~难｜~风险

[状~] 正在~（雨）｜能~（开）｜在这儿~（避）｜不~（你）

[~补] ~开｜~不开｜~得了｜~一下

（1）她借口有事，避开了大家。

（2）雨越下越大，咱们找个地方避避吧。

眼　光　5

七 承认

［动~］获得~｜得到~｜决定~｜希望~

［~动］~偷了｜~贪污｜~看过

［~宾］~事实｜~错误｜~现实｜~矛盾

［状~］公开~｜表面上~｜一致~｜不得不~

［~补］~得及时｜~得很快｜~了三次

［~中］~的时间｜~的条件｜~的问题｜~的结果

（1）他不承认是这个孩子的父亲。

（2）你得承认他不得不这样做，并不是故意为难你。

八 毫无

［~宾］~希望｜~信心｜~办法｜~疑问｜~结果｜~价值

（1）爱谁不爱谁，这是感情问题，你我都毫无办法。

（2）他的癌症非常严重，毫无治好的可能。

九 加以

［~动］~支持｜~保护｜~肯定｜~重视｜~批评

（1）毒品的问题一定要加以解决。

（2）残疾人工作的问题，你们要认真加以研究。

十 吃惊

［动~］让（人）~｜感到~｜觉得~｜没有~｜担心（他）~

［状~］暗暗~｜会~｜不应该~｜不~

［~补］~得很｜~得说不出话来

［~中］~的目光｜~的神情

［吃……惊］吃了一惊｜大吃一惊

（1）画家吃了一惊，怀疑地瞪着眼睛。

（2）这个不幸的消息使他大吃一惊。

十一 清醒

[主~] 头脑~｜神志~

[动~] 保持~｜（比昨天）显得~｜觉得~

[状~] 不够~｜特别~｜要~｜突然~了

[~补] ~过来｜~极了｜~了一会儿

[~中] ~的头脑｜~的时候｜~的认识

（1）他虽然不能开口了，但头脑一直很清醒。

（2）她一激动，脑子就不够清醒了。

语法例释

一 他跟生活了二十几年的老妻分了手（"了$_1$"）

句子中的动态助词"了"为"了$_1$"（以后再讲"了$_2$"）。"了$_1$"用在动词（包括述补式动词或短语）后表示动作、行为的完成或实现。例如：

（1）他终于在一家小书店里买到了这本书。

（2）其实，我已经讲清了出事的原因，大家早就原谅了我。

（3）老人在这条胡同住了几十年，对这里的一切充满了感情。

（4）这部小说我看了一个星期还没看完呢。

应该注意，"了$_1$"可以用于过去，也可以用于将来。例如：

（5）去年，他在报纸上发表了十几篇文章。

（6）明天你打完了针就去买药吧。

（7）下学期编完了这套教材就轻松了。

二 这次展览虽然一幅作品也没有卖出去

"……出去"，趋向补语。作为引申用法，用在非趋向动词后，表示动作实现。"讲、说、闹、漏、泄露、宣布、宣扬"等动词后面可以带趋向补语"出来"。例如：

（1）这件事任何人都不能说出去。

（2）那间房子租出去了没有？

（3）这种事闹出去对谁都没有好处。

（4）安娜怪我把她恋爱的秘密泄露出去了。

（5）其实他并没有把打工的事说出去。

（6）这个决定还没有讨论，他为什么就宣布出去了？

三 但**毕竟**开幕了

"毕竟"，副词。强调事物的状态、性质、特点，不管怎么说，事实还是这样；即使有了新的变化，原有状况也不能忽视。有"到底"、"究竟"的意思。有时用在前一分句，强调原因。不能用于问句。例如：

（1）在饭馆吃饭毕竟太贵，不能天天都去吃。

（2）她毕竟受传统观念的影响太深，对各式各样的新事物还很难适应。

（3）这水果毕竟买回来两天了，已显得不那么新鲜了。

（4）他毕竟不是你的敌人，不会故意为难你的。

（5）小王毕竟不是孩子了，相信他会珍惜时间的。

四 他**亲自**联系了几家小报的记者

"亲自"，副词。强调行为动作由动作者自己发出。例如：

（1）父亲亲自开车去接女儿。

（2）这些小事，何必你亲自动手？

（3）这么重要的事，你应该亲自去了解一下。

（4）我亲自提醒过他，你放心吧。

（5）手术前的准备工作，他都要亲自检查。

（6）领导亲自到灾区慰问受灾的群众。

五 他**简直**不敢相信这是真的

"简直"，副词。表示达到或接近于某种程度，带有强调或夸张的语气。例如：

（1）他激动得简直说不出话来了。

（2）她这种态度简直让人不可理解。

（3）结婚以后，小王简直就像换了一个人。

（4）这哪是帮忙，简直就是宰人。

（5）天气这么暖和，简直就像春天。

六 （妻子）就像小姑娘一样跳起来，连呼带叫地向丈夫扑过去

"连……带……"，这一结构可以表示两个意思：

1. "连"和"带"后分别跟两个动词或动宾结构，表示两个动作紧接着，差不多同时发生。意思相当于"又……又……"，有加强语气的作用。例如：

（1）那些骗子连滚带爬地逃跑了。

（2）他买了20斤水果，同学们连吃带拿，一下子就光了。

（3）一群姑娘连说带唱、连蹦带跳地走了过来。

（4）为了体面，她为结婚连买东西带请客吃饭，一共花了两万多元。

2. "连"和"带"后分别跟两个名词或形容词，表示前后两项包括在一起，相当于连词"和"。例如：

（5）连收录机带手表都被人拿走了，小王很生气。

（6）他们家连老带小共有八口人。

（7）今天去参观的连老师带学生差不多有二百人。

七 画家差点儿晕倒了，过了好一会儿才渐渐清醒过来

"……过来"，趋向补语。作为引申用法，可用在某些非趋向性动词后面，表示以下几种意思：

1. 表示恢复到正常状态。与它配合的动词主要有：变、反应、醒、苏醒、感化、改、改变，等等。例如：

（1）他的记忆差不多全恢复过来了。

（2）她那些懒毛病终于改过来了。

（3）我算是明白过来了，感情问题是不能勉强的。

（4）经过一天一夜的抢救，病人总算清醒过来了。

2. 表示艰难地完成。与它配合的动词主要有：熬、挣扎、对付、挨、挺，等等。例如：

（5）我也不知道这样贫穷的日子是怎么熬过来的。

（6）贫困和压力她都挺过来了。

（7）我们都是在困难中磨练过来的。

3. 表示有没有能力完成，动词和"过来"之间有"得"或"不"，常见的动词有：数、背、念、管、干、算、顾、忙、照应、照顾、照料，等等。例如：

（8）工作太多，我一个人忙不过来。

（9）这么多的孩子，你一个人管得过来吗？

（10）这么大的数目，一个小孩子怎么能算得过来呢？

（11）她的负担太重，这些工作实在干不过来。

练 习

一 辨字组词。

$$\begin{cases}盼\\纷\end{cases} \quad \begin{cases}抬\\拾\end{cases} \quad \begin{cases}广\\厂\end{cases} \quad \begin{cases}幅\\福\end{cases} \quad \begin{cases}骗\\遍\end{cases} \quad \begin{cases}错\\借\end{cases}$$

二 给下列动词搭配上宾语。

1. 攻击_____   2. 举办_____   3. 充满_____   4. 提醒_____
5. 收藏_____   6. 惊动_____   7. 登_____   8. 发表_____

三 用指定词语回答问题。

1. 你觉得安娜的汉语说得怎么样？（算是　毕竟）

2. 昨天的讨论有结果了吗？（花　毫无）

3. 你们学校有人报名参加HSK辅导班吗？（纷纷　连……带……）

4. 他们俩结婚的新房收拾得怎么样了？（显得　讲究）

5. 刚来的小王老师上课时为什么有点儿不好意思？（毕竟　而且）

四 在下列空白处填上补语"出去"或"过来"。

1. 说实话，要把这个坏毛病改_____确实很不容易。
2. 这件事还没决定怎么就传_____了?
3. 他太累了，睡了两天两夜才醒_____。
4. 我刚开始戒烟的时候很痛苦，现在总算熬_____了。
5. 小王又要上班，又要照顾老人和孩子，真是忙活不_____。
6. 我这幅画还没画成，请你不要宣扬_____。

五 整理句子。

1. 总 毛病 改 老 掉 也 的 不 他
2. 你 就 完 看 请 不 不要 看 了
3. 既……也…… 不上 窗户 关 不开 打 这个
4. 难说 事 办不成 很 这 办得成 还
5. 回 谁 这 怎么 说不清 也 究竟 事 是
6. 坐 不见 好半天 来 有人 了 也 她

六 请在下列句中恰当的位置上填上"了"。

1. 昨天我去_____看_____我爱人上星期认识_____的朋友。
2. 他发现_____小偷把很多值_____钱的东西都偷_____走_____。
3. 写_____这篇文章我花_____五个小时_____才完成_____。
4. 老师批评_____我，因为我昨天没去_____上课_____。
5. 我知道_____她已经习惯_____每天听_____音乐_____。

七 用指定词语完成句子。

1. 老王非常负责任，_____。（亲自）

眼 光 5

2. 他很关心自己的职工，＿＿＿＿＿＿＿＿＿＿＿＿＿＿＿＿＿＿＿＿＿＿。（亲自）
3. 她对学生那么关心，＿＿＿＿＿＿＿＿＿＿＿＿＿＿＿＿＿＿＿＿＿＿。（简直）
4. 李老师非常热情，到了他的家＿＿＿＿＿＿＿＿＿＿＿＿＿＿＿＿＿＿。（简直）
5. 我和小王大学时是好朋友，毕业以后＿＿＿＿＿＿＿＿＿＿＿＿＿＿＿。（联系）
6. 这孩子又聪明又努力，家长和老师＿＿＿＿＿＿＿＿＿＿＿＿＿＿＿＿。（充满）
7. 只要努力，我们的目标＿＿＿＿＿＿＿＿＿＿＿＿＿＿＿＿＿＿＿＿＿。（实现）
8. 后天就要回国了，＿＿＿＿＿＿＿＿＿＿＿＿＿＿＿＿＿＿＿＿＿＿＿。（收拾）
9. 为了写这篇文章，＿＿＿＿＿＿＿＿＿＿＿＿＿＿＿＿＿＿＿＿＿＿＿。（花）
10. 他虽然很有钱，＿＿＿＿＿＿＿＿＿＿＿＿＿＿＿＿＿＿＿＿＿＿＿＿。（讲究）
11. 昨天她骑车上街，＿＿＿＿＿＿＿＿＿＿＿＿＿＿＿＿＿＿＿＿＿＿＿。（差点儿）
12. ＿＿＿＿＿＿＿＿＿＿＿＿＿＿＿＿＿＿，所以普通话说得不太标准。（毕竟）
13. 安娜的汉语说得跟中国人似的，＿＿＿＿＿＿＿＿＿＿＿＿＿＿＿＿＿。（吃惊）
14. 明天口试，你现在才通知我，＿＿＿＿＿＿＿＿＿＿＿＿＿＿＿＿＿＿。（毫无）

八 根据课文内容判断下列句子的对错，并指出理由。

（　　）1. 画家跟老妻分了手，跟他的一个学生结了婚，是因为老妻不漂亮。
（　　）2. 老妻对画家没有感情，所以对他举办画展总是很不热情。
（　　）3. 那位买了20幅画儿的人并不是海外收藏家。
（　　）4. 参观画展的人很少，这说明大家没有眼光，对画家的画儿没有欣赏能力。
（　　）5. 报纸登了画家的作品，并发表评论称赞他，是因为海外"收藏家"买了他的画儿。
（　　）6. 海外收藏家买去的画儿转卖出去以后，价格是当初的三倍，这说明画家的画儿水平很高。
（　　）7. 真正爱画家、有眼光的是他的前妻。

九 根据课文内容回答问题。

1. 年轻的妻子为什么爱画家？从哪些地方可以看得出来画家的前妻是真正爱他的？
2. 对他的画展，电台和报纸开始为什么都保持沉默？后来又为什么称赞他？
3. 海外收藏家买画儿时为什么不肯说出自己的姓名？
4. 三个月以后，那位海外商人为什么要去看画家？
5. 前妻为什么要把眼角膜卖给那位海外商人？

6. 真正有眼光的是画家的前妻还是那位年轻的妻子？为什么？

7. 海外商人为什么要把买的画儿转卖出去？卖出去时为什么价格高了很多？

✚ 交际训练。

1. 读"会话课文"，以"吃醋"、"吃得开"为话题进行对话。

   （1）吃醋

   A："吃醋"，只有男女之间忌妒时，才用"吃醋"吗？别的时候也可以用吗？

   B：当然可以。例如，妈妈给妹妹买了一件新衣服……

   A：于是姐姐就吃醋了。那比如……

   B：对。不过，"吃醋"多指男女关系……

   （2）吃得开

   A："吃得开"就是受欢迎、行得通，那么，现在英语很受欢迎，能不能说英语很吃得开呢？

   B：可以。我们还常说：你那一套方法现在可吃不开了……

   A：那么，你在家里吃得开吃不开呢？

   B：这要看怎么说了……

2. 讨论：

   （1）"这个人真有眼光"这句评语，我们一般在哪些情况下用？

   （2）你对这位画家有什么看法？

   （3）你听到过类似的故事吗？你怎样评价画家前妻的做法？

3. 语言游戏。

   （1）每人说一句话，后面的人说的第一个字必须是前者说的最后一个字，如此衔接，如果接不上，可用同音字代替，直至全班轮流说完为止（注意：不能重复别人已说过的话）。如：

   1）美丽的姑娘成千上万

   2）万里长城万里长

   3）长城外边是故乡

   4）乡下住着我的好朋友

5) 友谊商店东西多

6) 多少钱一斤葡萄

7) 桃子非常好吃

8) 吃多了就会生病

9) 病了一定要看医生

10) 生日我请朋友吃饭

11) 饭菜做得真好

12) 好好学习汉语……

（2）猜汉字。猜不出来的话，课后可请教中国朋友。

1) 一口咬掉牛尾巴

2) 一头大，一头小

3) 有水能养鱼，有土能种庄稼，有马能跑千里，有人不是你和我。

4. 看一看，说一说，写一写。

▲ 懂艺术的还是少数

6 吸烟者的烦恼¹

课 文

说起健康，人们十有八九会想到吸烟。把两者联系在一起，往往使吸烟者觉得不好意思。可是，最早谈论²吸烟是不是危害健康的，谁敢说不是吸烟者自己呢？毕竟³还是他们最关心这个问题吧。实际上，现在大多数吸烟者已经明确意识⁴到，吸烟的确危害身体健康。问题是，他们对多年养成⁵的嗜好⁶无可奈何。

如果不信，你可以问一问：世界上什么事最难？肯定会有不少吸烟者说：戒⁷烟最难！对于烟瘾⁸上来时有多么难受⁹，每位戒过烟的人都感受太深了。吸烟者最讨厌¹⁰人们将香烟¹¹与毒品¹²联系在一起，但他们也怀疑：毒瘾与烟瘾上来时的感受恐怕¹³差不多吧。难怪¹⁴吸烟者多多少少都有些不安。可是，戒烟需要毅力¹⁵，多年养成的毛病难改呀！有什么办法呢？只好采取不在乎¹⁶的态度。所以，如果你再接着问那些认为戒烟最难的人：世上什么事最容易？他们又会十分干脆¹⁷地说："戒烟最容易，我一天可以戒十几次。"

既然戒烟那么难，就干脆不要戒了。危害健康就危害健康，反正¹⁸是自己的身体，与别人无关。况且¹⁹，吸烟是个人的权利²⁰，每个人都有选择自己的生活方式的自由，别人无权干涉²¹。然而²²，情况并不像吸烟者想象²³的那么简单。他们渐渐发现，自己越来越不让人喜欢了，"权利"和"自由"这类字眼²⁴离他们越来越远。原因是，那些不吸烟的人开始说话了。他们说：我们不吸烟的权利和自由也应当受到尊重²⁵与保障²⁶；你们吐出的烟雾²⁷，也危害着我们的健康！这种声音越来越高，而且还创造²⁸了两个使吸烟者十分生气²⁹的字眼，就是"烟民"和"被动³⁰吸烟"。

吸烟者总觉得"烟民"有点儿贬义³¹，不喜欢这个字眼。可是，人们偏偏³²不照顾他们的情绪，总是爱用它。比如，报纸公布³³统计³⁴数字时说："中国

15岁以上人口的吸烟率[35]高达[36]34.9%，烟民总数近3亿。更让人担心的是，3亿烟民中有500多万是未成年[37]的小烟民！调查结果还表明，女烟民的数量也在上升[38]。"一口一个"烟民"，真是让吸烟者烦透了。不过，听多了也就习惯了。你说你的，烟民们还是照样[39]一支又一支。

"被动吸烟"可就比"烟民"厉害多了，这个字眼几乎把吸烟者的所谓"权利"夺走了一大半，使他们不得不尊重那些非吸烟者呼吸新鲜空气的自由。他们现在也不能随便过瘾而不必考虑时间和地点。开始的时候，他们还不太在乎。可是，后来的情况就使他们越来越烦恼了。剧场、电影院、会议厅、火车站，甚至[40]车船飞机上，一个接一个地变成了不欢迎他们的地方。客气点儿的挂上个"请勿吸烟"的牌子，不客气的干脆就是"禁止吸烟"四个冷冰冰的大字。更让他们难受的是，有些饭馆[41]居然[42]也开始"禁止吸烟"了！看样子，那种"饭后一支烟，赛过活神仙[43]"的日子不会太长了。

别人为难他们，也还可以理解。糟糕的是，他们还自寻烦恼。既然要过烟瘾，就只好委屈[44]口福[45]了。读书人买烟总是比买书痛快得多，每月要"烧掉"好几本心爱[46]的书，烟瘾过后就会心疼[47]。卧室[48]里烟雾弥漫[49]，睡不着也没人同情[50]。早晨醒来，嘴里气味难闻，谁来关心？女烟民从知道怀孕[51]那天起就开始担心，怕生下的孩子有毛病。烟民们别咳嗽，一咳嗽准会想到那个可怕的字眼——肺癌[52]。唉！吸烟者的烦恼真是没完没了。

生 词

1	烦恼	fánnǎo	（形）	vexatious	三
2	谈论	tánlùn	（动）	talk about	三
3	毕竟	bìjìng	（副）	after all	二
4	意识	yìshi	（动、名）	realize; consciousness	二
5	养成	yǎngchéng	（动）	cultivate, develop	二
6	嗜好	shìhào	（名）	hobby	附

7	戒	jiè	（动）	give up	二
8	瘾	yǐn	（名）	addiction	三
9	难受	nánshòu	（形）	unwell, ill	一②
10	讨厌	tǎo yàn	（动）	dislike	二
11	香烟	xiāngyān	（名）	cigarette	三
12	毒品	dúpǐn	（名）	narcotics	二
13	恐怕	kǒngpà	（副）	perhaps	二
14	难怪	nánguài	（副、动）	no wonder	三
15	毅力	yìlì	（名）	willpower	二
16	不在乎	búzàihu	（动）	not mind, not care	二
17	干脆	gāncuì	（形）	simply, just	二
18	反正	fǎnzheng	（副）	anyway	一③
19	况且	kuàngqiě	（连）	moreover	三
20	权利	quánlì	（名）	right	二
21	干涉	gānshè	（动）	meddle, intervene	二
22	然而	rán'ér	（连）	but, however	二
23	想象	xiǎngxiàng	（动、名）	imagine; imagination	二
24	字眼	zìyǎn	（名）	wording	三
25	尊重	zūnzhòng	（动）	respect, esteem	二
26	保障	bǎozhàng	（动、名）	ensure; guarantee	三
27	烟雾	yānwù	（名）	smog	二
28	创造	chuàngzào	（动、名）	create; creation	一③
29	生气	shēng qì	（动）	get angry	一①
30	被动	bèidòng	（形）	passive	二
31	贬义	biǎnyì	（名）	derogatory sense	二
32	偏偏	piānpiān	（副）	just, deliberately	三
33	公布	gōngbù	（动）	promulgate, release	一③
34	统计	tǒngjì	（动）	count, add up	二
35	……率	…lǜ		rate	三

36	达	dá	（动）	reach	
37	未成年	wèi chéngnián		under age	
38	上升	shàngshēng	（动）	rise	一③
39	照样	zhàoyàng	（副）	in the same old way	二
40	甚至	shènzhì	（连）	even	二
41	饭馆	fànguǎn	（名）	small restaurant	二
42	居然	jūrán	（副）	to one's surprise	二
43	神仙	shénxiān	（名）	immortal being	三
44	委屈	wěiqu	（动）	put sb. to great inconvenience	三
45	口福	kǒufú	（名）	gourmet's luck	三
46	心爱	xīn'ài	（形）	beloved, treasured	三
47	心疼	xīnténg	（动）	feel sorry, be distressed	二
48	卧室	wòshì	（名）	bedroom	二
49	弥漫	mímàn	（动）	permeate, fill the air	三
50	同情	tóngqíng	（动）	sympathize	二
51	怀孕	huái yùn	（动）	be pregnant	三
52	癌	ái	（名）	cancer	三

词语搭配与扩展

一 者

吸烟~｜戒烟~｜怀孕~｜被动~｜结婚~｜
与……接触~｜珍惜时间~｜招聘~｜发财~｜消费~

（1）招聘者收到了许多人寄来的简历。
（2）消费者的利益应该受到保护。

二 瘾

[动~] 上~｜过~｜过（烟）~｜对……有（没）~｜吸上~｜喝上~

[～动/形] ～上来了｜～大（小）

[定～] 烟～｜酒～｜毒～｜药～

（1）他的烟瘾特别大，一天要抽两盒。

（2）现在很多青年人听音乐上瘾，总带着耳机。

三 干涉

[动～] 进行～｜加以～｜反对～（别国内政）

[～宾] ～……生活｜～别国的事情｜～别人的业务｜～别人的自由

[状～] 不要～｜过分～｜照样～｜多次～｜无理～

[～补] ～得厉害｜～得太多｜～了多少次

[～中] ～的原因｜～的结果｜～的后果

（1）请你以后不要干涉我们公司的业务。

（2）大国和强国不应干涉小国和弱国的内部事务。

四 尊重

[动～] 表示～｜得到～｜受到～

[～宾] ～别人的选择｜～知识｜～人才｜～事实

[状～] 互相～｜应该～（他们）

[～中] ～的称呼｜不～的表示

（1）父母应当尊重孩子的选择，不要勉强孩子学习那些他不喜欢的专业。

（2）不吸烟者呼吸新鲜空气的权利，应当受到尊重。

五 保障

[动～] 得到～｜获得～｜没有～

[～宾] ～权利｜～自由｜～需要｜～利益

[状～] 应该～｜充分～｜必须～｜不能～

（1）政府要想办法保障人民生命财产的安全。

（2）你们不结婚就同居，很难获得法律的保障。

六 生气

[状～] 不要～｜常常～｜跟（孩子）～｜为（小事）～

［～补］～极了｜～得要命｜～得不得了

［～中］～的样子｜～的时候｜～的原因

［生……气］生他的气｜生不完的气｜生了几天气｜生起气来

（1）你别担心，我不会为这件事生气的。

（2）你是在生我的气吗？我做错了什么？

七 为难

［动～］觉得～｜感到～

［～宾］～我｜～别人｜～某人

［状～］特别～｜不要～｜故意～（顾客）｜经常～（他们）

［～补］～极了｜～了好几天｜～起来

［～中］～的样子｜～的口气

（1）我正在用这本辞典，小王来借，使我很为难。

（2）老师问这个问题，不是想为难你们，而是想让同学们知道"为难"的感觉是什么。

八 委屈

［动～］觉得～｜感到～｜受～｜受不了～｜怕～（他）

［～宾］～自己｜～别人｜～了他

［定～］很大的～｜一点儿～

［状～］别～｜挺～的｜有点儿～

［～补］～极了｜～得不得了｜～了好几天

［～中］～的原因｜～的样子｜～的感觉

（1）这件事你不愿意做就别做，千万别委屈自己。

（2）妈妈批评错了，孩子委屈得大哭起来。

九 同情

［动～］需要～｜表示～｜值得～｜讨厌～

［～宾］～某人｜～别人

［定～］深深的～｜一点儿～｜这种～

［状～］深深～｜很～｜不～｜对……～

［～补］～得很｜～不了｜～起来

［～中］～心｜～的话｜～的目光｜～的态度

（1）他的钱被人偷走了，大家都很同情他。

（2）每个人都需要同情，也都有一颗同情心。

➕ 癌

［动～］抗～｜致～｜检查出了～｜防～

［定～］肺～｜胃～｜脑～｜骨～｜血～｜晚期～症

［～中］～细胞｜……～的症状｜……～的治疗

（1）医生说他得了癌症，最多还能活三个月。

（2）我听说得骨癌的人痛苦极了。

语 法 例 释

一 难怪吸烟者多多少少都有些不安

"难怪"，副词。表示明白了原因，对某种情况就不觉得奇怪。"难怪"后面说出结果。原因的解释可以在前，也可以在后。与"怪不得"同义，用法也一样。例如：

（1）难怪他没来上课，原来他病了。

（2）你父母来看你了，难怪今天你这么高兴。

（3）难怪他肚子疼，谁让他吃水果不洗干净呢。

（4）人们都说香烟也是一种毒品，难怪吸烟者总觉得心里不安。

用做谓语的"难怪"是"难+怪"，意思是不应责怪，含有谅解的意思。后面（有时也可在前面）一般要解释谅解的原因。例如：

（5）这也难怪，一个3岁的孩子怎么能知道谁是好人谁是坏人呢！

（6）这也很难怪，他妻子得了癌症，他当然难过。

（7）难怪！人老了都会这样的。

（8）恋爱的时候人的智力最低，她做出这样的傻事也难怪。

二 **既然**戒烟那么难，**就**干脆不要戒了

"既然……就……"用于因果复句。先提出前提，然后进行推论。经常用来表示劝说、下判断等。后半句也可用"也"、"还"。例如：

（1）既然你不愿意，我就不勉强你了。

（2）既然孩子已经认错了，你就别再批评他了。

（3）你既然觉得是负担、有压力，就向领导提出来吧，换个工作也好。

（4）既然大家都不同意，我也不坚持了。

（5）既然你不说，那就算了。

三 **反正**是自己的身体，与别人无关

"反正"，副词。有两种意思：

1. 表示情况虽然不同，但结果是一样的。常与"无论"、"不管"呼应。例如：

（1）不管你怎么说，反正我不会答应。

（2）你来不来都没关系，反正不用你做这些事。

（3）无论你将来学什么专业，反正现在要先学好汉语。

2. 强调理由或原因，与"既然"的意思相近。例如：

（4）你别着急，反正不是什么大病。

（5）反正是我自己的事，你别管。

（6）你别说了，反正我不会轻易改变主意的。

（7）反正我要去书店，顺便给你买回来吧。

四 **况且**，吸烟是个人的权利

"况且"，连词。表示更进一层，或补充新的理由。后面一般有"又"、"还"与它搭配。例如：

（1）她是个女人，况且还怀孕了，你怎么能这样打她呢？

（2）你很聪明，况且学习又很努力，这次考试肯定会取得好成绩的。

（3）下雨了，况且你又有病，今天就别出去了。

（4）这本书写得不好，又很贵，样子也不好看，况且你已经有了一本，还买它干什么？

五 **然而**，情况并不像吸烟者想象的那么简单

"然而"，连词。用来连接句子或段落，在中间起转折作用，与"但是"、"可是"同义，不过多用在书面语中。例如：

（1）他戒烟已经戒了48小时，然而第三天他还是失败了。

（2）这种想法很吸引人，然而没有一个人愿意按它去做。

（3）那条船沉没了，然而船主却发财了。

六 人们**偏偏**不照顾他们的情绪，总是爱用它

"偏偏"，副词。有以下几种用法：

1. 表示故意跟客观要求或客观情况相反。例如：

（1）大家都同意了，他偏偏还要反对。

（2）家里人都喝酒，我偏偏不喝，显得不太好。

（3）你要去的地方在南方，可你偏偏往北走，怎么能到目的地呢？

2. 表示事实跟希望的或期待的恰恰相反。例如：

（4）星期天他来找我，偏偏我不在家。

（5）我重点复习了第五课，可今天的考试偏偏没考这课。

（6）我就今天没带雨伞，偏偏下雨了。

3. 表示范围，跟"只"、"单单"基本相同。例如：

（7）别人都去了，怎么偏偏你没去？

（8）偏偏我的钱丢了，真倒霉！

（9）为什么你偏偏跟我过不去？

七 剧场、电影院、会议厅、火车站**甚至**车船飞机上

"甚至"，连词。提出突出的事例，表示强调或更进一层的意思。经常与"连……也……"、"也"、"都"连用。书面语也用"甚至于"或"甚而至于"。例如：

（1）这个道理甚至连小孩子都懂。

（2）这个汉字很难写，留学生常常写错，甚至中国人也常写错。

（3）现在许多地方禁止吸烟，甚至饭馆也开始了。

（4）猫、狗、牛、马甚至兔子，她都害怕。

（5）这座山太高，甚至鸟都飞不过去。

（6）他的军事才能，甚至连敌人也不得不佩服。

八 更让他们难受的是，有些饭馆**居然**也开始"禁止吸烟"了

"居然"，副词。表示出乎意料之外。例如：

（1）我没想到他居然会做出这种事来。

（2）别人不管，我并不生气，没想到居然连你也不帮助我。

（3）居然会发生这种事，世界真是越来越复杂了。

（4）这么简单的问题，你居然不会？

九 早晨醒来，嘴里气味难闻，**谁来关心**

这是一个反问句。反问句是用问句的形式表达肯定的意思，一般不需要回答。它所表达的语气比一般陈述句更加强烈。例如：

（1）这么简单的道理你怎么会不懂呢？

（2）大家都在忙自己的事，谁会关心你？

（3）你是什么意思，我能不明白吗？

（4）你问我，我问谁？

（5）难道你就这样表白自己的心意？

十 一咳嗽**准**会想到那个可怕的字眼——肺癌

"一……准……"表示只要出现某种情况，肯定会有某种结果。常用的是"一……就……"，但用"准"表达的意思更肯定。例如：

（1）他一感冒准发烧。

（2）他们俩总是在一起，你一看见他，也准会看见她。

（3）这件事她一知道准生气。

（4）在这里一刮风准下雨。

（5）他一考试准紧张。

练 习

一 画线连词。

1. 谈论　　　自由
   养成　　　事情
   尊重　　　自己
   委屈　　　习惯

2. 干涉　　　别人
   同情　　　业务
   公布　　　数字
   保障　　　权利

二 用指定词语完成句子。

1. 他不去就算了，_____。（反正）
2. 这个词我怎么记也记不住，_____。（无可奈何）
3. 你这样说话太不客气了，_____。（难怪）
4. 老师说不要迟到，可是_____。（照样）
5. 安娜把自己的钱都花完了，_____。（不得不）
6. 大家都讨厌她，_____。（甚至）
7. 那个歌星一上台，大家_____。（准）
8. 你已经来了，_____，今天就别回去了。（况且）
9. 她打扮成这个样子，_____。（几乎）
10. 大家都关心他，_____，这是为什么？（偏偏）

三 整理句子。

1. 意识　错　他　到　已经　了　自己

2. 故意　总是　你　别人　不要　为难

3. 情况　同情　的　很　他　值得　我们

4. 就　喜欢　你　不要　不　既然　了　学

5. 生……气　谁　小王　呢　正在　的

80

6. 过 没有 你 感受 种 有 这

7. 时候 你 什么 觉得 难受 开始 的

8. 把 他 书 心爱 本 的 那 了 丢

9. 吧 空气 新鲜 呼吸 出去 咱们 一点儿

10. 这个 数字 不 统计 得 准确

四 将下列反问句改为陈述句。

1. 这么好的礼物，他会不喜欢？

2. 这么简单的问题，我会不能回答？

3. 这么好看的电影，谁不喜欢看？

4. 她那只心爱的猫丢了，她能不伤心吗？

5. 难道你有权利干涉我的生活吗？

6. 咱们俩是好朋友，我怎么会怀疑你呢？

7. 你天天看报纸，不知道吸烟危害健康吗？

8. 冬天到了，春天还会远吗？

9. 咱们住在一个房间，你听音乐，我怎么看书？

10. 谁不想自己的生意越做越好？

五 根据课文内容回答问题。

1. 为什么说吸烟有害？
2. 戒烟为什么很难？
3. 为什么有人说戒烟很容易？
4. 什么人反对吸烟？为什么？
5. 中国人的吸烟状况如何？
6. 吸烟者为什么觉得越来越不方便？
7. 吸烟者为什么自己为难自己？
8. 吸烟者的烦恼主要是什么？

六 交际训练。

1. 情景对话：

   甲、乙两位同学下课以后，站在教室外面，一边抽烟，一边谈戒烟的感受，他们都不想戒烟。

请用上下列词语：

> 无可奈何　连……也……　难怪　危害健康
> 比如　干脆　瘾　反正　居然　甚至

2. 写一份申请报告。

向办公室提出调换宿舍的申请，可以从性格、生活习惯、吸不吸烟等方面说明理由。

3. 请说一说你自己的看法。

（1）你吸烟吗？为什么？
（2）你认为被动吸烟者的要求对吗？
（3）你认为吸烟者的权利和自由应当受到尊重吗？
（4）你同情吸烟者的烦恼吗？

4. 看一看，说一说，写一写。

qǔ
娶

把年轻的女子抢（或接）到自己身边做妻子叫"娶"。

"女"表示"娶"的对象是女性，"取"既表示"娶"的行动，又表示读音。

——选自《汉字的故事》，施正宇编著

7 第一次转机[1]

课文

从上海到美国A市没有直达[2]航班[3]，需要转机。我在网[4]上查询[5]才知道，从上海到达A市，途中转机竟有那么多选择。可以从洛杉矶转、芝加哥转、旧金山转……，至于[6]在A市工作的女儿小云假期回国，那就更复杂了。

因为商品丰富，买东西挑花了眼；因为订[7]机票服务得好，"上帝"[8]也订花了眼。两段飞行[9]是两家航空公司的，怕衔接[10]出现问题不容易打交道[11]，不要；怕行李拿出来再送进去太麻烦，不要；没听说过的机场，不要；华人[12]少的地方，怕找不到说汉语的，不要……挑挑拣拣之后买到的是到旧金山转机，而且是特价[13]票。

买好机票又开始担心，因为我英语太差，飞机上吃点儿喝点儿不说话也没事，可是到达旧金山机场以后，过海关、取行李、安检[14]，还要再托运[15]行李——可怎么找到下一个航班的登机口[16]呢？心急必然上火[17]，转机当中只隔[18]两个多小时，万一半截有个什么耽误[19]，我这哑巴[20]怎么求人帮助？

这一连串[21]问题被我来来回回[22]反复想。小云已经不愿意听，我就唠叨[23]给朋友听。很有旅行经验的女友，就将中英文对照[24]的单词和句子写给我。在旧金山的女友又是画地图又是留手机号，还问我要不要来机场相助。到最后一天，电话中的小云大声说："没事的！你啊，像个乡下大嫂，满脸的焦急！根本不用说一句话，机场里每个人都会帮助你的！"

事实上，和我同样怕转机的人很多。我在飞机上遇到两个转机的人都说，宁可[25]买中间隔四五个小时的票在机场傻等，也不愿意中途[26]转机找登机口，他们还是会说英语的年轻人呢。

事情果然有点儿麻烦，首先是飞机到达时已经晚点了十多分钟，广播里却让大家都坐在座位上，不要离开，行李也不能拿；因为飞机上有一位病人，急需专业医生上来检查、治疗[27]，处理之后才能OK。

我焦急地等到放行，下飞机后已满头大汗。我一路奔跑[28]，没时间看英语卡片[29]和机场地图，脸上自然露出小云料到[30]的那种乡下大嫂的焦急样儿。过关顺利，取出行李也可以，没想到拉行李再去托运时，糊里糊涂[31]地就被一个跑过来的人把我的箱子拿走了。我边走边盯着行李，那人冲我直[32]挥手，让我"走、走……"。我心想，反正东西已经在美国，大不了[33]晚几天，总[34]会送到小云那里的。

时差[35]也让我烦恼。美国真麻烦，什么冬令[36]时、夏令[37]时，隔几个州[38]就有时差。我得把中国时间减去四个小时才是旧金山时间，脑子都乱了！去掉飞机上浪费的半个多小时，匆忙[39]中我还将开始登机的时间当做起飞时间，足足[40]少算了半个小时。

排队安检时，我想省时间，就把手提电脑和衣服、鞋子等都放在一个塑料盒子里，可输送带[41]偏偏走到盒子那儿停了下来。我探头探脑[42]地招手让它快点儿走，管监视器[43]的小伙子干脆关了机器，用对讲机[44]通知有关人员。我着急啊，心想，是不是机器坏了？修理的人呢？我时间来不及，怎么办呢？我听不懂他说什么，他也听不懂我说什么。旁边有个同胞看不下去，想为我解释，被否定了。原先[45]提出可以帮我看登机口信息[46]的一位好心姑娘等不及了，也往前走了……

过了好一阵才来人。大概是我把电脑压在最下面，监视器里看不清楚，要重新检查一遍。这样又过了一遍，总算放我过去了。我再次奔跑，绝对[47]不顾[48]形象，把登机牌放在一位机场人员的眼前。那人查到我的登机口，我赶紧奔向他指的地方。一位好心的旅客急忙帮我找到74号登机口。

74号登机口就在眼前，我顿时长出了一口气；因为小云说过，只要找到登机口就没事了，哪怕错过时间，也会给你安排下一趟航班的。可一个同胞却吓唬[49]我说，安排是安排，但如果只有商务舱[50]就得加很多钱。我反正想好了，两手一摊[51]，没钱，这班不行下一班，反正手机国际漫游[52]开通[53]了，发条短信[54]给小云，什么问题都解决了。

检票的来了,说现在检去华盛顿的票。我抬头一看,啊?原来离起飞还有半个小时的时间。什么事呀,自己吓唬自己,多伤身体!

转机其实并不难,可是对于一个第一次转机的人来说,焦急、担心也是正常的。怕转机的主要原因,多半是因为语言不通。我真后悔上学的时候没学好英语。在国外,外语不好,生活质量⁵⁵就差很多,这是真的。

（作者：孔明珠。有删改）

生　词

1	转机	zhuǎn jī	（动）	transfer to another plane	
2	直达	zhídá	（动）	go nonstop	三
3	航班	hángbān	（名）	flight	二
4	网	wǎng	（名）	net, Internet	一②
5	查询	cháxún	（动）	inquire, check	二
6	至于	zhìyú	（介、动）	as for, as to	二
7	订	dìng	（动）	book (seats, tickets, etc.)	二
8	上帝	Shàngdì	（名）	God	二
9	飞行	fēixíng	（动）	fly	一③
10	衔接	xiánjiē	（动）	link up, join	三
11	打交道	dǎ jiāodao		come into contact with, make contact with	三
12	华人	huárén	（名）	Chinese people, overseas Chinese, foreign citizens of Chinese origin or descent	一②
13	特价	tèjià	（名）	special offer, bargain price	三
14	安检	ānjiǎn	（动）	go through the security check	二
15	托运	tuōyùn	（动）	consign for shipment, check	
16	登机口	dēngjīkǒu	（名）	boarding gate	
17	上火	shàng huǒ	（动）	suffer from excessive internal heat	三
18	隔	gé	（动）	be apart from (in time or space)	二

19	耽误	dānwu	（动）	delay	三
20	哑巴	yǎba	（名）	dumb person, mute	
21	一连串	yìliánchuàn	（形）	a succession of, a series of	三
22	来回	láihuí	（副、名）	over and over again	三
23	唠叨	láodao	（动）	chatter, be garrulous	附
24	对照	duìzhào	（动）	check (a piece of writing) against another	三
25	宁可	nìngkě	（副）	(would) rather, better	三
26	中途	zhōngtú	（名）	halfway, midway	三
27	治疗	zhìliáo	（动）	treat, cure	二
28	奔跑	bēnpǎo	（动）	run	
29	卡片	kǎpiàn	（名）	card	三
30	料到	liào dào		expect, anticipate	三
31	糊里糊涂	húli hútu		confused in one's thinking	
32	直	zhí	（副）	continuously	一③
33	大不了	dàbuliǎo	（副、形）	at (the) worst	
34	总	zǒng	（副）	sooner or later, eventually	
35	时差	shíchā	（名）	jet lag	
36	冬令	dōnglìng	（名）	winter	
37	夏令	xiàlìng	（名）	summer	
38	州	zhōu	（名）	state	
39	匆忙	cōngmáng	（形）	hurried, hasty	三
40	足足	zúzú	（副）	fully, as much as	
41	输送带	shūsòngdài	（名）	conveyer belt	
42	探头探脑	tàn tóu tàn nǎo		pop one's head in and look about	
43	监视器	jiānshìqì	（名）	monitor	
44	对讲机	duìjiǎngjī	（名）	radio, walkie-talkie	
45	原先	yuánxiān	（名）	originally, at first	二
46	信息	xìnxī	（名）	information	一③
47	绝对	juéduì	（副）	absolutely	一③
48	不顾	búgù	（动）	disregard, ignore	二

49	吓唬	xiàhu	（动）	frighten, scare	三
50	商务舱	shāngwùcāng	（名）	business class	
51	摊	tān	（动）	spread out, unfold	三
52	漫游	mànyóu	（动）	roam, wander	三
53	开通	kāitōng	（动）	put into operation, be in service	二
54	短信	duǎnxìn	（名）	message, short message, text message	一②
55	质量	zhìliàng	（名）	quality	二

专有名词

1	上海	Shànghǎi	Shanghai
2	美国	Měiguó	the United States
3	洛杉矶	Luòshānjī	Los Angeles
4	芝加哥	Zhījiāgē	Chicago
5	旧金山	Jiùjīnshān	San Francisco
6	华盛顿	Huáshèngdùn	Washington

词语搭配与扩展

一 衔接

［主~］首尾~｜上下~｜内容不~｜（两）部分~

［动~］需要~｜开始~｜进行~｜要求~｜考虑~

［状~］必须~｜不~｜要~｜紧紧地~

［~补］~起来｜~得好｜~得自然｜~不上

［~中］~的原因｜~的目的｜的方法｜~的技术

（1）这篇文章的第二、三两段，内容衔接不上。

（2）一座新建的大桥把南北两岸衔接起来了。

二 托运

[主~] 行李~（完了）| 家具~（坏了）| 火车~

[动~] 继续~ | 拒绝~ | 联系~ | 要求~

[~宾] ~家具 | ~彩电 | ~冰箱 | ~服装

[状~] 快~ | 可以~ | 必须~ | 明天~ | 早~

[~补] ~不了 | ~得及时 | ~得多 | ~三次 | ~完了

[~中] ~的方式 | ~的地点 | ~的原因 | ~的数量

（1）我这次出国没带多少行李，不用托运。

（2）衣物、书籍可以托运，药什么的就自己带着吧。

三 耽误

[主~] 时间（被）~了 | 病人（被）~了 | 工作（被）~了

[动~] 害怕~ | 避免~ | 继续~（下去）| （不）想~

[~动] ~休息 | ~上班 | ~上课 | ~开会

[~宾] ~时间 | ~工作 | ~事情 | ~（体育）活动

[状~] （不）要~ | 被……~了 | （不）应该~ | （不）敢~ | （不）会~

[~补] ~不了 | ~得太久 | ~了两次 | ~不得

[~中] ~的原因 | ~的过程 | ~的情形 | ~的后果

（1）张老师工作很忙，你不要耽误他太多的时间。

（2）他那天只是有点儿感冒，没耽误上课。

四 治疗

[动~] 负责~ | 得到~ | 进行~ | 中断~

[~动] ~开始 | ~结束 | ~（被）耽误

[~宾] ~疾病 | ~胃病

[状~] 及时~ | 不得不~ | 再~ | 没~ | 必须~

[~补] ~得好 | ~三次 | ~一下 | ~了一阵

[~中] ~的方案 | ~的技术 | ~的效果

（1）小王的病治疗了一年多才好。

（2）我弟弟的牙齿经过几次治疗，比以前好多了。

五 信息

［动~］掌握~｜得到~｜传递~｜发~

［定~］重要~｜网络~｜求职~｜这种~｜市场~｜航班~｜任何~

［~中］~时代｜~的价值｜~的来源｜~的变化

（1）因为得到了大量的最新信息，我们公司得到了迅速发展。

（2）她出国以后，我们就没得到她任何信息。

六 不顾

［~宾］~别人｜~危险｜~（国家）利益｜~影响｜~后果｜~一切

［状~］完全~｜一点儿（都）~｜怎么能~｜太~（后果）

（1）他不顾危险，跳到河里把孩子救了上来。

（2）小马只顾自己、不顾国家利益的行为受到大家的批评。

七 开通

［主~］航线~｜（高速）公路~｜（旅游）线路~｜网站~

［动~］要求~｜反对~｜支持~｜同意~

［~宾］~微博（wēibó，microblog）｜~博客（bókè，blog）｜
　　　~（一条）航线｜~（旅游）线路

［状~］已经~｜即将~｜应该~｜（还）没~｜快~

［补~］~得及时｜~得顺利｜~得快｜~得早

［~中］~的原因｜~的方式｜~的效果｜~的意义｜~的目的

（1）这条旅游线路是什么时候开通的？

（2）我们支持开通这条高速公路。

语法例释

一 怕衔接出问题不容易打交道

"打交道",惯用语。意思是"接触"、"联系"、"来往"、"交际"。例如:

(1)我从没跟他打过交道。
(2)我父亲成年累月跟马打交道,养马的经验很丰富。
(3)老林这个人爱多心,很难打交道。
(4)他从小跟船打交道,划起来像飞似的。
(5)小王是推销员,每天和顾客打交道。
(6)刘先生家里收藏了各种石头,他从小就喜欢跟石头打交道。
(7)她是飞国际航线的,总跟外国人打交道。

二 宁可买中间隔四五个小时的票在机场傻等,也不愿……

"宁可",副词。表示比较两方面的利害得失之后选取的一面,常与副词"也"搭配,构成"宁可……也……"格式。"宁可"一般用在主后,也可以用在主语前。例如:

(1)我宁可今天晚上不睡觉,也要把这篇文章写完。
(2)我妈妈宁可自己吃亏,也不愿意亏了别人。
(3)刘先生宁可放弃休假,也要把这项工作完成了。
(4)宁可我们少赚钱,也不能欺骗顾客。

"宁肯"、"宁愿"与"宁可"的意思相同。只是前两个更强调某行为是出于自己的意愿。例如:

(5)这些行李他宁肯用手提着,也不愿托运。
(6)母亲宁愿多吃点儿苦,也要让孩子们生活得好点儿。

"宁可"也可以单用。例如:

(7)接受任务时,我们宁可把困难想得多点儿。

三 事情果然有点儿麻烦

"果然",副词。表示事实与所说或所料的相符,有"真的"、"确实"的意思。用在谓语动词、形容词或主语前。例如：

（1）天气预报今天有雪，下午果然飘起雪花来了。
（2）听说这部电影不错，看了之后，果然不错。
（3）这歌儿编得果然好。
（4）我们都认为你不会迟到，果然你准时到了。
（5）试用这种新药之后，果然，他的病情有了好转。

"果然"与"果真"的意思相同，"果真"强调事情的真实性。例如：

（6）这件事你果真不知道吗？
（7）超市里的特价菜果真很便宜。

四 **大不了**晚几天

"大不了"，用于口语。有两种用法：

1. 表示最大限度，意思是"至多也不过……"。例如：

（1）今年考不上大学没关系，大不了明年再考一回。
（2）她不愿意跟你来往就算了，大不了分手。
（3）末班车要是没有了，大不了走回去。
（4）没有合适的航班就算了，大不了秋天再去。

2. 表示情况不严重。用于否定句或反问句。例如：

（5）这件事没什么大不了的，不用担心。
（6）这不是什么大不了的问题，何必生气？
（7）只有一次考试考得不太好，没什么大不了的。

五 **总**会送到小云那里的

"总"，副词。主要有两种用法：

1. 表示得出的结论，有"毕竟"、"终归"的意思，做状语，修饰动词或形容词。例如：

（1）你不要着急，问题总会解决的。
（2）冬天总要过去，春天总会来临。
（3）孩子总是孩子，对什么都感兴趣。
（4）成绩虽然还不理想，但总是进步了。

2. 表示持续不变,有"一向"、"一直"的意思。做状语,修饰动词或形容词。例如:

(5)我每天早晨总是在那棵大树下打太极拳。

(6)以前我伤害过他,总觉得对不起他。

(7)这几天天气总这么热。

(8)田老师对学生总是那么和蔼可亲。

六 **足足**少算了半个小时

"足足",副词。表示够得上某种数量或程度。用在动词前做状语。例如:

(1)我足足跑了一天书店,也没买到那本辞典。

(2)这件行李足足有五十公斤,托运怕超重。

(3)从幼儿园到校医院,来回足足要走一个小时。

(4)电闪雷鸣,足足持续了半个小时。

(5)这件事反反复复,我足足酝酿了快半年。

(6)网速太慢了,我足足用了半个小时才上去。

七 可输送带偏偏走到盒子那儿停了**下来**("下来$_2$")

趋向补语"下来"的引申义还有:

1. 表示动作使事物固定。例如:

(1)我刚想起一个好句子,就赶快写了下来。

(2)小王已经把那个电视剧录下来了。

(3)刚才的情况你拍摄下来了吗?

2. 表示动作使事物分离。例如:

(4)快把湿衣服脱下来!

(5)车上的那个零件,我怎么拆也拆不下来。

(6)这张画儿你是从哪儿摘下来的?

3. 表示动作或状态从过去持续到现在。例如:

(7)这是我们祖先传下来的好传统。

(8)每次学英语她都坚持不下来,这次坚持下来了。

练 习

一 按要求进行词语搭配。

1.（动）_____ 网
2.（状）_____ 衔接
3.（动）_____ 信息
4. 托运 _____（宾）
5. 耽误 _____（补）
6. 不顾 _____（宾）
7.（主）_____ 开通
8.（动）_____ 短信
9. 绝对 _____（动）
10. 直达 _____（宾）
11. 飞行 _____（补）
12.（状）_____ 对照

二 选择适当的词语填空。

1. 订　约
   _____ 机票

2. 特价　价格
   _____ 商品

3. 治疗　治病
   _____ 得及时

4. 衔接　连接
   工作 _____ 得好

5. 一直　直
   _____ 学汉语

6. 开通　开放
   地铁 _____

7. 急忙　匆忙
   非常 _____

8. 安检　检查
   _____ 身体

9. 唠叨　骂
   _____ 人

10. 航班　航空
    _____ 很多

三 把下列词语整理成完整的句子。

1. 一　火车　下来　停　我　匆匆忙忙　就　了　去　上

2. 探头探脑　在　地　他　什么　看　呢

3. 不　原先　街　家　住　我　在　条　这　上

4. 好　公司　家　质量　生产　这　越来越　的　电脑

5. 小孩 总 的 讲 他 老虎 故事 吓唬

6. 住 城市 我们 是 的 个 时差 八 与 小时 的 北京

7. 给 几 短信 你 李光 发 了 手机 条 今天

8. 不 她 我 的 从 得到 信息 是 知道 哪儿 这些

9. 商品 奶奶 在 喜欢 买 我 特价 超市

10. 从 火车 时间 直达 长 高速 北京 需要 上海 多

四 用指定词语回答问题。

1. 你对刘先生怎么那么了解？（打交道）

2. 老师讲课时，你一边听，一边写什么？（……下来）

3. 听说这种手机质量不太好，你怎么还买？（大不了）

4. 都深夜一点了，小东怎么还没睡觉？（宁可……也……）

5. 马小雨的腿摔伤了，怎么到现在还没好？（总）

6. 昨天你和许丽丽约好上午10点见面，她去了吗？（足足）

7. 星期天你们去森林公园玩儿，下雨了吗？（果然）

8. 我给小明买的词典你及时给他了吗？（耽误）

9. 你家那张古画儿是买的吗？（……下来）

10. 这张纸是谁给你的？（……下来）

五 选择一个最恰当的词语填在句中横线上。

1. 这篇文章中的前两段_____得非常好。
   A. 连　　　　　B. 联系　　　　C. 接触　　　　D. 衔接

2. 我对张老师是_____相信的。
   A. 绝对　　　　B. 彻底　　　　C. 坚决　　　　D. 必须

3. 手机响了，我一看，有一_____短信。
   A. 件　　　　　B. 条　　　　　C. 页　　　　　D. 篇

4. 这两件行李我自己手提着，大件行李飞机_____。
   A. 运输　　　　B. 运动　　　　C. 托运　　　　D. 搬走

5. 老张说10点来，_____按时到了。
   A. 果然　　　　B. 当然　　　　C. 必然　　　　D. 自然

6. 小摊儿上的商品肯定便宜，_____质量，就不好说了。
   A. 由于　　　　B. 关于　　　　C. 对于　　　　D. 至于

7. 我弟弟喜欢名牌，_____不买车，也不买普通车。
   A. 既然　　　　B. 如果　　　　C. 宁可　　　　D. 尽管

8. 这条地铁线路刚刚_____。
   A. 开放　　　　B. 开发　　　　C. 开通　　　　D. 开办

六 把句子后边的词语填在最恰当的地方。

1. 你_____一下英文书，_____看看_____这个句子翻译得对不对。（对照）

2. 这段话_____很难懂，我_____看了五遍_____才完全_____明白它的意思。（足足）

3. _____周先生_____说一定戒烟，可是_____至今也_____没戒掉。（总）

4. _____金成_____危险，把突然_____生病的老人_____从山上背了下来。（不顾）

5. 因为_____有急事，_____大嫂_____吃完饭就从_____家里出去了。（匆忙）
6. 她两手_____，说，反正_____现在_____我没钱_____还你。（一摊）
7. 小雨_____不会_____修车，后来_____跟朋友_____学会了修理汽车。

（原先）

8. 因为_____我朋友整天_____跟老虎_____，所以_____老虎从未咬伤过他。

（打交道）

七 用指定词语完成句子。

1. _____，也要把当天的作业做完。（宁可）
2. 老张说今年多向希望工程捐款，今年_____。（果然）
3. _____，他每个月都要乘坐一次。（开通）
4. 你放心，这件事_____。（绝对）
5. 在高处工作时，他不小心_____，但没有生命危险。（……下来）
6. 我看这个秘密保不住，_____。（总）
7. 刚到外国时，_____，我常常白天想睡觉。（时差）
8. _____，你不要轻易相信。（信息）
9. 这篇论文_____。（足足）
10. 白军上大学期间家庭生活十分困难，_____。（……下来）
11. 我先不买房，以后如果房价太高，_____。（大不了）
12. 我哥哥有很多朋友，_____。（短信）

八 写出下列句子中画线词语的句子成分（主语、谓语、宾语、定语、状语、补语）。

1. 应该把这两部分<u>衔接</u>起来。（　　）
2. 他们在一起研究<u>重要</u>信息。（　　）
3. 你怎么能只<u>顾</u>自己，不顾别人呢？（　　）
4. 行李<u>托运</u>完了。（　　）
5. 你耽误了<u>很长</u>时间，应该受到批评。（　　）
6. 因为从家里出来时<u>太</u>匆忙，我忘了带手机。（　　）
7. 工作人员正拿着<u>对讲机</u>讲话。（　　）
8. 刚下飞机的旅客<u>站</u>在输送带旁边取行李。（　　）
9. 客机在空中<u>飞行</u>了八个小时。（　　）

10. 我朋友在那家医院治疗了一个多月。（　　）
11. 这条街有不少华人商店。（　　）
12. 因天气原因，许多航班被取消。（　　）

九 说出课文中下列加点词语所要表达的意思。

1. "上帝"也订花了眼。
2. 心急必然上火。
3. 我这哑巴怎么求人帮助？
4. 宁可买中间隔四五个小时的票傻等……
5. 处理之后才能OK。
6. 脑子都乱了。
7. 绝对不顾形象……
8. 我顿时长出了一口气。
9. 哪怕错过时间……
10. 我反正想好了，两手一摊……
11. 怕转机的主要原因，多半是因为语言不通。

十 根据课文内容回答问题。

1. "我"为什么买在旧金山转机的机票？
2. 买好机票之后，"我"又担心什么？
3. 为了不使"我"担心，女友是怎样做的？
4. 刚下飞机时，"我"遇到了什么麻烦？
5. 安检时"我"又遇到了什么问题？"我"的心情怎样？

十一 交际训练。

1. 自由讨论：你或你的亲友乘飞机，遇到过哪些烦心事。

提示 （1）托运的行李是否超重或有违禁物品？
（2）安检时是否顺利通过？
（3）飞机起飞、降落是否晚点？
（4）在飞行过程中遇到过什么麻烦？

（5）到达目的地时所托运的行李是否丢失或损坏?

（6）托运的行李丢失或损坏后是否获得赔偿?

下面的词语可以帮助你表达:

> 航班　直达　转机　查询　订　托运　安检　飞行
> 耽误　足足　信息　宁可　丢失　损坏　赔偿　不顾

2. 根据提示说或写一段话，尽量用上指定词语。

提示　参观或游览一个景点

词语　电脑　网　订　特价　假期　安检　耽误　信息　匆忙　足足　宁可
　　　　开通　大不了　打交道　总　果然　……下来　短信

3. 语言游戏。

（1）让三个学生在限定的时间内说出或写出三个国家的著名城市。例如，中国：北京、上海……然后比一比，评一评，看谁知道得多。其他同学评论时可以修改和补充。

（2）比一比，看谁在三分钟之内写出的关于交通方面的词语最多。少于10个的罚说下面的绕口令：

　　　　小庞（páng）和小黄

　　　　小庞和小黄，同乡又同行（háng）。

　　　　小黄住在长胡同，小庞住的胡同长。

　　　　小庞开的是黄汽车，小黄开的汽车黄。

　　　　小黄助人心肠（cháng）热，小庞助人热心肠。

4. 看一看，说一说，写一写。

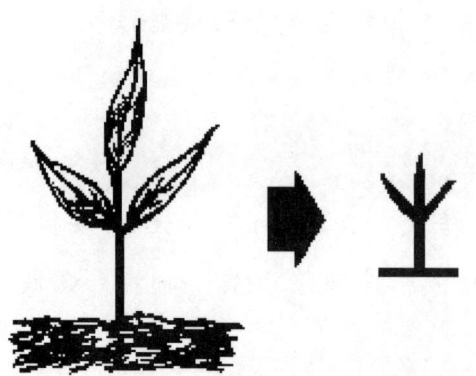

 甲骨文　　 金文　　 小篆

shēng
生

也许是3000年前一个春日的早晨。

雪化的溪水正在鸟儿啁啾声中汩汩流淌。一轮初阳在地平线上冉冉升起。这时在晨曦与霞光的幻象与迷离中，有一棵草在大地上冒了出来，它向着天空生长。然后就是一棵又一棵……

林元亨

8　广告¹与顾客²

课文

有一位总统说过这样一句名言："不当总统，就当广告人。"这从某种意义上说明了广告制作³是世界上最难干的职业之一，也是最吸引⁴人的职业之一。

产品要出售，就要使人了解，这就离不开广告。好的广告是一种充满智慧⁵的艺术，是一种有效的促销⁶手段。成功的广告能扩大企业⁷和产品的影响，给企业带来巨大的经济效益⁸。于是广告人便利用广播、电视、报纸、杂志、网络等宣传工具做各种各样的广告。

实事求是⁹是广告的生命。请看下面的事例。某单位举办家具¹⁰展销¹¹会，他们在报上登出广告："本展销会出售¹²的家具保证¹³质量合格¹⁴，实行三包（包修、包退、包换）；售出的家具如果存在质量问题，不但生产厂家负责赔偿，举办展销会的单位也将付¹⁵给顾客'精神损失¹⁶赔偿费'。"

在展销会上，人们看到了举办单位进行的所谓"破坏性试验"。他们把一个咖啡色的柜子¹⁷从展览室内抬到院子里，当众把柜子劈¹⁸开，进行质量检查。按展销会规定¹⁹，举办单位可以任意²⁰取出展出的家具，当场²¹进行破坏性试验。如果质量合格，举办单位负责赔偿生产厂家的损失；如果是伪劣²²产品，不但不赔偿，还要罚生产厂家的款，并取消展出资格²³。在场²⁴的顾客看到举办单位如此²⁵讲信誉²⁶，便纷纷购买²⁷自己喜欢的家具。这就是真实产生的效益。

但是，有的广告，不但不真实，反而²⁸弄虚作假²⁹，欺骗³⁰顾客。

有个叫常明的青年，十几岁头上就长出了白发，几年的工夫，满头黑亮亮的头发就变成了花白头发。年轻人谁不爱美呢？他决定去医院治疗。可到了医院，看到医生，他的心就凉了。什么也没说，扭头就走：原来那个青年医生跟他一样，也是"少白头"。一个月后，他在图书馆看杂志时，发现了一条使他无比³¹兴奋³²的广告。这条广告说，某商店正在出售的"一周黑牙膏"³³专³⁴治"少白头"，这种牙膏由多种中药制成，一周见效³⁵，两个月白发全无。常明毫不³⁶犹豫³⁷地去商店买了两盒。想到很快长出来的满头黑发，做梦都笑出了声。不料³⁸，牙膏用了一周，头发没发生任何可喜的变化，两个月后，花白的头发就像故意跟他开玩笑似的，一根不少地长在那里。

还有更可笑³⁹的事呢。有一对青年工人，恋爱了几年后，终于选了个好日子举行⁴⁰婚礼⁴¹。结婚那天，新郎⁴²家敲锣打鼓⁴³，好不热闹。结婚典礼⁴⁴定在上午10点举行。快到10点了，新郎忽然不见了。新郎的父母非常着急，特别是新娘⁴⁵，更是急得不得了。不料，新郎的弟弟在厕所发现了新郎，忙说："你怎么还不快去？大伙儿都急死了！"新郎说："真气人！这裤子我是头一回穿，刚才拉开了拉锁⁴⁶，可现在怎么拉也拉不上了。"弟弟一边帮他拉一边问："你是从哪儿买的？"新郎说："就是在一个叫大华的商店买的。广告还说这是进口的名牌⁴⁷产品……"弟弟帮了半天忙也没拉上，只好说："干脆换一身衣服吧。"新郎急忙跑到屋子里换了一身衣服。新娘见新郎穿的不是那套高价的名牌服装，十分生气。正要怪⁴⁸他，音箱里发出猫叫似的怪声，大家的注意力都被吸引过去了。忽然，没有声音了。新郎的弟弟走过去查看，CD还在转。他正奇怪，那位名歌星又唱了起来，声音时大时小，吐⁴⁹字不清，而且唱着唱着又走了调儿⁵⁰。新郎的弟弟在人们的笑声中取出CD一看，CD上的字印得极不清楚，而且还有错别字，就对哥哥说："这是假冒⁵¹产品，不是原声CD，是复制⁵²的。"

结婚本是件大喜事，可骗人的广告、假冒产品给新郎新娘带来的是什么呢？

当然，生活中也有幸运⁵³的人。有个退休工人，好收藏名酒。这是为了纪念他的妻子，因为他喝的第一瓶好酒就是妻子送给他的。一进他家，就能闻到酒香。桌上床下，到处都是各种各样的名酒。一天，他从商店买回来一瓶红葡⁵⁴萄酒，高高兴兴地放进柜子里。十几天后，广播里忽然播出这样的消息："凡是在东风商场购买了红葡萄酒的顾客，请迅速来商场退酒。"原来，东风商场从外地购进了几百瓶红葡萄酒,几天后便发现这些酒都是假冒产品。这位老人退酒时对售货员说:"以后我买什么都到你们商场来买。"

制作广告的目的是为了争取顾客。但如果不顾产品或商品的质量,最终吃亏[55]的还是广告人自己。企业家只有把商品质量、信誉放在第一位,才能得到顾客的信任[56],创出名牌,获得成功。

生 词

1	广告	guǎnggào	(名)	advertisement	一②
2	顾客	gùkè	(名)	customer	一②
3	制作	zhìzuò	(动)	produce	一③
4	吸引	xīyǐn	(动)	attract	二
5	智慧	zhìhuì	(名)	wisdom	二
6	促销	cùxiāo	(动)	promote sale	二
7	企业	qǐyè	(名)	enterprise, business	二
8	效益	xiàoyì	(名)	benefit	三
9	实事求是	shí shì qiú shì		be practical and realistic	三
10	家具	jiājù	(名)	furniture	一③
11	展销	zhǎnxiāo	(动)	exhibit and sell	
12	出售	chūshòu	(动)	sell	二
13	保证	bǎozhèng	(动)	guarantee, ensure	一③
14	合格	hégé	(形)	qualified, up to standard	一②
15	付	fù	(动)	pay	二
16	损失	sǔnshī	(名、动)	loss; lose	二
17	柜子	guìzi	(名)	cupboard, cabinet	二
18	劈	pī	(动)	split, chop	附
19	规定	guīdìng	(名、动)	stipulation; stipulate	一②
20	任意	rènyì	(副)	at will	三

21	当场	dāngchǎng	（副）	on the spot	二
22	伪劣	wěiliè	（形）	counterfeit and inferior	
23	资格	zīgé	（名）	qualification	一③
24	在场	zàichǎng	（动）	be on the spot	二
25	如此	rúcǐ	（代）	such, so	二
26	信誉	xìnyù	（名）	credit, reputation	三
27	购买	gòumǎi	（动）	buy	二
28	反而	fǎn'ér	（副）	on the contrary	二
29	弄虚作假	nòng xū zuò jiǎ		practise fraud	附
30	欺骗	qīpiàn	（动）	deceive	三
31	无比	wúbǐ	（动）	unparalleled	二
32	兴奋	xīngfèn	（形）	excited	二
33	牙膏	yágāo	（名）	toothpaste	三
34	专	zhuān	（副）	only, particularly	
35	见效	jiànxiào	（动）	become effective	三
36	毫不	háo bù		not at all	三
37	犹豫	yóuyù	（形）	hesitant	三
38	不料	búliào	（连）	unexpectedly	二
39	可笑	kěxiào	（形）	ridiculous	三
40	举行	jǔxíng	（动）	hold	一②
41	婚礼	hūnlǐ	（名）	wedding	二
42	新郎	xīnláng	（名）	bridegroom	二
43	敲锣打鼓	qiāo luó dǎ gǔ		beat drums and gongs	
44	典礼	diǎnlǐ	（名）	ceremony	二
45	新娘	xīnniáng	（名）	bride	二
46	拉锁	lāsuǒ	（名）	zipper	三
47	名牌	míngpái	（名）	famous brand	二
48	怪	guài	（动）	blame	二
49	吐	tǔ	（动）	say, tell, pour out	二

广告与顾客 8

50	走调儿	zǒu diàor	（动）	be out of tune	
51	假冒	jiǎmào	（动）	counterfeit	三
52	复制	fùzhì	（动）	duplicate, copy	二
53	幸运	xìngyùn	（形）	lucky	一③
54	葡萄	pútao	（名）	grape	二
55	吃亏	chī kuī	（动）	suffer losses	三
56	信任	xìnrèn	（动）	trust	一③

专有名词

常明　　　　　　Cháng Míng　　　　　　name of a person

词语搭配与扩展

一 保证

[动~] 作出~｜得到~｜给以~｜继续~

[~动/形] ~赚（钱）｜~获得｜~给（你）｜~合格｜~安静

[~宾] ~质量｜~时间

[定~] 单位的~｜这种~｜医生的~

[状~] 必须~｜向（大家）~｜再三~｜不~｜可以~

[~补] ~得很好｜~不了｜~了半天｜~了多次

[~中] ~的条件｜~的结果｜~的事情｜~的时间

（1）我向你保证，在北京转机绝对没问题。

（2）你必须保证这条信息是正确的。

二 合格

[主~] 产品~｜质量~｜检查~｜成绩~

[动~] 争取~｜保证~

[状~] 不~｜完全~｜一定~｜终于~

105

［～补］～不了

［～中］～的老师｜～的学生｜～的经理

（1）大家都认为张明是一个合格的医生。

（2）你们工厂的产品质量完全合格。

三 赔偿

［动～］得到～｜获得～｜打算～｜要求～

［～宾］～损失｜～人民币｜～首饰

［定～］这种～｜商店的～｜顾客的～

［状～］应该～｜不得不～｜立即～｜确实～

［～补］～得起｜～不了

［～中］～的原因｜～的结果｜～的时间

（1）你们欺骗顾客，必须赔偿顾客的损失。

（2）他们勉强赔偿了一万元。

四 付

［动～］同意～（款）｜拒绝～（房租）｜坚持～（学费）

［～宾］～款｜～房租｜～水电费

［～补］～得起｜～清（房费）｜～完｜～一点儿（钱）

［状～］应该～｜按期～｜由我～｜如数～

（1）我的秘书工资不高，付不起房租。

（2）先生，请问，在哪儿付款？

五 规定

［动～］做出～｜取消～｜遵守～

［～动］～检查（质量）｜～写（三百字）｜～送（给希望小学）

［～宾］～标准｜～时间｜～数量｜～价钱

［定～］各种各样的～｜以前的～｜某些～｜学校的～

［状～］必须～（标准）｜没～｜严格～

［～补］～得太死｜～一下｜～下来

［～中］～的钱数｜～的理由｜～的期限

（1）学生们对学校的某些规定不太满意。
（2）图书馆规定了新的借书时间。

六 如此

[~动/形] ~打扮｜~选择｜~宣布｜~信任｜~兴奋｜~清晰

[~状] 仍然~｜不过~｜何必~

（1）你如此珍惜时间，真令人佩服。
（2）她如此犹豫，如此为难，就不勉强她参加了。

七 举行

[动~] 建议~｜同意~｜希望~｜拒绝~

[~宾] ~婚礼｜~（毕业）典礼｜~开幕式｜~宴会

[状~] 刚刚~｜隆重~｜在哪儿~｜为他们~

[~补] ~不了｜~了一个小时｜~了四次

[~中] ~的时间｜~的地点｜~的情况｜~的原因

（1）婚礼举行了一个多小时。
（2）和平展览馆家具展销会即将举行。

八 复制

[动~] 拒绝~｜同意~｜否认~

[~宾] ~录音带｜~录像带｜~艺术品

[状~] 经常~｜不~｜可以~｜为（我）~

[~补] ~完了｜~一下｜~不了｜~过三遍

[~中] ~费｜~的过程｜~的情况

（1）这些CD都是复制的。
（2）这次展出的几幅名画都是复制品。

九 吃亏

[动~] 使……~｜让……~｜承认~｜感到~

[状~] 总~｜差点儿~｜没~｜必定~

[吃……亏] 吃了亏｜吃了大亏｜吃一次亏｜吃不了亏

（1）我朋友购买香烟接连吃了两次大亏。
（2）有的商店只顾自己赚钱，却让顾客吃了亏。

语法例释

一 广告制作是世界上最难干的职业之一

"之一"是"其中的一个"的意思，常与"是"搭配使用，如"是……之一"。例如：

（1）常明是始终跟我保持接触的初中同学之一。
（2）李师傅是这个厂的退休工人之一。
（3）大华商场是这个城市有名的企业之一。
（4）阿里是我最喜欢的外国研究生之一。
（5）小王是我们商店最爱开玩笑的人之一。
（6）杭州是中国最美丽的城市之一。

二 于是广告人便利用广播、电视、报纸……

"于是"，连词。用于承接复句，表示两件事在时间顺序上是前后相承的，在事理上带有一点因果关系，即后一事紧随前一事产生，后一事是由前一事引起的。"于是"常用在主语前，也可用在主语后。例如：

（1）过了一座山，又过了一条河，于是我家就在眼前了。
（2）我认为他给的报酬太少，他说一点儿也不少，于是我们俩争论起来。
（3）他说什么也不吃，把葡萄还给我，于是我只好把葡萄放在一边。
（4）老高得了胃癌，我们都很同情他，于是决定一起去医院看望他。
（5）孩子觉得他的样子很可怕，催母亲走。于是又只剩下他一个，终于失望地也走了。
（6）弟弟这几天总发愁，听我一说，于是又高兴起来。

三 不料，牙膏用了一周……

"不料"，连词。用于转折复句，表示发生的事事先"没想到"，后边的小句表示转折时常用"却"、"竟"、"还"、"倒"、"仍"等词语与前边的小句呼应，以加强"没想到"的意思。例如：

（1）我本来是跟他开玩笑，不料他却生气了。
（2）我们想跟姑姑去买牛仔裤，不料姑姑的朋友来了。
（3）他妻子得了胃癌，动了手术，不料他还不知道。
（4）爷爷在院子里随便种了一棵葡萄，不料竟活了。
（5）大家请他去饭馆吃饭，不料他竟借口没时间，拒绝了。

四 花白的头发就**像**故意跟他开玩笑**似的**

"像……似的"或"……似的"表示比喻或说明两种情况相似。例如：

（1）她打扮得像新娘似的，漂亮极了。
（2）张老师收藏了不少古书，家里像图书馆似的。
（3）安娜的普通话说得简直像中国人说的似的。
（4）运动会上，马力拼命跑，像飞似的。
（5）你可别像我似的，办事总犹豫。
（6）那个人像发了财了似的，买了一辆高级汽车。
（7）烟雾似的雨下了一天。

五 特别是新娘，更是急得**不得了**

"不得了"在句中做补语，强调程度深。句中的谓语为单音节、双音节形容词或表示心理活动的动词。例如：

（1）今年夏天热得不得了。
（2）当他知道自己购买的家具是伪劣产品时，气得不得了。
（3）小马请她参加自己的结婚典礼，她高兴得不得了。
（4）我昨天得了重感冒，难受得不得了。
（5）学生们对李老师佩服得不得了。
（6）妈妈怪她不该买首饰，她委屈得不得了。

六 可现在**怎么**拉**也**拉**不**上了

"怎么……也……不"或"怎么也不"、"怎么……也不"常用于口语，强调对某种行为或结果的否定。"怎么……"表示"用一切力量"。例如：

（1）老师在黑板上写的字太小，我怎么看也看不清楚。

（2）他的普通话说得太差了，我怎么听也听不懂。

（3）老乡来看我，我让他在我家多住几天，可怎么留也留不住。

（4）这张画儿太大了，怎么贴也贴不正。

（5）妹妹做生意没赚到钱，怎么安慰她也高兴不起来。

（6）我问他为什么最近总发愁，他怎么也不告诉我。

（7）哥哥吸烟太多，我劝他戒烟，他怎么也不戒。

（8）马力骑车太快，爷爷怎么提醒他，他也不在乎。

（9）那道数学题太难了，老师怎么给我讲，我也不明白。

七 而且唱着唱着又走了调

"……着……着"表示在动作或状态的进行、持续中，又出现了另一动作或状态。常附在两个相同的单音节动词后面，有时也可附在两个不同的单音节动词后面。例如：

（1）老王太累了，看电视时，看着看着就睡着了。

（2）两个人说着说着不觉到家了。

（3）刚才发生的事挺可笑的，他想着想着忍不住笑了。

（4）她不能喝酒，喝着喝着脸就红布似的，头也有点儿晕。

（5）老太太连哭带骂，闹着闹着儿子回来了。

（6）大家吃着喝着不觉天黑了。

（7）儿子吵着闹着一定要买那件T恤衫。

八 这是为了纪念他的妻子

"为了"，介词，表示目的，"是为了"强调目的。例如：

（1）安娜来北京是为了学习普通话。

（2）经商是为了赚钱。

（3）她穿超短裙是为了赶时髦。

（4）父亲不让儿子吸烟是为了孩子的身体健康。

（5）李先生这几天几乎每天晚上12点还不睡觉，是为了赶写一篇文章。

九 表示动作的进行状态

本课有三个句子：

8 广告与顾客

（1）某商店正在出售的"一周黑牙膏"专治"少白头"。

（2）新娘见新郎穿的不是那套高价的名牌服装，十分生气，正要怪他，……

（3）新郎的弟弟走过去查看，CD还在转。他正奇怪，那位名歌星又唱了起来……

其中的"正"、"在"，还有常用的"正在"，表示动作在进行中或状态在持续中。"正"着重指时间，"在"着重指状态，"正在"则包含这两种意思。例如：

（1）姑姑只有一个女儿，正上初中。

（2）大树下，一个研究生正教几个高中生数学。

（3）她没考上大学，很痛苦，我们正安慰她呢，李老师来了。

（4）他这几天正忙呢，你过几天再去找他吧。

（5）白先生坚决地说："大家都在工作，我怎么能休息？"

（6）王师傅的女儿在拼命学英语，她打算去海外做生意。

（7）他在跟你开玩笑呢，你别真生气。

（8）他们正在讨论，你半小时以后再来吧。

（9）组长正在批评小王呢，他的产品不合格。

（10）他们正在复制录像带呢，今天恐怕没有时间了。

练 习

一 词语搭配。

1. ＿＿＿＿＿信任　　　　2. 信任＿＿＿＿＿
3. ＿＿＿＿＿生意　　　　4. ＿＿＿＿＿可笑
5. ＿＿＿＿＿资格　　　　6. 毫不＿＿＿＿＿
7. 无比＿＿＿＿＿　　　　8. 怪＿＿＿＿＿
9. 租＿＿＿＿＿　　　　　10. 任意＿＿＿＿＿

二 用指定词语完成句子。

1. 马克故意大声唱歌，＿＿＿＿＿＿＿＿＿＿＿＿＿＿＿＿＿＿＿＿＿＿。（怎么……也……不）

2. 昨天我上街买东西，＿＿＿＿＿＿＿＿＿＿＿＿＿＿＿＿＿＿＿＿＿＿。（不料　不得了）

3. 姑姑家的院子里种了各种各样的花，_____。（像……似的）

4. _____我都看过。（凡是……）

5. 阿里讲的故事特别有意思，_____。（……着……着……起来）

6. 姐姐买首饰_____。（是为了）

7. 很多人得了重病都愿去立安医院治疗，_____。（是……之一）

三 用适当的词语填空。

听人说，某超市_____出售一种我要买的名牌牛仔裤，_____我骑上自行车，很快到了超市。一进超市，两个卖服装的售货员_____聊天，_____看_____没看我一眼。我自己一看，这里真有我要买的那种。我用手指着那条裤子问_____，我一听，_____贵点儿，可我一点儿也不_____就_____了款，把牛仔裤买走了。到了家，我_____要穿，我朋友赵明来了。我得意地说："看，怎么样？名牌！"赵明仔细一看，摇着头说："你上当了，这_____牛仔裤！"我一听，气得_____，说："如此弄虚作假，欺骗顾客，太不_____信誉了！"说完，我_____骑上自行车，到超市去_____这条所谓名牌牛仔裤。

四 根据课文内容完成句子。

1. 好的广告是一种艺术，它能_____。
2. 在展销会上，举办单位把一个柜子劈开_____。
3. 由于举办单位讲信誉，_____。
4. "一周黑牙膏"用了两个多月，_____。
5. 新郎买了一条高价的裤子，不料拉锁_____。
6. 举行婚礼时，那盘CD_____。
7. 那个退休工人好收藏名酒，_____。
8. 老人退酒时对售货员说："_____"

五 判断下列句子对错，对的画 √，错的画 ×。

(   ) 1. 那个商场出售的手机质量不合格。

（　　）2. 他借口了身体不舒服不去上课。
（　　）3. 你为什么不愿意见面他呢？
（　　）4. 我的朋友有收藏各式各样手表的爱好。
（　　）5. 去不去饭馆吃饭，我无所谓。
（　　）6. 孩子的时候我对什么都感兴趣。
（　　）7. 上课的时候，他总随便说话。
（　　）8. 对不起，请你把这道题再给我讲。
（　　）9. 妈妈给她买的首饰正合她的心意。
（　　）10. 这条街上的某些商店常出售伪劣商品。

六 把下列词语填到适当的位置上。

为了　　张　　产品　　吃亏　　复制　　经济　　欺骗

（1）这_____CD 是他_____的。
（2）企业重视_____质量，是_____提高_____效益。
（3）_____顾客，最终_____的还是广告人自己。

七 根据课文内容回答问题。

1. 人们制作广告的目的是什么？
2. 人们通过什么办法进行广告宣传？
3. 某单位举办家具展销会的广告内容是什么？
4. 为了推销家具，他们是怎样做的？
5. 为了治好"少白头"，常明是怎样做的？结果怎样？
6. 新郎新娘举行婚礼时遇到了什么可笑的事？
7. 那位退休工人为什么去商店退酒？

八 交际训练。

1. 根据提示，选择下列词语（至少 5 个）写一段话：

提示　购买东西

词语　广告、吸引、付、质量、正、不料、不得了、怎么……也不、像……似的、于是

2. 自由讨论。

（1）你常看广告吗？你喜欢什么样的广告？为什么？

（2）你认为广告利大于弊还是弊大于利？

3. 根据提示把谈话继续下去。

（1）买服装

顾客：请问这件上衣多少钱？

卖主：898元。

顾客：我试试行吗？

卖主：……

顾客：……

（2）买水果

顾客：请问这种苹果多少钱一斤？

卖主：8元。

顾客：真够贵的！

卖主：……

顾客：……

（3）买旧书

顾客：请问这本《汉英词典》多少钱？

卖主：10块5。

顾客：旧书还这么贵啊！

卖主：……

顾客：……

（4）旅游

主人：喂，朋友，骑马不？

游客：一小时多少钱？

主人：如果骑着走，一小时30块；如果骑着跑，一小时100块。

游客：……

主人：……

4. 语言游戏。

　　（1）下面是一个招聘广告，比一比，看谁先把画线的地方填好。

　　　　　　　　　　　光明区新华_____招聘

　　本_____招聘_____5名

　　招聘条件：1）

　　　　　　　2）

　　　　　　　3）

　　应聘者请将个人的_____、_____、_____寄到光明区中华路15号。

　　联系人：赵刚

　　电话：82027744

　　（2）比一比，看谁先把下列词语连成正确的句子。

　　1）阿里的_____找不到了，_____不得了。

　　2）玛丽_____像_____似的。

5. 看一看，说一说，写一写。

对口服务

——《消费报》九五·三·八，朱自观作

9 李群求职[1]记

课文

李群是我在香港认识的一位年轻的华侨[2]姑娘。她是我的邻居，搬入我们公寓[3]不久，就与大家熟悉起来，成了好朋友。

李群来的那天，已是晚上七八点钟。我们一些老房客正在客厅[4]里聊天，怎么也没想到这个时候会有新房客进门。她披着长发，穿着T恤衫[5]、牛仔裤[6]，手里提着两个塞得满满的旅行袋。通过交谈，我们知道她刚从广州的一所大学毕业，听说香港好找工作，便和几个同学来到了香港。

"我现在住的小房间每天的房租[7]是230元。我现有的钱只够住一个星期，明天我就要去找工作……"她认真地说，但又带着几分玩笑[8]。

李群的父母是老华侨，在英国开着一家首饰[9]店，经济条件很不错。但对李群来说，大学毕业就意味[10]着独立[11]面向社会，要自己去奋斗，而不能再依靠父母了。

李群住进公寓后，就忙着找工作。那天中午，我下班回来，看到她正在客厅打电话，满桌子都是招聘[12]广告、中英文报纸。我拿起一份她的简历[13]，光是"语言文字"一项[14]，她就填了英语、德语、法语、汉语（包括广东话）好几种。

"就凭这些，你不会没饭吃。不过，我真羡慕你，你怎么能懂这么多种语言？"

"我在英国出生，上小学后，在学校里说英语，回到家，父母只许我说汉语。家里的墙上、柜子上都贴[15]满了汉语。12岁时，父母把我送到广州姑姑[16]家，在广州上的初中[17]、高中[18]。然后进广州外语学院学了两年法语和德语。广东话也是这个时期学会的。"

"哈哈，你的父母真会安排呀！"当看到李群那发愁[19]的样子时，我忙问：

9 李群求职记

"工作联系得怎么样了？"

"毫无收获，到香港已经一个多星期了，如果再找不到工作，我可能回广州，也可能去英国。我的钱快用完了。这笔[20]钱还是我为一家广播公司制作节目得到的报酬[21]。他们的报酬高，五分钟一千元。"

"那么，现在能不能去那里工作呢？"

"我很喜欢那里的工作，但要成为正式的很难。我一直在努力。"

"我有两个朋友在大公司当经理，可以介绍你去见见他们。"

晚上，李群10点多才回来。一见到我就感谢地说："谢谢你的朋友们，但是我不一定去他们那儿工作。因为，一个公司不做对中国的生意[22]；另外[23]一个公司要秘书[24]，坐班，一天8小时排得满满的，又打字，又跑上跑下，一点儿自己的时间都没有。不过，我还是非常感谢你。经过跟这两个公司面谈，我有了信心，他们在选择[25]我，我也在选择他们。"

我劝她先接受一份工作，解决吃饭问题。然后，再慢慢找自己喜欢的工作。

但是，李群没有接受我的建议[26]，她到酒吧[27]当女招待去了。同时，还弄来几十块很时髦的手表，到街上去叫卖。她也给某些[28]杂志写稿，为某家公司翻译德文资料。但后两样工作是偶然[29]碰到的。

有一天晚上，她和女友一起去卖表。平时，她学生打扮[30]，连口红都不抹[31]。那天却穿了一双火红的长筒袜[32]，又穿了一条超短裙[33]，脸上也化了很浓[34]的妆[35]。她的样子把我吓了一跳，打扮得简直不像好女人了。她看到我注意她，笑着说："前几天在热闹的地方卖，那里外国人多，做小买卖的也多。我们一点儿也不被人注意，一块表也没卖掉。今天换个地方，那里工人、一般老百姓多，也许能碰到好运气[36]。"说着，她就抱着一大盒[37]手表走了。

果然，第二天，她高兴地告诉我："昨天可是赚[38]了一大笔钱，卖掉许多表，价钱[39]卖得也不低。"她边说边把卖的钱摊在桌上整理。

"我请客，我要好好请你们一次！"

"李群，你这样过日子心里踏实[40]吗？今天发一笔财[41]，明天一个钱没有，后天还不知会怎么样……"我关心地问。

她瞪了我一眼，眨了眨那双漂亮的黑眼睛："你认为我应该存钱，是吧？我不会的，我每次赚了钱，首先想到的是怎么玩儿，怎么开眼界[42]。如果赚了钱只是为了存起来，我又为什么要赚它呢？你会问，用完了怎么办？很简单，再去干，再去赚。"

"那么，你不认为大学毕业了去当女招待、小贩有失身份[43]，会被别人看不起吗？不能找一个比较稳定、体面[44]的工作吗？"

"别人看得起看不起并不重要，重要的是自己看得起自己，或者说自己是不是真有本领。你不认为我有本领吗？而且我要趁着现在年轻多练几样本领，就像多掌握几门外语一样。世界变化这么快，怎么叫稳定呢？关键是要有能力适应[45]各种各样[46]的变化。这样，才不会被淘汰[47]。你说呢？"

不能不承认，我很佩服[48]她的能力和自信[49]，羡慕她有一股闯[50]劲儿。凡是她想争取做到的，决不[51]轻易后退放弃[52]。

离开香港回京半年后，我接到李群的来信。她正在从事[53]英、法、德、中文的翻译工作，跟几家大公司都有业务[54]联系，很忙，但很自由。每周还去残疾[55]人学校教英文。关于是否[56]能进广播公司当记者的事，她没有提。

生 词

1	求职	qiú zhí	（动）	seek employment	二
2	华侨	huáqiáo	（名）	overseas Chinese	三
3	公寓	gōngyù	（名）	flat, apartment	三
4	客厅	kètīng	（名）	living room	二
5	T恤衫	Txùshān	（名）	T-shirt	
6	牛仔裤	niúzǎikù	（名）	jeans	二
7	房租	fángzū	（名）	rent (for a house, flat, etc.)	二
8	玩笑	wánxiào	（名）	joke	

9 李群求职记

9	首饰	shǒushi	（名）	jewelry	三
10	意味	yìwèi	（动）	mean	
11	独立	dúlì	（动）	be independent	二
12	招聘	zhāopìn	（动）	invite applications for a job	二
13	简历	jiǎnlì	（名）	resume, CV	三
14	项	xiàng	（量）	(a measure word) item	一③
15	贴	tiē	（动）	paste, stick	二
16	姑姑	gūgu	（名）	aunt (father's sister)	三
17	初中	chūzhōng	（名）	junior middle school	一②
18	高中	gāozhōng	（名）	senior middle school	一②
19	发愁	fā chóu	（动）	worry, be anxious	三
20	笔	bǐ	（量）	a measure word for money	一②
21	报酬	bàochou	（名）	pay, remuneration	三
22	生意	shēngyi	（名）	business, trade	一③
23	另外	lìngwài	（代、副）	another; in addition	一②
24	秘书	mìshū	（名）	secretary	二
25	选择	xuǎnzé	（动）	choose	二
26	建议	jiànyì	（名、动）	suggestion; suggest	一②
27	酒吧	jiǔbā	（名）	bar	二
28	某些	mǒuxiē	（代）	certain, some	
29	偶然	ǒurán	（形）	accidental	二
30	打扮	dǎban	（名、动）	way of dressing; dress up	二
31	抹	mǒ	（动）	put on, apply	三
32	长筒袜	chángtǒngwà	（名）	stockings	
33	超短裙	chāoduǎnqún	（名）	miniskirt	
34	浓	nóng	（形）	rich (in color), heavy	二
35	化妆	huà zhuāng	（动）	make up, paint	三
36	运气	yùnqi	（名）	fortune, luck	二
37	盒	hé	（量、名）	a measure word; box	二

38	赚	zhuàn	（动）	earn	二
39	价钱	jiàqian	（名）	price	一③
40	踏实	tāshi	（形）	having peace of mind	二
41	发财	fā cái	（动）	get rich, make a fortune	三
42	开眼界	kāi yǎnjiè		widen one's view	
43	身份	shēnfen	（名）	dignity	二
44	体面	tǐmiàn	（形）	decent	三
45	适应	shìyìng	（动）	adapt, suit	一③
46	各种各样	gè zhǒng gè yàng		all kinds of, various	
47	淘汰	táotài	（动）	eliminate sb. from a competition	三
48	佩服	pèifu	（动）	admire	三
49	自信	zìxìn	（动）	be confident	二
50	闯	chuǎng	（动）	temper oneself (by battling through difficulties and dangers)	二
51	决不	jué bù		never	二
52	放弃	fàngqì	（动）	give up	二
53	从事	cóngshì	（动）	be engaged in	一③
54	业务	yèwù	（名）	business	二
55	残疾	cánjí	（名）	deformity, physical disability	二
56	是否	shìfǒu	（副）	whether, if	二

专有名词

1	李群	Lǐ Qún	name of a person
2	香港	Xiānggǎng	Hong Kong
3	广州	Guǎngzhōu	capital of Guangdong Province, China
4	英国	Yīngguó	Britain
5	广东	Guǎngdōng	a province in south China

词语搭配与扩展

一 贴

［动~］开始~｜继续~｜愿意~

［~宾］~广告｜~标语｜~邮票｜~纸

［状~］随便~｜直接~｜必须~｜按规定~

［~补］~反了｜~歪了｜~上去｜~够（邮票）｜~得快｜~了一天

［~中］~的方式｜~的顺序｜~的时间｜~的角度

（1）她贴了一上午招聘广告。

（2）墙上贴满了那女孩的照片。

二 报酬

［动~］付~｜增加~｜接受~｜得到~｜没有~

［~形］~高｜~低｜~很少｜~合理

［定~］劳动（的）~｜辅导的~｜相同的~｜上个月的~｜一点儿~

［~中］~的数目｜~的形式｜~的性质

（1）他帮我们贴广告不是为了赚钱，但我们应该付给他报酬。

（2）张梅把寒假打工的报酬都捐给了希望工程。

三 选择

［动~］进行~｜加以~｜打算~｜同意~

［~宾］~老师｜~专业｜~单位｜~商品

［定~］观众的~｜学生的~｜正确的~｜职业的~

［状~］勉强地~｜愉快地~｜不断~｜互相~｜只能~一次

［~补］~错了｜~下去｜~得好｜~得严格｜~了三次｜~了一遍

［~中］~的机会｜~的范围｜~的条件

（1）录像室应该选择深颜色的窗帘。

（2）真遗憾，我又失去了一次选择的机会。

四 偶然

[主~] 情况（很）~｜（这次）见面（很）~｜这（太）~了
[动~] 觉得~｜感到~｜是（很）~的
[~动] ~发现｜~看到｜~想起｜~接触｜~生这么大气
[状~] 太~了｜非常~｜简直~极了
[~补] ~极了｜~得很
[~中] ~的原因｜~因素｜~的机会

（1）李健被选上是很偶然的。
（2）对偶然情况的发生，你要有准备。

五 打扮

[动~] 拼命~｜反对~｜喜欢~
[~宾] ~新娘｜~姑娘们｜~（成）老人
[定~] 工人（的）~｜城里人~｜知识分子的~｜漂亮的~
[状~] 认真地~｜匆匆地~｜对着镜子~｜被……~……｜把……~起来
[~补] ~起来｜~得格外漂亮｜~不了｜~了半天｜~一下｜~一番
[~中] ~的样子｜~的原因｜~的效果

（1）他打扮以后还不如不打扮好。
（2）你打扮得我都不认识了。

六 赚

[动~] 拼命~（钱）｜打算~（一笔钱）｜计划~（多少）
[~宾] ~钱｜~了三间房｜~了一座金山
[状~] 好~｜不容易~｜难~｜从来没~过｜能~
[补~] （照这样）~下去｜~回来了｜~得不少｜~不了｜~过一次
[~中] ~的数目｜~的方式｜~的机会

（1）小高做房地产生意，赚了一大笔钱。
（2）为了赚钱，他什么都不顾了。

七 价钱

[动~] 讲~｜规定~｜提高~｜限制~｜没有~

[~动/形] ~涨了｜~降了｜~提高了｜~（没）变｜~高｜~低｜~便宜｜~一样

[定~] 书的~｜车票的~｜同样的~｜规定的~｜过去的~

[~中] ~的标准｜~的规定

（1）完全一样的东西，价钱相差很大。

（2）这儿的东西价钱都高。

八 适应

[动~] 开始~｜觉得（不）~｜感到（不）~｜准备~（新形势）

[~动] ~发展｜~变化｜~需要

[~宾] ~形势｜~环境｜~（这里的）一切｜~（新）情况

[状~] 逐渐~｜完全~｜能够~｜成功地~……｜顺利地~（新形势）

[~补] ~得快｜~得慢｜~了一个星期｜~一下

[~中] ~（的）能力｜~的过程

（1）小王年轻，适应能力强，派他去吧。

（2）张强很快就适应了这里的环境。

九 淘汰

[主~] 三号选手（被）~了｜甲队（被）~了｜这种机器（已经）~了

[动~] 进行~｜加以~｜赞成~｜害怕（被）~｜打算~

[~宾] ~（旧）机器｜~对手｜~旧的

[状~] 全部~｜逐渐~｜坚决~｜被时代~｜把过时的都~

[~补] ~错了｜~掉｜~得及时｜~下去了｜（已经）~一年了

[~中] ~的原因｜~的时间｜~的后果

（1）他没想到自己那么快就被淘汰了。

（2）不继续学习就要被时代淘汰了。

十 从事

[动~] 希望~（教学工作）｜要求~……｜准备~……｜反对~（这种研究）

[~宾] ~（广播）事业｜~研究｜~活动｜~（教育）工作｜~（脑力）劳动

[状~] 一直~｜积极~｜长期~｜专门~｜应该~

[~中] ~的事业｜~的工作

（1）黄教授从事教育工作已经50年了。

（2）老王长期从事这方面的研究，积累了不少经验。

十一 业务

[动~] 懂~ | 熟悉~ | 钻研~ | 轻视~

[~动/形] ~（没）提高 | ~下降了 | ~发展了 | ~好 | ~强 | ~一般 | ~差

[定~] 管理~ | 出版~ | 医生的~ | 具体的~

[~中] ~水平 | ~能力 | ~知识 | ~基础 | ~部门

（1）凭他的业务能力，担任这个工作没问题。

（2）这两年，小张在业务上没有什么提高。

语法例释

一 父母把我送到广州姑姑家（"把$_1$"）

句子的主要动词后有结果补语"在"、"到"、"给"以及表示处所、对象的宾语，必须用"把"字句。语序为：主＋把＋宾$_1$＋动（在/到/给）＋宾$_2$。例如：

（1）老王昨天把自行车忘在校门口了。

（2）你把这稿子抄在稿纸上吧。

（3）张经理亲自把图纸送到我家。

（4）他故意不把小妹的地址给我。

（5）我把春节晚会录在这盘录音带上了。

（6）她总是把困难留给自己，把方便让给别人。

二 她的样子把我吓了一跳（"把$_2$"）

"把"字句可以带动量补语和时量补语。

1. 主＋把＋宾＋动＋动量补语。例如：

（1）小刚又迟到了，老师把他批评了一顿。

（2）你再把录像放一遍，好吗？

（3）嫂子耐心地把前后经过又讲了一番。

（4）春节前，我们把客厅好好收拾了一遍。
（5）你把大家的意见再集中一下。

2. 主+把+宾+动+时量补语。例如：

（6）我们只好把口试的时间推迟了一天。
（7）父亲把弟弟关了一小时。
（8）公司把报名的时间提前了一天。
（9）你们怎么把孩子憋了一上午？

三 我们一点儿也不被人注意（"被$_1$"）

"被"，介词。引出施事来表示被动。语序为：主（受事）+被+名（施事）+动，"被"后的表示施事的名词性词语可以是不定指的，并且可以省略。"被"字句多表示受事的不如意的遭遇。否定副词和能愿动词只能出现在"被"的前边。例如：

（1）其实，咱们的秘密并没被人发现。
（2）这个建议是否能被大家接受，我不敢肯定。
（3）小王从农村来，所以总担心会被人看不起。
（4）由于身体不好，黄林小时候常被人欺负。
（5）他们队上午就被淘汰了。
（6）我不知道于华他们为什么会被拒绝。

四 她瞪了我一眼

"一眼"，动量短语。这类借用动量短语，如"一口"、"一脚"、"一巴掌"、"一声"、"一把"等作动量补语时，一般都位于宾语后，表示动作行为的数量。例如：

（1）玉梅上车时看了我一眼，我什么都明白了。
（2）那狗急了，咬了他一口就跑了。
（3）树生无可奈何地踢了门一脚，低头走了。
（4）丈夫气坏了，狠狠打了儿子两巴掌。
（5）你昨天走的时候，为什么不告诉我一声？
（6）你拉他一把，他不就上来了吗？

五 ……只是为了存起来（"起来₂"）

"……起来"，趋向补语的引申义。表示动作使事物由分散到集中。例如：

（1）经验都是一点儿一点儿积累起来的。

（2）这些书捆起来以后就可以寄了。

（3）她的头发这样扎起来特别好看。

（4）快去把大家集中起来，一会儿校长要讲话。

（5）这些方面的问题可以综合起来考虑。

（6）今年的新年晚会我们两个班可以联合起来搞。

六 我要趁着现在年轻……

"趁"，介词。由"趁"组成介词结构修饰动词，一般可加"着"，表示利用某种条件或机会。例如：

（1）我趁（着）放假的机会，把家里的书整理了一遍。

（2）趁（着）年轻，多学点儿东西，一辈子有用。

（3）小猫趁（着）主人不注意，偷偷吃掉了一条鱼。

（4）趁（着）父亲不在家，孩子们打开了电脑玩儿游戏。

（5）母亲趁（着）降价买了很多没用的东西。

"趁"与"趁着"的区别是"趁着"的宾语不能是单音节词，"趁"可以。例如：

（6）汤药要趁热喝。

（7）如果你打算报考大学，就要趁早准备。

七 决不轻易后退放弃

"决"，副词。一定要与"不"、"没有"等否定词连用。表示坚决地否定。例如：

（1）关于那件事，我决不告诉任何人。

（2）如果你没有证件，他们是决不会放你进去的。

（3）我知道，老张是决不会放弃这次机会的。

（4）大勇只要发挥正常，就决不会被淘汰。

（5）放心吧，我们决没有怀疑你的意思。

（6）小苏决没有说假话，我可以作证。

八 关于是否能进广播公司当记者的事

"是否",副词。"是不是"的意思。多用于书面。

1. 用于问句。"是否"一般放在主语和谓语之间。句尾可以用语气词"呢"。例如:

（1）阿里是否需要动手术?

（2）这么重要的决定,他们是否通过学校了?

（3）明天的面试,小王是否做好准备了呢?

2. 在叙述句里,"是否"用在宾语小句或主语小句中。例如:

（4）我们不知道厂方是否研究报酬问题了。

（5）工厂正在调查这批农民工是否适应了新环境。

（6）小李是否做出了选择,我们还不清楚。

（7）这套教材是否受欢迎,还需要通过实践的检验。

练 习

一 画线连词。

1. 某些　　收入　　　　2. 增加　　账
　　一份　　简历　　　　　赞成　　钱
　　一股　　闯劲儿　　　　放弃　　意味着
　　一项　　力量　　　　　付　　　报酬
　　一笔　　规定　　　　　从事　　业务工作

二 给下列词语搭配上定语或状语。

1. _____价钱　　2. _____打扮　　3. _____佩服

4. _____选择　　5. _____业务　　6. _____秘书

7. _____适应　　8. _____简历　　9. _____身份

10. _____自信　11. _____赚　　12. _____踏实

三 给下列词语搭配上动词或名词。

1. _____广告　　2. _____房租　　3. _____建议

4. _____高中　　5. _____报酬　　6. _____玩笑
7. 抹_____　　8. 各种各样的_____　　9. 放弃_____
10. 制作_____　　11. 偶然_____　　12. 决不_____

四 选择适当的短语完成下列句子。

A　联合起来　集中起来　存起来　组织起来　捆起来　积累起来

1. 他们从全国各地来，互相都不认识，_____。
2. 每个人的经验都是_____。
3. 这屋子里的东西太乱了，_____。
4. 单靠我们自己的力量是完不成这个任务的，_____。
5. 如果明天搬家的话，_____。
6. 我想这样安排打工挣的钱，_____。

B　趁她不注意　趁热　趁天没黑　趁老王没走　趁放假　趁早

1. 这是刚煮好的饺子，_____。
2. 小王正在化妆，_____。
3. 你的头发太长了，_____。
4. 母亲住院需要一笔钱，_____。
5. 如果你要去旅行，_____。
6. 这个文件必须要经理签字，_____。

五 用下列各组词语造"把"字句。

例：复习　课文　一下
　　你们把课文复习一下。

1. 复印　简历　一下
   _____。

2. 贴　邮票　上去
   _____。

3. 存　工资　起来
   _____。

4. 收拾　文件　起来
   _____。

5. 布置　会场　一下
   _____。

6. 淘汰　甲队　下去
   _____。

7. 检查　机器　一番
   _____。

8. 提高　价钱　一倍
   _____。

9. 考虑　意见　一下
   _____。

10. 摊　书　一桌子
    _____。

六 整理句子。

1. 某些　决不　在……上　问题　发表　轻易　意见　老李

2. 选择　这　杨兰　了　放弃　是否　呢　次

3. 是否　李义　不　我　知道　了　发财

4. 会　张师傅　玩笑　决不　这种　开

5. 完全　对……来说　这次　赵强　偶然　是　事故　的

6. 意味着　人类　科学　的　进步　发展　的

7. 不知　拿　招聘　走　广告　上　的　被　桌子　谁　了

8. 被　从来　注意　人　过　他　没

9. 有　大家　欺骗　一种　被　感觉　的

10. 被　是……的　打败　不　偶然　她

七 根据课文内容回答下列问题。

1. 李群和"我"是什么关系？

2. 李群为什么会来到香港？她的家庭情况怎么样？

3. 李群找工作具备哪些有利条件？她为什么会具备这些条件？

4. 李群为什么没去"我"给她介绍的大公司？后来，她找到了什么样的工作？

5. 在找工作、赚钱、花钱等方面，李群和"我"有哪些不同的想法和认识？

6. "我"对李群的看法怎么样？

7. 李群工作、生活得怎么样？

八 交际训练。

1. 请告诉你的朋友：（说或写一段话）

　　（1）我在上大学，也在打工……

　　（2）大学毕业以后我不想马上工作……

　　（3）我想换一个工作……

　　（4）我需要再找一份工作……

　　（5）报酬对我来说是最重要的……

　　（6）我学的专业是……我希望能找到和专业有关的工作……

　　（7）对我来说，上级怎么样是最重要的……

　　（8）我希望我的秘书……

下面的词语可以帮助你表达：

> 烦恼　发愁　某些　报酬　独立　放弃　选择　淘汰　适应
> 从事　意味着　体面　身份　偶然　被……分配/淘汰　趁
> 反正　况且　不仅……也……　是为了……　然而

2. 自由讨论：

　　（1）在选择职业上，你有什么希望和要求？

　　（2）你对工作报酬、个人价值、社会贡献等方面有什么看法？这几个方面会不会有矛盾？你怎样对待？

　　（3）介绍一下你们国家求职方面的情况。

3. 语言游戏。

　　（1）每人在10～15分钟内写一份自己的简历（不要写姓名）交给主持人（同学们轮流主持）。主持人读简历，大家猜一猜是谁。简历的项目：性别、出生年月、国籍、身高、爱好、特长、习惯、职业、专业、文化水平，等等。

（2）你听说过下边这个成语吗？讲一讲它的意思，试着用一用。

三百六十行，行行出状元。

（Sānbǎi liùshí háng, háng háng chū zhuàngyuan.）

4. 看一看，说一说，写一写。

"一定要让他成为牛顿！"

孙晓纲

10 写在助残日之前

课文

（一）醉人的五月风

五月的一天，朋友邀请我一同出去吃饭。

饭店里人很多，服务小姐忙里忙外，一分钟也闲不住。我和朋友坐在靠[1]墙角[2]的圆桌前喝着啤酒。喝了一会儿，我的头有点儿晕，不想再喝了。于是，招呼服务员过来，小声对她说："小姐，麻烦你上一份饭。"

服务员很快端来饭，脸上带着甜甜的微笑，服务态度非常好，说："慢慢用，如果还需要什么，请再叫我。"她微笑着，就像对老朋友熟朋友一样。

待到朋友喝完酒要上饭时，他说："你帮我要吧。你身上有一种说不出的气质[3]，让人不由得[4]对你产生敬意[5]。你瞧，服务员小姐对你的态度格外地好。"

我笑着低头看了看自己坐着的轮椅[6]，说："大概是因为它的缘故[7]吧。现在人们都很尊重残疾人，这象征[8]着现代文明[9]。"

我的确是残疾人，一般情况下，我尽量[10]不到公共场合[11]去，并不是自卑[12]，而是好静怕乱。而且，坐着轮椅出出进进的也很不方便，尽[13]给人添[14]麻烦。所以，许多年来我很少在外面吃饭。这一次，完全是因为朋友热情邀请，又正好这家饭店的门是无障碍[15]的，一高兴就来了。

别人怎么看待[16]我的残疾形象，暂且[17]不去评论，自身[18]残疾的现实却是改变不了的。本来[19]和朋友要的是雅座[20]，就因为这轮椅进不去，只好放弃享受[21]雅座了。

临出来时，服务员小姐特地[22]叫住我们，退了雅座的钱。我们接过钱往外走时，正在吃饭的顾客纷纷站起来搬桌子挪[23]椅子，给我们让路，并热情地说："请慢走。"这种情景让我既感动又不安。我一面向人们道着歉[24]："对不起，打扰[25]了，真对不起……"一面离开了饭店。

走在大街上，春风吹来阵阵花香，我的心不由得涌[26]起一股暖流[27]。随着[28]社会物质文明和精神[29]文明的不断[30]提高，残疾人越来越受到人们的尊重和关心了。国家不仅规定每年五月的第三个星期天为助残日，而且在平常的日子，人们也在关心和帮助残疾人。

五月的北京，春的北京，好不[31]醉人啊！

（二）残疾人的选择

大家都说，徐民是用三只轮子[32]滚出了一个新世界。

徐民5岁时，得了小儿麻痹症[33]，腿脚一直不方便。作为残疾人，他比一般人更早更多地尝[34]到了找工作的酸甜苦辣[35]。过去，他在长江手表零件[36]厂工作。这是家街道办的小厂，专为上海某手表大厂生产加工零件。随着市场[37]经济的发展，长江手表零件厂和大厂合并[38]了。

从此，徐民成了失业大军中的一员。如果仅从经济上考虑，30岁的他和有正常[39]收入的父母住在一起，生活上是没有问题的。但徐民要的是独立，是自己养活[40]自己，是要为这个社会做些什么。他决心依靠自己的力量，去寻找新生活。他认真地翻阅[41]着报刊上的招聘广告，认真地写着自己的经历[42]，向一个个既不相识又无关系的陌生[43]人介绍自己，推荐自己。但他没有成功，发出的信，仿佛石头扔进了大海。

"我这样的人究竟还有没有用？"他自问。他是位普通工人，不喜欢使用"价值"、"自我"之类[44]现今大学生们喜欢用的字眼。

"为什么我偏要等别人来用我，我自己就不能用我自己？"他决定自办一家电器[45]、钟表修理部。徐民腿脚不方便，但脑子不错。在厂里工作了几年，再加上自己平时爱钻研[46]，修理水平算得上一流[47]的。倒[48]是资金[49]成了问题，要用钱的地方太多了。但钱在哪里？徐民想到了自己的三轮残疾车。于是，第二天，他也挤进了车流的海洋。

说来真有趣，我认识徐民就是从搭他的残疾车开始的。"接送客人不也挺有意思、挺能赚钱的吗？"我半开玩笑半认真地说。

"这对我来说仅是一种过渡⁵⁰。我的目标是正正当当开修理部，正正当当过日子。"

随着他的深红色的幸福牌残疾车，我来到了他的家。他的不大的房间已变成了工作室，桌上堆⁵¹满了各种工具，床底下放着几台电视机，看来，徐民的设想⁵²就要变成现实了。

"是的，下个月修理部就要正式开张⁵³了。不过目前还有好多准备工作要抓紧……"

"抓紧、抓紧，一连⁵⁴干十多个小时，你照照镜子，都瘦成什么样子了，不要命⁵⁵了？"

听着这位母亲充满爱意的责怪⁵⁶，我想：也许这就是生活的逻辑⁵⁷——收获，首先得付出⁵⁸！残疾人付出得更多。

（选自《北京日报》，作者：寒江雪。有删改）

生　词

1	靠	kào	（动）	lean against, rely on	一②
2	墙角	qiángjiǎo	（名）	corner	
3	气质	qìzhì	（名）	temperament, disposition	三
4	不由得	bùyóude	（副）	can't help, cannot but	三
5	敬意	jìngyì	（名）	respect, tribute	三
6	轮椅	lúnyǐ	（名）	wheelchair	二
7	缘故	yuángù	（名）	reason	二
8	象征	xiàngzhēng	（动、名）	symbolize; symbol	二
9	文明	wénmíng	（名、形）	civilization; civilized	一③
10	尽量	jǐnliàng	（副）	doing one's best	一③
11	场合	chǎnghé	（名）	occasion, situation	一③

12	自卑	zìbēi	（形）	self-abased	三
13	尽	jìn	（副）	all, only	二
14	添	tiān	（动）	add	二
15	障碍	zhàng'ài	（名、动）	obstacle; obstruct	二
16	看待	kàndài	（动）	look upon, treat	二
17	暂且	zànqiě	（副）	for the time being	
18	自身	zìshēn	（名）	oneself	一③
19	本来	běnlái	（副、形）	originally; original	一③
20	雅座	yǎzuò	（名）	private room (in a restaurant)	
21	享受	xiǎngshòu	（动、名）	enjoy; enjoyment	二
22	特地	tèdì	（副）	specially	二
23	挪	nuó	（动）	move	三
24	道歉	dào qiàn	（动）	apologize	二
25	打扰	dǎrǎo	（动）	disturb	二
26	涌	yǒng	（动）	rise, upsurge	三
27	暖流	nuǎnliú	（名）	warm current	
28	随着	suízhe	（介）	along with	二
29	精神	jīngshén	（名）	spirit	一②
30	不断	búduàn	（副）	constantly	一②
31	好不	hǎobù	（副）	(used with exclamatory force) very, quite	
32	轮子	lúnzi	（名）	wheel	二
33	小儿麻痹症	xiǎo'ér mábìzhèng		poliomyelitis	
34	尝	cháng	（动）	taste	二
35	辣	là	（形）	spicy, hot	二
36	零件	língjiàn	（名）	spare part	三
37	市场	shìchǎng	（名）	market	一③
38	合并	hébìng	（动）	merge	二
39	正常	zhèngcháng	（形）	normal	一②
40	养活	yǎnghuo	（动）	provide financial support to sb.	三

41	翻阅	fānyuè	（动）	thumb through, browse	
42	经历	jīnglì	（名、动）	experience; undergo	一③
43	陌生	mòshēng	（形）	strange, unfamiliar	三
44	……之类	…zhīlèi		and so on	
45	电器	diànqì	（名）	electrical equipment	二
46	钻研	zuānyán	（动）	study intensively	三
47	一流	yīliú	（形）	first-class	二
48	倒	dào	（副）	contrary to one's expectation	
49	资金	zījīn	（名）	fund, capital	一③
50	过渡	guòdù	（动）	transit	二
51	堆	duī	（动）	pile up	二
52	设想	shèxiǎng	（名、动）	plan; imagine	二
53	开张	kāi zhāng	（动）	open (a business)	三
54	一连	yìlián	（副）	in a row	三
55	命	mìng	（名）	life	二
56	责怪	zéguài	（动）	blame	三
57	逻辑	luóji	（名）	logic	二
58	付出	fùchū	（动）	pay	二

专有名词

| 助残日 | Zhùcán Rì | Day of People with Disability |
| 徐民 | Xú Mín | name of a person |

词语搭配与扩展

一 象征

［主~］红旗~（革命）｜曙光~（胜利）｜黄河~（中华民族）

［~宾］~智慧｜~和平｜~权力｜~人民

［定~］革命的~｜光明的~｜坚强的~

［~中］~的手法｜~的艺术｜~的语言｜~的特点

（1）人们把松树作为崇高品质的象征。
（2）五星红旗的升起，象征着中国人民从此站起来了。

二 文明

［定~］物质~｜精神~｜西方~｜东方~｜古代~

［状~］不~｜要~｜很~｜应当~

［~补］~极了｜~得很｜~起来｜~一点儿

［~中］~的人｜~的行为｜~的语言｜~的表现

（1）小华是个文明的孩子，从不打人骂人。
（2）随地吐痰是一种不文明的行为。

三 场合

［动~］讲究~｜看~｜分~｜碰到……~｜见过……~

［定~］任何~｜不同~｜正式的~｜公共~｜各种~

（1）她在任何场合都大声说话，真不文明。
（2）不要在公共场合吸烟。

四 享受

［动~］是（一种）~｜得到~｜贪图~｜追求~

［~宾］~助学金｜~奖学金｜~公费医疗｜~幸福生活｜~家庭温暖

［定~］精神~｜物质~｜一种~｜美的~

［状~］尽情~｜仍然~｜一直~｜可以~｜好好~

［~补］~到……｜~起来｜~不了｜~几年｜~一下

（1）"六一"儿童节那天，孩子们唱啊跳啊，尽情地享受着节日的快乐。

（2）我觉得听音乐是一种精神享受。

五 道歉

［动～］表示～｜去～｜准备～｜接受～

［状～］再三～｜不～｜主动～｜向……～

［～中］～的方式｜～的时间｜～的原因

［道……歉］道个歉｜道了歉｜道了半天歉｜道什么歉

（1）你既然错了，就应该向人家道歉。

（2）这么点儿小事，她不会生气的，何必道歉？

六 放弃

［动～］准备～｜决定～｜反对～｜后悔～

［～宾］～……的机会｜～……的打算｜～……的主张｜～……的权利

［状～］坚决～｜必须～｜暂且～｜不得不～｜别～

［～中］～的目的｜～的结果｜～的理由

（1）这是个好机会，你可千万别放弃。

（2）你为什么轻易放弃自己应得的利益？

七 陌生

［动～］显得～｜变得～｜感到～｜觉得～

［状～］十分～｜格外～｜不～｜很～

［～中］～的人｜～的名字｜～的面孔｜～的眼光

（1）那个村子对我来说并不陌生，我曾在那儿生活过好几年。

（2）我虽是初次来北京，但是对北京并不感到陌生。

八 推荐

［动～］靠～｜经过～｜进行～｜停止～

［～宾］～你｜～代表｜～……文章｜～……书

［定～］老师的～｜朋友的～｜单位的～

［状～］已经～｜早～｜及时～｜被……～｜向……～

［~补］~错了｜~上去｜~上来｜~得及时｜~过一次｜~一下
［~中］~的目的｜~的方法｜~的对象｜~的时候

（1）放假前，张老师向同学们推荐了几本书。
（2）我们一致推荐李师傅当代表。

九 钻研

［动~］赞成~｜需要~｜进行~｜爱~
［~宾］~理论｜~学问｜~业务｜~技术
［状~］认真~｜照样~｜不~｜努力~
［~补］~得深｜~下去｜~了一阵｜~一番
［~中］~的计划｜~的成果｜~的过程

（1）他懂得，要做好工作，必须钻研业务。
（2）由于小王肯钻研技术，所以在工作中取得了很大成绩。

语法例释

一 我的头有点儿晕，不想再喝了（"了$_2$"）

这里的"了"为"了$_2$"，是表示肯定语气的语气助词。一般位于句末。其主要作用是：

1. 表示某事发生了变化或即将发生变化。例如：

（1）现在，残疾人越来越受到人们的尊重和关心了。
（2）下雨了，快把自行车推进屋来吧。
（3）我种的几棵向日葵已经开花了。
（4）小李病了，咱们下午去医院看看他吧。
（5）很抱歉，我临时有点儿事，不能跟你们一起去饭馆吃饭了。
（6）爸爸戒烟后，身体比以前好多了。
（7）几年没见，老杨的头发全白了。
（8）下个月修理部就开张了。
（9）想到很快就要和妻子、儿女们团聚了，他高兴得一夜没睡好。
（10）天快亮了，快起床吧。

2. 表示行为、动作已经完成。例如：

（11）正好这家饭馆的门是无障碍的，我一高兴就来了。
（12）这件事是我不对，我已经向他道歉了。
（13）昨天我把首饰买好了，过几天就送给她。
（14）这个月的房租我已经交了，你放心地在这儿住吧。

二 让人**不由得**对你产生敬意

"不由得"，副词。表示对某种情况不由自主地产生某种反应。有"不禁"、"不觉"的意思。例如：

（1）看到这孩子，我不由得想起他已故的父亲。
（2）他说话很不客气，我不由得生起气来。
（3）想起辛酸的往事，他不由得掉下眼泪来。
（4）唱着唱着，她俩不由得跳起舞来。
（5）她脚下一滑，差点儿摔倒，不由得喊了一声。
（6）教室里进来两个新学生，大家不由得用好奇的目光注视着他们。

"不由得"还有"不容"、"不允许"的意思。这里的"不由得"是动词。例如：

（7）小王的态度很诚恳，不由得你不答应他。
（8）他的理由说得那么充分，不由得你不同意他请假。

三 大概是**因为**它**的缘故**吧

"因为……的缘故"表示事物发生的原因，中间插入某些词语或小句做"缘故"的定语，也可以说"由于……的缘故"。常用于书面语。例如：

（1）因为贫穷的缘故，父亲连小学都没上过。
（2）这盆花的叶子都黄了，大概是因为缺水的缘故吧。
（3）因为我是个女人的缘故，他不愿意跟我一起去打工。
（4）因为菜太辣的缘故，我弟弟吃了一点儿就不吃了。
（5）早晨起来，我觉得头有点儿晕，可能是因为夜里没睡好觉的缘故。
（6）因为紧张的缘故，他出了一身冷汗。

四 我**尽量**不到公共场合去

"尽量",副词。表示力求达到最大限度,与"尽可能"意思相近。例如:

(1)她数学考试不及格,很伤心,你要尽量安慰她。
(2)老赵叫我们尽量多提建议,提得越多越好。
(3)老太太病很重,要尽量找好大夫治。
(4)衣服你要尽量少带,南方比这儿热。
(5)作业要尽量自己做,实在不会再问别人。
(6)你刚学会开车,要尽量开得慢些,免得出事故。

五 并**不是**自卑,**而是**好静怕乱

"不是……而是……",用于选择复句,表示两种事物比较之后否定前者而肯定后者。例如:

(1)他考虑的不是自己,而是国家和人民的利益。
(2)昨天你看见的不是她,而是她姐姐。
(3)我们的民主不是属于少数人的,而是属于绝大多数人的。
(4)他们几个不是坐船来的,而是坐飞机来的。
(5)事物发展的根本原因,不是在事物的外部,而是在事物的内部。
(6)不是人们的意识决定人们的社会存在,而是人们的社会存在决定人们的意识。

六 **临**出来时,服务员小姐特地叫住我们

"临"作介词时,表示某个行为很快就要发生,其宾语是动词或动词性结构,常有"时、的时候"之类的词语附在动词或动词性结构之后。例如:

(1)小刘临走给你留下一封信。
(2)临上火车,小李的车票丢了,心里十分焦急。
(3)临出门,姐姐再次告诉我许华住哪条胡同。
(4)这本词典是我临来时买的。
(5)临散会时,经理通知我明天早7点出发。
(6)病人临睡之前吃了安眠药。

七 服务员小姐**特地**叫住我们

"特地",副词。表示行为是专为某种目的而进行的,意思同"特意"。在句中做状语。常用于口语。例如:

(1)张厂长昨天特地来看你,可惜你没在。
(2)这酒是老乡特地给你送来的,别忘了去旅馆谢谢人家。
(3)王庆发带着小儿子特地从青岛来到村里。
(4)他是特地来招呼这两位老板的。
(5)自从报上登了他们的事以后,也常有人特地上山来看他们。
(6)为了钻研技术,他特地进城去请教张师傅。

八 不喜欢使用"价值"、"自我"**之类**现今大学生们喜欢用的字眼

"……之类"表示不尽列举,只提出同类人或事物中的代表。例如:

(1)他只买英语方面的书,小说、诗歌之类,从来不买。
(2)姑娘爱种果树,什么桃树、梨树之类,院里院外种了好几棵。
(3)说实在的,我对养小猫、小狗之类的动物没什么兴趣。
(4)李师傅喜欢打太极拳、舞剑之类的体育活动,每天坚持,身体越来越好。
(5)老赵虽然上了年纪,可很爱穿牛仔裤、T恤衫之类的时髦衣服。
(6)那个食品厂里大都是盲人、聋哑人之类的残疾人。

九 **倒是**资金成了问题

"倒(是)"做副词时常表示转折语气,意思相当于"却"、"反而"。例如:

(1)这间房子虽然不大,装饰得倒挺讲究的。
(2)那么小的菜园子,种的菜倒不少。
(3)昨天下雪,天气不冷,今天雪停了倒冷起来了。
(4)本想走近路,快点儿到,没想到路这样难走,倒费了时间。
(5)大家都在忙,你倒休息起来了。

有时,转折的意思较轻,不能用"却"、"反而"代替。例如:

(6)你提起做生意,倒使我想起去年发生的一件事。
(7)你有什么要说的,我倒要听一听。

注意:"倒是"若放在名词性成分前则为"倒+是","是"不可省略。例如:

(8) 他的修理水平算是一流的,倒是资金成了问题。

(9) 老王说那个地方人来人往,建议我在那儿开饭馆,这倒是个好主意。

十 抓紧、抓紧,一连干十多个小时

"一连",副词。表示动作连续进行,不间断。在动词前做状语。常用数量词做补语。例如:

(1) 这几天天气不好,一连下了四天雨。

(2) 话剧《雷雨》一连演了几十场,场场客满。

(3) 老李的孙子感冒发烧,一连打了好几天针才退烧。

(4) 阿四一连吸了几口烟,小小的火光亮了起来。

(5) 我跟大江是好朋友,不料我一连给他去了两封信,他都没回信。

(6) 那部香港武打片真棒,我一连看了两遍。

练 习

一 给下列词语搭配上适当的词语。

1. 格外_____ 2. 象征_____ 3. _____文明
4. _____场合 5. 享受_____ 6. _____道歉
7. 放弃_____ 8. 推荐_____ 9. 钻研_____
10. _____陌生

二 选词填空。

享受 特地 暂且 放弃 场合 倒 临 尽量 象征 一连

1. 这场雨特别大,_____下了三天。
2. 这是老人_____给你送来的,喝了酒别忘了去谢谢人家。
3. 张老板虽然很有钱,在生活上_____不怎么讲究。
4. _____出发,嫂子对我说:"记着给小牛买名牌鞋。"
5. 你家房子小,_____少买家具。
6. 你说说,这篇散文中的松树_____什么?

7. 在我们那儿，公共_____禁止吸烟。

8. 提意见是你的权利，你为什么_____？

9. 厂长无可奈何地说："这个问题_____放一放，以后再讨论。"

10. 那时，我家很穷，我上大学一直_____助学金。

三 用指定词语回答问题。

1. 小马看了哥哥的来信后怎么样？（不由得）

2. 你喜欢买什么样的书？（……之类）

3. 今天去上课的人多吗？（因为……的缘故）

4. 你跟老林怎么还不说话？（道歉）

5. 为什么你们都一致选王平当班长？（钻研）

6. 听说陈红今天结婚，你怎么没去参加她的婚礼？（本来）

7. 你弟弟没考上大学，他的心情怎么样？（一连）

8. 你怎么知道这几本词典对学汉语很有用？（推荐）

9. 刚才丽丽跟你说什么了？（招呼）

10. 你妈妈昨天给你买了一件衣服，你怎么不穿呢？（不是……而是……）

四 在下面这段话的空白处填上"了"、"着"、"过"。

有个叫张三的好心人，两年前曾给_____一个残疾人10块钱。一天，张三又出去做生意。走着走_____，遇见那个残疾人手里提_____一个袋子，正向自己走来。张三很快掏出5块钱给_____他。不料，那人却很不高兴地说："上次你给

10 写在助残日之前

_____我 10 块，为什么这次只给我 5 块？"张三连忙解释："那时我是一个人生活，现在我结_____婚，有_____一个孩子，人口一多，钱就不够花_____，所以这次只好少给你几块_____。"那人一听，更生气_____，说："你现在只顾自己_____，你怎么能拿我的钱养活你的家呢？我再也不想看见你_____！"

五 根据课文内容判断正误，并说明理由。

（　　）1."我"和朋友去饭店吃饭，服务员对"我"的态度非常好。
（　　）2.朋友让"我"帮助要一份饭，因为"我"的朋友也是个残疾人。
（　　）3.因为服务员的态度非常好，所以"我"常常去饭店吃饭。
（　　）4.不仅服务员对"我"的态度好，顾客们对"我"也十分热情。
（　　）5.在社会上残疾人越来越受到尊重。
（　　）6.徐民小时候得了小儿麻痹症，是个残疾青年。
（　　）7.因为徐民身体不好的缘故，他所在的手表零件厂不要他了。
（　　）8.徐民常翻阅招聘广告是为了重新找到工作。
（　　）9.徐民父母很有钱，他决定用父母的钱自己办一家电器、钟表修理部。
（　　）10.母亲对徐民为了赚钱不要命非常称赞。

六 根据课文内容回答问题。

1."我"喝完啤酒对服务员说要一份饭时，服务员的态度怎样？为什么？
2."我"经常去饭馆吃饭吗？为什么？
3."我"离开饭店时顾客们对"我"的态度怎样？
4.徐民在工作上遇到了什么麻烦？
5.徐民失业后为什么要找新的工作？
6.徐民找新工作顺利吗？
7.徐民为什么想自办一个电器、钟表修理部？
8.为了办成电器、钟表修理部，他是怎样做的？

七 交际训练。

1.讨论：

（1）在你们国家人们是怎样关心、帮助残疾人的？
（2）介绍一下你们国家残疾人的工作情况。例如：

A. 残疾人怎样找工作?

B. 残疾人一般做什么工作?

C. 残疾人做工作能享受和正常人一样的待遇吗?

（3）你们国家在送礼方面有什么讲究?

2. 根据提示讲一个或写一个关于残疾人生活的小故事。

提示 可以介绍其学习、工作、婚姻、家庭等任何一方面的经历。

下列词语可以帮助你表达：

> 因为……的缘故　靠　不是……而是……　一连　尽量　临
> 轮椅　自卑　放弃　特地　推荐　不由得　格外　责怪　付出　钻研

3. 完成以下对话（要求"B"用上"千里送鹅毛，礼轻情义重"这句谚语）。

A:（按电铃）_____。

B:（开门）是你呀！你哪天从国外回来的?

A: 上星期日。今天是星期六，你不上班，来看看你。

B: _____。

A: _____。

4. 语言游戏。

主持人问问题，甲、乙二人抢答，答对了得1分，最后谁得分最多谁赢。输的念两遍绕口令：十四是十四，四十是四十。

问题

（1）什么场合不能吸烟?

（2）什么行为不文明?

（3）轮椅是什么人用的交通工具?

（4）什么车有两个轮子?

（5）情人节送给恋人什么花?

（6）什么东西是酸的?

（7）什么东西是甜的?

（8）什么东西是苦的?

（9）什么东西是辣的?

（10）找工作翻阅报上的什么内容？
（11）手表的零件坏了去哪儿修理？
（12）什么地方寄邮包？
（13）人们在什么地方存钱、取钱？
（14）"拾金不昧"是什么意思？

5. 看一看，说一说，写一写。

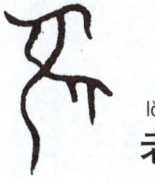
lǎo
老

古文字形是一个驼背拄杖的长发老人的形象，表示"年岁大"。

——选自《汉字的故事》，施正宇编著

11 热爱绿色

课 文

在北京的一个蔬菜市场，一位学者模样的老人，提着菜篮子[1]，从一个挨[2]一个的菜摊前走过。这里的菜新鲜嫩[3]绿，黄瓜还带着刺儿[4]，顶着花儿。可是，老人对这些似乎都不感兴趣，谁也不知道他想买什么菜。忽然，他停了下来，问："这菜是你的？"

卖菜的是个郊区农民，看上去挺老实，说："自己种的。您来点儿？"

老人拿起一棵菜，反复看了看，又问："你的菜虫子咬过？"

农民看着菜叶上的窟窿[5]，不好意思地笑了笑，说："便宜点儿，行吧？"

"行，要五斤。"老人说得很干脆。

农民一边称菜，一边说："有虫子其实没事儿，用水冲冲就掉了。"

老人笑了，幽默[6]地说："冲不掉也没关系，最多增加点儿蛋白质[7]。要是带有农药[8]或是受到过污染[9]，可就糟[10]了。还要感谢虫子。它替我检验[11]了。"

这位老人的担心似乎是个信号[12]：蔬菜的卫生已经进入了人们的消费[13]意识；人们的目光，将会越来越多地投向[14]"绿色蔬菜"。

"绿色"，本来是指植物的颜色。因为一般叶子的颜色差不多都是绿色的。现在，人们常用"绿色"形容或比喻[15]没有被污染的植物和自然[16]环境。所谓"绿色蔬菜"，指的就是没被污染的蔬菜，或者叫"健康蔬菜"。它对化肥[17]、农药的使用及土地、水源[18]、环境都有严格的要求，各项卫生标准也有详细的规定。它的检验方法之一是把准备上市[19]的菜弄成汁儿[20]，让一批特别敏感[21]的苍蝇[22]食用[23]，然后观察[24]苍蝇的死亡[25]率。这样，就可以知道被检验的蔬菜是不是"绿色"的。目前，北京能生产"绿色蔬菜"的只有两个地方，面积[26]近三千亩，所产蔬菜大部分出口。不过，这种局面[27]不久将会改变，因为生产"绿色蔬菜"是今后的发展方向。

也许会有人讥笑²⁸那位买菜的老人，觉得他活得太仔细²⁹。其实，老人的担心并不是没有道理的。

当前，蔬菜市场的繁荣令³⁰人高兴，即使³¹是在北方，一年四季³²也可以买到各种新鲜蔬菜。然而，喜中也有忧。蔬菜市场缺乏必要的管理，农民与商贩³³直接交易³⁴，蔬菜的卫生标准难以³⁵控制。别说农药，即使是化肥，如果人们长期食用，对健康也有影响。有些农民为了提高产量、增加收入，超标准使用化肥和农药。也有些农民使用方法不当³⁶，客观³⁷上造成³⁸了蔬菜含农药量³⁹过多的后果⁴⁰。去年初，某个城市有人食物中毒⁴¹，据⁴²了解，是吃了含农药过多的菠菜⁴³造成的。

相比⁴⁴之下，化肥和农药污染蔬菜的问题还是容易解决的。麻烦的是自然环境影响蔬菜卫生的问题。一家家工厂将黑乎乎的污⁴⁵水排放⁴⁶进河流⁴⁷，农民用这些水灌溉⁴⁸蔬菜，哪会有"绿色"？一个个烟囱⁴⁹冒着浓烟，污染了空气，将天空⁵⁰变成了一片灰黄，蔬菜生长⁵¹在这种环境里，哪能有"绿色"？有人说，只要不使用化肥和农药，就可以生产出"绿色蔬菜"。这种看法显然⁵²是太乐观了。如果我们不注意保护⁵³自然环境，那么大家呼吸着被污染的空气，饮用⁵⁴着被污染的水，食用着被污染的粮食⁵⁵和水果，即使吃的是真正的"绿色蔬菜"，又有什么意义呢？

值得欣慰⁵⁶的是，就像那位老人开始注意蔬菜是"绿色"的一样，人们越来越关心自己是否生存⁵⁷在"绿色"的环境中了。工厂建起了污水处理池⁵⁸，烟囱里冒出的浓烟也渐渐变淡变白了。在我们的周围，树木⁵⁹花草在不知不觉⁶⁰中多了起来。清晨⁶¹或是雨后，那满眼的"绿色"是多么迷人⁶²呀！

绿色，这是生命的象征，是人间最美丽的颜色，是人类⁶³最宝贵的财富⁶⁴。我们应更多地拥有⁶⁵这份财富。

让我们珍惜绿色，保护绿色，热爱绿色吧！

生 词

1	篮子	lánzi	（名）	basket	
2	挨	āi	（动）	be next to	二
3	嫩	nèn	（形）	(of color) light	三
4	刺儿	cìr	（名）	thorn	
5	窟窿	kūlong	（名）	hole	三
6	幽默	yōumò	（形）	humorous	二
7	蛋白质	dànbáizhì	（名）	protein	三
8	农药	nóngyào	（名）	pesticide	
9	污染	wūrǎn	（动）	pollute	二
10	糟	zāo	（形）	bad, in a terrible state	二
11	检验	jiǎnyàn	（动）	inspect, test	二
12	信号	xìnhào	（名）	signal	一③
13	消费	xiāofèi	（动）	consume	一③
14	投向	tóuxiàng	（动）	cast (at)	
15	比喻	bǐyù	（动、名）	liken to; metaphor	三
16	自然	zìrán	（名）	nature	一③
17	化肥	huàféi	（名）	(chemical) fertilizer	三
18	源	yuán	（尾）	source	
19	上市	shàng shì	（动）	go or appear on the market	二
20	汁（儿）	zhī(r)	（名）	juice	三
21	敏感	mǐngǎn	（形）	sensitive	二
22	苍蝇	cāngying	（名）	fly	三
23	食用	shíyòng	（动）	eat	三
24	观察	guānchá	（动）	observe	一③
25	死亡	sǐwáng	（动）	die	二
26	面积	miànjī	（名）	area	一③
27	局面	júmiàn	（名）	situation	二

11 热爱绿色

28	讥笑	jīxiào	（动）	sneer (at)	附
29	仔细	zǐxì	（形）	careful	二
30	令	lìng	（动）	make, cause	二
31	即使	jíshǐ	（连）	even if	二
32	四季	sìjì	（名）	four seasons	三
33	商贩	shāngfàn	（名）	pedlar	三
34	交易	jiāoyì	（动、名）	deal	一③
35	难以	nányǐ	（副）	difficult to (do)	二
36	不当	búdàng	（形）	unsuitable, improper	
37	客观	kèguān	（形）	objective	一③
38	造成	zàochéng	（动）	cause	一③
39	量	liàng	（名、尾）	quantity; *a suffix*	
40	后果	hòuguǒ	（名）	consequence	一③
41	中毒	zhòng dú	（动）	be poisoned	二
42	据	jù	（介）	according to	二
43	菠菜	bōcài	（名）	spinach	
44	相比	xiāngbǐ	（动）	compare	一③
45	污	wū	（形）	foul or polluted	
46	排放	páifàng	（动）	drain off	三
47	河流	héliú	（名）	river	三
48	灌溉	guàngài	（动）	irrigate	三
49	烟囱	yāncōng	（名）	chimney	附
50	天空	tiānkōng	（名）	sky	一③
51	生长	shēngzhǎng	（动）	grow	一③
52	显然	xiǎnrán	（形）	obvious, apparent	一③
53	保护	bǎohù	（动）	protect	一②
54	饮用	yǐnyòng	（动）	drink	
55	粮食	liángshi	（名）	grain, cereals, food	二
56	欣慰	xīnwèi	（形）	happy and relieved	三

57	生存	shēngcún	(动)	exist, live	一③
58	池	chí	(名)	pool, pond	
59	树木	shùmù	(名)	trees	三
60	不知不觉	bù zhī bù jué		unconsciously	附
61	清晨	qīngchén	(名)	early morning	二
62	迷人	mírén	(形)	enchanting	二
63	人类	rénlèi	(名)	mankind, human	一③
64	财富	cáifù	(名)	wealth	二
65	拥有	yōngyǒu	(动)	have, possess	二

词语搭配与扩展

一 检验

[动~] 开始~｜进行~｜接受~｜经得（不）起~

[~宾] ~质量｜~尸体｜~物品｜~意志｜~理论

[状~] 全面~｜彻底~｜认真~｜严格~

[~补] ~得仔细｜~得严格｜~了一个小时｜~一下｜~三次

[~中] ~的目的｜~的方法｜~的结果｜~的范围

（1）这些产品必须经过严格检验才能上市。

（2）戒烟最能检验一个人的意志是否坚强了。

二 消费

[动~] 增加~｜控制~｜鼓励~｜重视~

[定~] 高~｜低~｜超前~｜合理~

[~中] ~水平｜~结构｜~意识｜~的场所

（1）与发达国家的消费水平相比，中国的商品消费量还是比较低的。

（2）消费者的合法权益应当受到法律保护。

三 标准

[动~] 确定～｜合乎～｜符合～｜达到～｜提高～｜降低～

[~动/形] ～制定了｜～确定下来｜～很高｜～不明确

[定~] 道德～｜生活～｜工资～｜评分～｜高～｜低～

[~中] ～（的）条件｜～（的）规格｜～语音｜～体重

（1）他开始学汉语时很重视发音，所以发音很标准。
（2）同样的问题，对待两个人，不能采取不同的标准。

四 观察

[动~] 进行～｜继续～｜加以～｜注意～

[~宾] ～社会｜～环境｜～病情｜～气象

[状~] 仔细～｜耐心～｜必须～

[~补] ～完了｜～得仔细｜～一天｜～一下｜～一番

[~中] ～的方法｜～角度｜～（的）过程

（1）孩子的病情还不稳定，需要住院观察观察。
（2）老舍对老北京的人和事观察得很细致。

五 难以

[~动] ～接受｜～相信｜～说明｜～控制｜～拒绝｜
　　　～负担｜～放弃｜～养活｜～发现｜～解决｜～想象

（1）你提出的这个条件要求太高，我们难以接受。
（2）这是他第二次发出邀请了，我难以拒绝，只好去了。

六 客观

[主~] 观点～｜态度～｜（他的）分析～｜结论～｜（你的）介绍～

[动~] 强调～｜找～｜承认～

[状~] 应当～｜确实～｜逐渐～（起来）

[~中] ～事物｜～世界｜～环境｜～条件｜～原因｜～标准

（1）在本国学习外语，受客观环境的限制，听说能力难以提高。
（2）领导解决矛盾必须客观，否则不容易公正。

七 量（liàng）

[定~] 消耗~｜进（出）口~｜降雨~｜消费~｜
　　　 排水~｜词汇~｜药~｜食用~｜酒~｜饭~

（1）你应该严格按照大夫规定的药量服药。
（2）提高阅读速度的根本办法之一，就是扩大词汇量。

八 后果

[动~] 产生~｜知道~｜掩盖~｜造成~｜消除~｜考虑~｜注意~
[~形] ~严重｜~可怕｜~相同
[定~] 粗心的~｜浪费的~｜任何~｜这种~
[~中] ~的影响｜~的教训｜~的严重性

（1）你做事要考虑到后果。
（2）检查制度不严，会造成严重的后果。

九 保护

[动~] 加以~｜受到~｜需要~｜进行~｜实行~
[~宾] ~儿童｜~动物｜~财产｜~名胜古迹｜~环境｜~健康
[状~] 精心~｜适当~｜应该~｜尽力~
[~补] ~得很好｜~三年｜~一下｜~起来
[~中] ~的条件｜~（的）对象｜~（的）范围

（1）许多事实表明，现在消费者的权利还没有真正得到保护。
（2）环境保护，人人有责。

语法例释

一 谁也不知道他想买什么菜

"谁"在这里是任指，表示任何人。

1. 用在"也"或"都"前面，表示在所说的范围内没有例外。例如：

（1）这件事谁也不知道。

（2）如果谁都不重视动物保护，动物的数量将会越来越少。

2. 主语和宾语都用"谁"，指不同的人，表示彼此一样。例如：

（3）他们俩有了矛盾，谁也不理谁，谁也不帮助谁。

（4）别看他们俩一见面就吵，但谁都离不开谁。

3. 两个"谁"字前后照应，指相同的人。例如：

（5）大家看谁合适，就选谁。

（6）谁造成的问题，谁去解决。

其他疑问代词也有类似的用法。例如：

（7）我刚来中国，哪儿也不认识。

（8）学校怎么决定，我们就怎么做。

（9）你什么时候来，我们就什么时候接待你。

（10）比赛到了哪个城市，球迷们也跟着到了哪个城市。

二 ……看上去挺老实

"看上去"，表示对情况的推测、估计。在句中多做插入语。与其相似的说法还有"看样子"、"看起来"等。例如：

（1）看上去，这黄瓜挺嫩的，菠菜也很新鲜。

（2）看上去，他是一个很敏感的人。

（3）妹妹看上去比姐姐还成熟。

（4）老张看上去傻呵呵的，其实说话可幽默了。

（5）这房子看上去不大，其实面积不小。

三 蔬菜市场的繁荣令人高兴

"令"，动词。有"使得"的意思。"令人"是比较固定的用法，如：～人厌恶，～人害怕，～人烦恼，～人不愉快。"令"多用于书面，用于口语的一般是"使"、"让"、"叫"。例如：

（1）他们在谈判中提出的条件令对方很为难。

（2）他的话令我想起了我那位死去的朋友。

（3）那是一个令人难忘的夜晚。

（4）他的变化令人吃惊。

（5）他们取得了令人满意的成绩。

（6）晚间新闻播出了一条令人兴奋的消息。

（7）父母冤枉了孩子，叫孩子很伤心。

四 **即使**是在北方，一年四季**也**可以买到各种新鲜蔬菜

"即使……也……"，表示假设的让步复句。"即使"表示的条件，可以是尚未实现的事情，也可以是与既成事实相反的事情。"即使"在口语中常用"就是"或省略，书面语中也用"即便"。例如：

（1）即使你不告诉我，别人也会跟我说的。

（2）他身体好极了，即使是在冬天，他也敢在室外游泳。

（3）你就是不上场，我们也能赢。

（4）（就是）下雨我也去。

（5）他这种病，（就是）吃再多的药也治不好了。

（6）即便我市的蔬菜产量增加三倍，也满足不了市民的需要。

五 **别说**农药，**即使**是化肥，如果人们长期食用，对健康**也**有影响

"别说（不要说）"，连词。与"即使（就是）……也……"构成的多重格式，用于表示比较和递进关系的多重复句中。"别说"引出一句陪衬的话，借以突出和强调要表达的主要意思。一般用在一句话的开头，后一分句也可用"连……都……"。例如：

（1）别说这么点儿小问题，即使再大的困难，我们也能克服。

（2）这几位专家，别说在国内，即使在国际上也很有名。

（3）他说的是广东话，别说外国人，即使是中国人，很多人也听不懂。

（4）动物园的熊猫，别说小孩喜欢，就是大人也爱看。

（5）他病得太厉害了，别说是干活儿了，连起床都困难。

（6）这个道理连小孩都懂，别说大人了。

六 据了解，是吃了含农药过多的菠菜造成的

"据"，介词。意思是"按照"、"依据"。后面一般跟动词或主谓结构的短语，常用在一句话的开头做插入语。"据说"和"据报道"是比较固定的搭配，后者是报刊新闻用语。例如：

（1）据我了解，他昨天没来上课，不是病了，而是出去玩了。
（2）据说，那个电影明星最近又离婚了。
（3）据报道，今天上午8点50，天津发生了5.5级地震。
（4）据学校统计，今年的考生成绩超过了历史最高水平。
（5）据各方面的反映，赵明今年的进步很大。
（6）据一些有经验的农民估计，今年的小麦将继续增产。

七 只要不使用化肥和农药，就可以生产出"绿色蔬菜"

"只要……就（都）……"用于条件复句。表示在充足的条件下，可以获得的结果。例如：

（1）你只要坚持锻炼，身体就会逐渐好起来。
（2）只要你还是这里的工作人员，就得听我的指挥。
（3）你只要多听听别人的意见，就不会总犯错误。
（4）只要你同意嫁给我，什么条件我都答应你。
（5）只要是跟他接触过的人，都感到他和蔼可亲。

八 这种看法，显然是太乐观了

"显然"，副词。表示说话人觉得某种情况或道理非常清楚、明显，含有强调语气。例如：

（1）关于这个问题，他的意见显然是合理的。
（2）你这种说法显然是错误的。
（3）在一个被严重污染的环境中，显然是不能生产出绿色蔬菜的。

"显然"也常用在复句的后一分句中，表示根据前面的事实所作的判断。例如：

（4）你看，他的自行车在这儿，显然他已经来了。
（5）王老师不停地点头微笑，显然对安娜的回答非常满意。
（6）听老张说话的口气，他显然知道了你的秘密。

练 习

一 写出下列各词的近义词。

1. 讥笑— 2. 仔细— 3. 灌溉—
4. 保护— 5. 检验— 6. 观察—
7. 令— 8. 交易— 9. 财富—

二 写出下列各词的反义词。

1. 嫩— 2. 糟— 3. 敏感—
4. 死亡— 5. 仔细— 6. 客观—
7. 保护— 8. 重视—

三 词语搭配。

1. ＿＿＿消费 2. ＿＿＿观察 3. ＿＿＿保护
　消费＿＿＿　　观察＿＿＿　　保护＿＿＿
4. ＿＿＿污染 5. ＿＿＿客观 6. ＿＿＿检验
　污染＿＿＿　　客观＿＿＿　　检验＿＿＿
7. ＿＿＿标准 8. ＿＿＿后果 9. ＿＿＿生存
　标准＿＿＿　　后果＿＿＿　　生存＿＿＿

四 用指定词语将下列句子改成复句。

1. 你去我也去。（只要……就……）

2. 李老师到了以后，我们马上出发。（只要……就……）

3. 困难太大了，老张来都解决不了问题。（即使……也……）

4. 我太想去那儿了，不管明天下不下雨，我都一定会去的。（即使……也……）

5. 他的钱快花光了，吃饭都不够，更不够买过冬的衣服了。（别说……，连……也……）

6. 这么高级的录像机,张工程师也修理不了,我更修不了了。(别说……,即使……也……)

五 用指定词语完成句子。

1. 这些产品 ＿＿＿＿＿＿＿＿＿＿＿＿＿＿＿＿＿＿＿＿＿＿＿＿,不能上市。(检验)
2. 你的理论是否正确,＿＿＿＿＿＿＿＿＿＿＿＿＿＿＿＿＿＿＿＿＿＿。(检验)
3. 由于你的错误,给国家和学校 ＿＿＿＿＿＿＿＿＿＿＿＿＿＿＿＿＿。(造成)
4. ＿＿＿＿＿＿＿＿＿＿＿＿＿＿＿＿＿＿＿＿＿＿,我们不能负责。(造成)
5. ＿＿＿＿＿＿＿＿＿＿＿＿＿＿＿＿＿＿＿,常常使大家笑个不停。(幽默)
6. 他工作时虽然很严肃,＿＿＿＿＿＿＿＿＿＿＿＿＿＿＿＿＿＿＿。(幽默)
7. 蔬菜是否是"绿色"＿＿＿＿＿＿＿＿＿＿＿＿＿＿＿＿＿＿＿＿＿。(标准)
8. ＿＿＿＿＿＿＿＿＿＿＿＿＿＿＿＿＿＿＿＿,我们没办法检验。(标准)
9. 长城是中国最有名的古迹之一,＿＿＿＿＿＿＿＿＿＿＿＿＿＿＿。(保护)
10. ＿＿＿＿＿＿＿＿＿＿＿＿＿＿＿＿＿＿＿是我国法律明确规定的。(保护)
11. 这个问题太复杂了,＿＿＿＿＿＿＿＿＿＿＿＿＿＿＿＿＿＿＿＿＿。(难以)
12. 你写的作业太乱了,＿＿＿＿＿＿＿＿＿＿＿＿＿＿＿＿＿＿＿＿＿。(难以)
13. ＿＿＿＿＿＿＿＿＿＿＿＿＿＿＿＿＿＿＿,文章里还有没有错误。(仔细)
14. 他把考卷上的题都做完了,＿＿＿＿＿＿＿＿＿＿＿＿＿＿＿＿＿＿。(仔细)
15. 你这件衣服又肥又大,＿＿＿＿＿＿＿＿＿＿＿＿＿＿＿＿＿＿＿＿。(显然)
16. 早晨起来我觉得有点儿发烧,还头疼,＿＿＿＿＿＿＿＿＿＿＿＿＿。(显然)
17. 这本书太有意思了,＿＿＿＿＿＿＿＿＿＿＿＿＿＿＿＿＿＿＿＿＿。(令)
18. 他说的话 ＿＿＿＿＿＿＿＿＿＿＿＿＿＿＿＿＿＿＿＿＿＿＿＿＿。(令)

六 模仿造句,注意指定词语的用法。

1. 小王刚来到这儿,谁也不认识她。(谁)

2. 我第一次来北京,哪儿也没去过呢。(哪儿)

3. 明天一整天我都在家,你什么时候来都行。(什么时候)

4. 这个汉字太复杂了，我怎么记也记不住。（怎么）

5. 他没钱了，什么也买不了。（什么）

6. 这些书都没意思，我哪本也不喜欢。（哪）

7. 人与人之间应当友爱，谁也不要欺负谁。（谁……谁）

8. 他喜欢谁，就跟谁跳舞。（谁……谁）

七 用指定词语或句式改写句子，原句意思不变。

1. 他的意见很不合理，让大家很难接受。（难以）

2. 她希望我帮忙，说了好几次，我不好拒绝。（难以）

3. 如果你去长城，我肯定也去。（只要……就……）

4. 要是你不来，我到你家去找你。（只要……就……）

5. 根据我了解到的情况，他已经回国了。（据）

6. 听说下个月我们要去中国农村参观。（据）

7. 他病得很厉害，不能上课了。（显然）

8. 她滑冰滑得那么好，很明显不是今年才学会的。（显然）

9. 中秋节前后，需要的月饼数量最大。（消费量）

10. 中国人口众多，需要大量的粮食。（消费量）

11. 从卫星上看地球，可以更准确地预报天气变化。（观察）

12. 中医看病的时候，首先要仔细地看病人的脸色。（观察）

13. 乌云越来越多，要下雨了。（看上去）

14. 她好几天都不跟男朋友说话了，好像两人有了矛盾。（看上去）

八 根据课文内容回答问题。

1. 那个买菜的老人为什么单买叶子上有窟窿的蔬菜？
2. 卖菜的农民看到菜叶上的窟窿为什么不好意思？
3. 什么是"绿色蔬菜"？为什么叫"绿色"蔬菜？
4. 怎样检验蔬菜是不是"绿色"的？
5. 当前的蔬菜市场有哪些喜和忧？
6. 为什么现在有不少蔬菜不是"绿色"的？
7. 怎样才能生产出大量的"绿色"蔬菜？
8. 我们对"绿色"应有什么样的态度？

九 交际训练。

1. 请告诉老师和同学（说或写一段话）：

（1）现在，中国人越来越重视蔬菜是否是"绿色"的问题……

（2）我没看到过黄河，但是听说（请读"阅读课文"）……

（3）在日常生活中，要注意卫生……

下列词语可以帮助你表达：

| 农药　化肥　检验　信号　上市　食用　四季　交易　造成　中毒 |
| 后果　生长　保护　生存　水土流失　泥沙　清澈　传染　消毒 |

2. 讨论:

（1）比较中国与你们国家的环境污染情况。

（2）你在中国买菜时遇到过什么样的问题？

（3）怎样才能从根本上解决环境污染问题？

（4）你们国家的大江大河是否存在与黄河同样的问题？

3. 语言游戏。

（1）全班同学依次说蔬菜或水果名。

要求：不能重复；发音准确；停顿不得超过三秒钟。

由老师裁判输赢，不符合上述要求者为输。如何处罚输者，请同学们提出建议。

（2）你听说过下面这句俗语吗？讲一讲它的意思。

病从口入，祸从口出

（bìng cóng kǒu rù, huò cóng kǒu chū）

4. 看一看，说一说，写一写。

言行不一

胡明亮

12 买彩票[1]

课 文

在我们那村里，从很早就兴[2]赌[3]啊，买彩票啊什么的。谁不盼着碰运气发大财呢。你听听，航空奖券[4]，头奖五十万，多么吸引人啊！由[5]二姐发起[6]，大家凑[7]钱合作买彩票，她首先拿出两元钱。我自己先算了一卦[8]，好得不能再好了，于是拿了四元。和二姐计算了半天，怎么也不够，还差着九十四元才能买一张彩票。我和她分别去宣传：五十万，五十万，即使五十个人分，每人还能落[9]一万，两元钱换一万呀！全村都像疯[10]了似的，连狗都听熟了"五十万"，凡是说"五十万"的，哪怕[11]是生人，也立刻摇起尾巴，而不上前一口把腿咬住了。整整[12]闹了一个星期，一百元总算凑齐了，股份[13]最多的便[14]是我。三姥姥[15]才拿了五角，和四姨[16]、五姨共同凑了一股；她们还立了一本账。

上哪里去买彩票呢？还得算卦。二姐不信我算的卦，花了五角钱请王瞎子又算了算……，说是喜事[17]出在东北方向。全城有四家彩票代办[18]处，利成商店在城的东北，商量结果，就到利成去买。可是，利成是四家买卖中最小的一家，只卖香烟、肥皂[19]之类的东西，万一[20]把一百元骗[21]了去，或者卖的是假彩票，那可怎么办？又送给王瞎子五角钱，重新算了一卦。说是西北方向也行，他说，不但行，而且他仔细算过，比东北还好呢！西北是恒祥商场，大买卖，二姐嫁[22]人时的缎子[23]红被面[24]还是在那儿买的呢。

谁去买呢？又是个问题。照例[25]我应当跑一趟[26]，因为我的股份最多。可是我是属[27]牛的，今年是鸡年，总得[28]找个属鸡的，还得是男的，女的不吉祥[29]。只有李家小三是鸡年生的，平时那些属鸡的好像都变了，一个也找不着了。小三自己去，让人太不放心啊，于是决定另[30]派两个结实的男人跟着保护。挑了个好日子，三位进城买彩票了。

票买来了，谁保管[31]呢？我们村合作办事儿有个特点，谁也不信任谁。经过三天三夜的讨论，还是交给了三姥姥。年纪大虽然不见得[32]品德[33]一定好，可毕竟手脚不灵活，不至于[34]偷偷[35]逃跑了。

直到公布彩票号码的那天，大家谁也没睡好觉。拿我自己来说[36]，我想：头等奖还能不是我们得吗？得了奖，我就能分两万。这两万怎么花呢？对，买房子！于是，房子的地点、式样[37]，怎么布置，足足想了大半夜。可仔细一想，不，不买房子，还是做买卖好。于是商店开在哪儿，多大规模，什么种类[38]，怎么赚钱，赚了钱以后怎么发展，又想了半夜。天上的星星，河边的水泡[39]，都变成一张张钞票[40]。清晨的鸟叫，夜半的虫声，也都喊着："五十万！五十万！"偶尔[41]睡着了，手按[42]在胸上，梦见一堆[43]堆钞票压在身上，连气也喘[44]不出来。为了能随时[45]算卦，我特意[46]买了一副[47]牌，算了一遍又一遍。算了坏卦，就推倒重来，于是算的都是好卦。这样一来[48]，财是发定了。

开奖[49]了。报上登出前五等奖，没有我们背熟了的那个号码。房子、铺子……都随着汗水流走了。那就等六、七等奖吧。前五等奖没得上，难道[50]还不中[51]个小小的六等奖？于是又算了一卦，还是好得不能再好了。六等奖是五百块，弄件大衣穿穿也不坏。于是，一边等着开六七等奖，一边反复念着前五等奖的号码，替那些得奖的人想着，算着，该怎么花那笔钱，未免又是羡慕又是嫉妒[52]。所以，想着想着便想到得奖的人也许会乐极生悲[53]，被钱给烧死，自己没得奖不也很好吗；自然自己得了奖也不见得会烧死。无论怎么说，心里总有点儿不舒服。

六、七等奖也登出来了，还是没咱们的事，这才想起对尾数[54]。连尾数都跟我们开玩笑：我们的是个"三"，可中奖的偏偏是个"二"。没办法，真是哭笑不得[55]！

二姐和我是发起人呀！三姥姥向我们俩要她的五角钱，没法不赔她。赔了她，别人的两元也不愿意白扔。二姐这两天突然生起病来，她就有这个本事，心里一想就会生病。剩下我自己，只好一个人来对付大家的两元钱。钱都赔完了，二姐的病也好了。我呢，昨天夜里睡得又香又甜，心里可踏实了。

（选自《老舍幽默文集》。有改动）

生 词

1	彩票	cǎipiào	（名）	lottery (ticket)	二
2	兴	xīng	（动）	become popular	
3	赌	dǔ	（动）	gamble	二
4	奖券	jiǎngquàn	（名）	lottery (ticket)	
5	由	yóu	（介）	by	一③
6	发起	fāqǐ	（动）	initiate	二
7	凑	còu	（动）	gather together	三
8	算卦	suàn guà	（动）	tell sb.'s fortune	
9	落	lào	（动）	get	
10	疯	fēng	（形）	insane	二
11	哪怕	nǎpà	（连）	even if	二
12	整整	zhěngzhěng	（副）	entirely	一③
13	股份	gǔfèn	（名）	stock	三
14	便	biàn	（副）	just, exactly, precisely	二
15	姥姥	lǎolao	（名）	grandmother (mother's mother)	三
16	姨	yí	（名）	aunt (mother's sister)	三
17	喜事	xǐshì	（名）	happy event	三
18	代办	dàibàn	（动）	do sth. for sb.	
19	肥皂	féizào	（名）	soap	三
20	万一	wànyī	（连）	if by any chance, just in case	一③
21	骗	piàn	（动）	deceive, cheat	二
22	嫁	jià	（动）	(of a woman) marry	三
23	缎子	duànzi	（名）	satin	
24	被面	bèimiàn	（名）	quilt cover	
25	照例	zhàolì	（副）	as usual	三
26	趟	tàng	（量）	a measure word for a round trip	二
27	属	shǔ	（动）	be born in the year of (one of the twelve animal signs)	一③

28	总得	zǒngděi	（助动）	have to, cannot but	
29	吉祥	jíxiáng	（形）	auspicious	二
30	另	lìng	（副）	other	二
31	保管	bǎoguǎn	（动、名）	take care of; storekeeper	三
32	不见得	bújiànde	（副）	not necessarily	三
33	品德	pǐndé	（名）	moral character	三
34	不至于	búzhìyú	（动）	can't go so far as to	二
35	偷偷	tōutōu	（副）	stealthily	二
36	拿……来说	ná……lái shuō		take... for example	
37	式样	shìyàng	（名）	design, style	
38	种类	zhǒnglèi	（名）	kind	二
39	泡	pào	（名、动）	bubble; to soak	二
40	钞票	chāopiào	（名）	paper money	三
41	偶尔	ǒu'ěr	（副）	occasionally	二
42	按	àn	（动、介）	keep one's hand on; according to	一③
43	堆	duī	（量）	(*a measure word*) heap	二
44	喘	chuǎn	（动）	breathe heavily	三
45	随时	suíshí	（副）	at any time	一②
46	特意	tèyì	（副）	specially	二
47	副	fù	（量）	*a measure word*	二
48	这样一来	zhèyàng yì lái		in this way	三
49	开奖	kāi jiǎng	（动）	draw lottery in public and announce winners	
50	难道	nándào	（副）	*used to reinforce a rhetorical question*	一②
51	中	zhòng	（动）	win (a prize in a lottery)	
52	嫉妒	jídù	（动）	envy	附
53	乐极生悲	lè jí shēng bēi		extreme joy begets sorrow	
54	尾数	wěishù	（名）	final number	
55	哭笑不得	kū xiào bù dé		not know whether to laugh or to cry	附

专有名词

1	王瞎子	Wáng Xiāzi	nickname of a blind person named Wang
2	利成商店	Lìchéng Shāngdiàn	name of a shop
3	恒祥商场	Héngxiáng Shāngchǎng	name of a shopping mall

词语搭配与扩展

一 兴（xīng）

[~宾] ~长发｜~瘦裤子｜~化妆｜~打太极拳｜~旅行结婚

[状~] 渐渐~起来｜还没~呢｜自古以来就~……｜曾经~过

[~补] 前两年就~过｜早就~开了｜又~回来了｜还没~起来｜
　　　~得比较早｜~过一阵

[~中] ~的时期｜~的范围｜~的种类｜~的式样

（1）现在又兴穿旗袍了。

（2）太极拳兴过一段时间，现在又兴练气功了。

二 赌

[动~] 开始~（钱）｜打算~｜继续~（起来）｜禁止~

[状~] 经常~｜偶尔~（一次）｜从来不~｜别跟他们~｜偷偷地~

[~补] ~输了｜~赢了｜~急了｜~穷了｜又~起来｜照这样~下去｜
　　　~得卖房子卖地｜~得活不下去了｜~了一晚上｜~过一回

[~中] ~的地点｜~的时间｜~的钱数｜~的危害

（1）老王赌得什么都不顾了。

（2）阿桂把老婆孩子都赌没了。

三 凑

[动~] 开始~（人数）｜继续~｜商量~（钱）

[~宾] ~钱｜~人数｜~药费｜~零件

[状~] 一点儿一点儿地~｜偷偷地~｜真难~｜好容易~（齐了）｜一时~（不全）

[~补] ~够了吗｜~齐｜~足｜~上（来）｜~起来｜~了一个月｜~一下吧

[~中] ~的过程｜~的数目｜~的种类

（1）我们球队是临时凑起来的。
（2）这套杂志凑了半个月才凑齐。

四 骗

[动~] 打算~（他）｜承认~（人了）｜继续~｜受（了）~

[~宾] ~钱｜~东西｜~孩子｜~吃~喝

[状~] 千方百计地~｜经常~｜被坏人~（了）｜多次~（单位）｜到处~

[~补] （把东西）~光了｜（把人）~走了｜~起（钱）来｜~得很巧妙｜~不了人｜~了很长时间｜~过几回

[~中] ~的结果｜~的时间｜~的方式

（1）我是被他们骗出来的。
（2）他们利用虚假广告到处骗人。

五 仔细

[动~] 听~｜看~｜观察~｜显得（很）~｜修改~

[~动] ~统计｜~研究｜~考虑｜~检查

[状~] 一贯~｜特别地~｜同样~｜应该~｜稍稍~（一点儿）｜不~

[~补] ~得要命｜~得不得了｜~起来｜~过一回｜~不了

[~中] ~的程度｜（不）~的情况｜（不）~的原因

（1）小王办事不够仔细，常常误事。
（2）这批货物我们都仔细检查过了。

六 信任

[主~] 经理~（他）｜单位~｜领导~

[动~] 受到~｜得到~｜骗得（领导）~｜失去~

[~宾] ~朋友｜~群众｜~政府｜~下级

[状~] 逐渐地~了他｜一下子就~他了｜一贯~（他）｜
（对他）绝对~｜不完全~｜别轻易~（那些人）

[~补] ~错了人｜（对他）~得不得了｜~上老张了｜
~起年轻人来｜（对他）~了很长时间

[~中] ~的原因｜~的目光｜~的结果

（1）我恨自己那么轻易地就信任了他。
（2）小健又重新获得了大家的信任。

七 种类

[动~] 增加（商品的）~｜知道（这个）~｜形成（另一个）~｜
了解（这个）~｜区分（不同的）~

[~动/形] ~增加｜~减少｜~不齐全｜~多样｜~少

[定~] 颜色的~｜动物的~｜粮食的~｜酒的~｜新的~

[~中]（商品）~的性质｜~的特点｜~的质量｜~用途｜~的数量

（1）中草药的种类很多，你想收集哪一种？
（2）和去年相比，商品的种类大大地增加了。

八 喘

[~宾] ~气｜~了一口气｜~着粗气

[状~] 慢慢地~｜一个劲儿地~｜好容易才~过这口气来｜
大口大口地~气｜从小就~｜整夜整夜地~

[~补] ~得不得了｜~得厉害｜~得睡不了觉｜~得吓人｜
~不上来气｜~起来了｜~不过来气｜~了半天｜~了一阵

[~中] ~的原因｜~的次数｜~的样子

（1）没想到他喘成这个样子。
（2）天气闷得喘不过气来。

九 嫉妒

[动~] 受到（他们的）~｜产生~｜害怕（别人）~｜开始~（他们）

[~宾] ~同事｜~（别人的）才干｜~（他的）运气｜~他富有

[状~] 莫名其妙地~｜暗暗~｜明显地~｜从来不~｜总是~｜被……~

[~补] ~起人家来｜~得厉害｜~得不得了｜
~得要命｜~不着（他）｜~了（他）一辈子

[~中] ~的心理｜~的原因｜~的目光｜~的程度

（1）我无法理解她的嫉妒心理。
（2）没想到，他又嫉妒开小李了。

语法例释

一 由二姐发起……

"由"，介词。介绍出事情的负责者、行为动作的执行者。与动作的执行者组成介词结构做状语。例如：

（1）老王出差了，这段时间的工作由张工程师负责。
（2）10月底游香山，由办公室组织。
（3）这次的经济损失，由哪个单位赔偿？
（4）被取消考试资格的学生名单，由办公室负责公布。
（5）工作服的式样、颜色，由大家讨论决定。
（6）这么大一笔钱由谁负责保管？

二 哪怕是生人，也立刻摇起尾巴

"哪怕……也（都）……"，表示让步关系，前一分句用"哪怕"假设出一个条件，后一分句用"也"、"还"、"都"强调即使在这样的条件下，也不会改变原来的打算或结论。多用于口语。例如：

（1）哪怕由大家凑钱，也要送小东去上学。
（2）哪怕再忙，你也应该找时间去医院做检查。
（3）哪怕还有一线希望，我们也不应该放弃。
（4）哪怕是反对的意见，我们也应该耐心地听完。

有时，"哪怕"可以放在复合句的后一个分句里，句尾可带语气助词"呢"。例如：

（5）让我们进去看看吧，哪怕一分钟呢。

（6）福生就喜欢听好听的，哪怕知道人家在骗他呢。

三 **万一**把一百元骗了去

"万一"，连词。有假设语气，表示发生的可能性极小，一般用于不希望发生的事。例如：

（1）还是打电话问问他吧，万一他没收到信呢。

（2）带上雨衣吧，万一下雨呢。

（3）万一没买到票马上来电话，我们再想办法。

（4）万一让他们知道了呢，该嫉妒咱们了。

（5）你身上带着这么多钱，万一碰上坏人怎么办？

四 **照例**我应当跑一趟

"照例"，副词。表示行为、动作按照习惯或常规进行。例如：

（1）不管刮风下雨，他每天照例要给张大爷倒垃圾。

（2）学完三课书后，照例要进行单元测验。

（3）到了星期天，他照例要睡懒觉。

（4）每逢星期五，他照例要去医院做检查。

（5）打扫院子，收拾厨房，照例是我的活儿。

（6）每年我们照例推荐两名优秀生出国进修。

五 **总得**找个属鸡的

"总得"，助动词。有"必须"的意思，表示事理上和情理上的必要。例如：

（1）这么重要的决定，你总得跟大家商量一下吧。

（2）价钱贵一点儿可以，质量总得有保证。

（3）你这样瞎修理不行，总得找个懂技术的来。

（4）不管多忙，你明天总得来一趟。

（5）一篇文章，总得修改上几遍才能交稿。

（6）你请人帮忙，总得信任人家才行。

六 于是决定另派两个结实的男人……

"另",副词。表示在所说的范围之外。只能用在单音节动词前,做状语。例如:

(1)这种颜色的布做窗帘不适合,你另选一种吧。
(2)我们十个人一桌,你和他们另凑一桌吧。
(3)这茶凉了,我给您另冲一杯。
(4)先收这二十套教材的钱,那十本词典另算。
(5)不用通知他们了,他们下午另有安排。

"另"与"另外"的意思和用法基本一样。不相同的地方是:"另"只能用在单音节动词前;"另"做状语时,与被它修饰的动词结合得很紧,中间不能插入其他成分。"另外"不受以上的限制。例如:

(6)公司另外给我们分配了两个技术员。
(7)公司给我们另分了两个技术员。

七 拿我自己来说

"拿……来说",就是"拿……来说明"的意思。表示从某方面提出问题,以一个具体的例子来说明一个事物或情况。"拿……来说"之间可插入名词、名词性短语或动词性短语。例如:

(1)父亲住院后,全家都很紧张,拿母亲来说,已经三天没睡觉了。
(2)大家学太极拳的积极性很高,拿我们班来说,已经有二十个人报名了。
(3)这次考试比较容易,拿水平最低的C班来说,有一半同学得了80分。
(4)过去,父亲是一家之主,拿看电视来说,父亲要看哪个台,我们就看哪个台。
(5)张老师要求很高,拿选择例句来说,既要生动又要容易懂。
(6)这个公司的待遇不错,拿申请住房来说,工作一年的职工就可以提出申请了。

八 为了能随时算卦

"随时",副词。在句中做状语。主要表示:不管什么时候或有需要、有可能的时候(就做)。有时,两个"随时"前后呼应。例如:

(1)你有什么困难,可以随时来找我。
(2)安上热水器以后,随时都可以洗澡,很方便。

（3）你是领导，随时都应该严格要求自己。

（4）带着伞吧，这儿的天气，随时都可能下雨。

（5）随时看到什么好材料就随时记下来。

（6）放心吧，咱们随时发现问题随时研究解决。

九 难道还不中个小小的六等奖

"难道"，副词。用在疑问句中，加强反问的语气，句尾带有"吗"或"不成"。例如：

（1）难道兴什么就要买什么吗？

（2）难道靠碰运气就能发财（吗）？

（3）这么小就学抽烟、赌钱，难道不该管吗？

（4）难道让我们看一下都不成？

（5）难道我们就被困难吓倒了不成？

（6）你做错了事，难道还让我们表扬你不成？

练 习

一 给下列名词前后各搭配一个适当的成分。

1. ＿＿＿＿种类
　　种类＿＿＿＿

2. ＿＿＿＿钞票
　　钞票＿＿＿＿

3. ＿＿＿＿品德
　　品德＿＿＿＿

4. ＿＿＿＿肥皂
　　肥皂＿＿＿＿

5. ＿＿＿＿被面
　　被面＿＿＿＿

6. ＿＿＿＿姥姥
　　姥姥＿＿＿＿

7. ＿＿＿＿式样
　　式样＿＿＿＿

8. ＿＿＿＿泡
　　泡＿＿＿＿

9. ＿＿＿＿奖券
　　奖券＿＿＿＿

10. ＿＿＿＿缎子
　　缎子＿＿＿＿

二 给下列动词各搭配一个宾语和一个补语。

1. 凑＿＿＿＿
　　凑＿＿＿＿

2. 骗＿＿＿＿
　　骗＿＿＿＿

3. 嫁＿＿＿＿
　　嫁＿＿＿＿

4. 喘＿＿＿＿
　　喘＿＿＿＿

5. 兴＿＿＿＿
　　兴＿＿＿＿

6. 赌＿＿＿＿
　　赌＿＿＿＿

7. 保管 _____　　　8. 嫉妒 _____　　　9. 信任 _____
   保管 _____　　　　 嫉妒 _____　　　　 信任 _____
10. 公布 _____
    公布 _____

三 用指定词语完成句子。

1. 这个城市很注意环境保护，_____。（拿……来说）
2. 虎子哥干什么都有一股钻研劲儿，_____。（拿……来说）
3. 明华是个热心的小伙子，_____。（照例）
4. 我二姨怀孕了，_____。（照例）
5. 我哥哥的英语水平不太高，_____。（不见得）
6. 阿里的老师最近很忙，_____。（不见得）
7. 我新年期间要回国，_____。（保管）
8. 你没找到住处以前，_____。（保管）
9. 佩云是个有知识的人，_____？（难道）
10. 姥爷咳得连气都喘不上来了，_____？（难道）
11. 明天的会议很重要，_____。（总得）
12. 不要让她一个人憋在家里，_____。（总得）

四 用指定词语回答问题。

1. 你们做好出发前的准备了吗？（随时）

2. 三号病房的病人现在的体温正常了吗？（随时）

3. 这个星期三如果没有时间怎么办？（另 / 另外）

4. 明天我们班还种树吗？（另 / 另外）

5. 办手续的事，你为什么不派小赵去呢？（万一）

6. 这台机器刚检查过，你怎么又检查一遍？（万一）

7. 报社记者想参加咱们的开学典礼，这事谁管？（由）

8. 那批新购买的零件质量怎么样？（由）

9. 明天电台要广播这篇稿子，你赶得出来吗？（哪怕）

10. 这次考试安娜怎么考得这么好？（仔细　哪怕）

11. 听说德华他们对买奖券特别感兴趣，是吗？（运气　无所谓）

12. 今晚的联欢活动有摸奖游戏，你参加吗？（运气　无所谓）

五 根据课文内容判断对错，并说明理由。

（　　）1. 买航空彩票，是由二姐发起的，所以她拿的钱最多。
（　　）2. 买一张彩票需要一百元。
（　　）3. 我和二姐一起去宣传，五十个人分五十万，每人都能落一万元。
（　　）4. 只要中了奖，两元钱就换来了一万元。
（　　）5. 不管生人还是熟人，只要能说出"五十万"的，连狗都不咬你了。
（　　）6. 三姥姥和四姨、五姨因为买的彩票多，还立了一本账。
（　　）7. 因为我算的卦不好，二姐又请王瞎子算了一卦。
（　　）8. 不去利成商店买彩票是因为怕他们卖假彩票，骗走了大家的钱。
（　　）9. 王瞎子算的卦，说是西北方向的恒祥商场比东北方向的利成商店还好，大买卖嘛。
（　　）10. 今年是鸡年，所以属牛的、女的照例不能去买彩票。
（　　）11. 三个属鸡的男人，挑了个好日子，进城买彩票了。
（　　）12. 经过三天三夜的讨论，大家认为还是三姥姥年纪大最可信任，就把彩票交给她保管。
（　　）13. 自从买了彩票以后，大家就都睡不好觉了。
（　　）14. 为了算卦，我特意买了一副牌，算的都是好卦。
（　　）15. 我梦见自己中奖得了两万元，于是就计划着两万元怎么花。

（　　）16. 我一边等着开六、七等奖，一边替那些得奖的人算着怎么花钱，但又担心他们会被钱烧死，所以心里总有点儿不舒服。

（　　）17. 三姥姥向我和二姐要回她的五角钱，我俩只好赔了她。

（　　）18. 别人也都要钱，二姐因为忙着赔大家钱生了病，赔完了钱病才好了。

（　　）19. 我虽然没中奖，而且赔了不少钱，但睡得很香甜。

六 根据课文内容回答问题。

1. 大家怎样合作买彩票？一百元是怎样凑齐的？
2. 算卦和买彩票有什么关系？
3. 派谁去买彩票，都要考虑哪些条件？
4. 彩票为什么由三姥姥保管？
5. 公布中奖的彩票号码以前，大家睡得怎么样？为什么？
6. 开奖以后，大家都想了些什么？
7. 合作买的彩票得奖没有？谁给大家赔了钱？为什么？

七 交际训练。

1. 读"会话课文"，然后完成下面的对话。

   甲：课文里的"做了手脚"，是不是指卖彩票的做了假，偷偷地进行了安排？你能举个例子说说吗？

   乙：_____。

   甲："不对劲儿"是不是有"不合适"、"不正常"的意思？你在日常生活中出现过"不对劲儿"的情况吗？

   乙：_____。

   甲：林萍的嫂子迷上了数字，这种"迷"是不是容易发展成"不对劲儿"呢？

   乙：_____。

2. 讲一个和买彩票、赌博、心理卫生有关的小故事。

   下面的词语可以帮助你表达：

   > 兴　赌　运气　吉祥　凑　各式各样　心理　偶尔　骗　中奖
   > 万一　保管　拿……来说　照例　不见得　哪怕……也

3. 自由讨论。

(1) 你们对买彩票、赌博之类的活动感兴趣吗？大家谈谈自己的看法。

(2) 买彩票、抽奖之类的活动与心理卫生、法制建设有什么关系？

(3) 介绍一下你们国家这方面的情况。

4. 语言游戏。

(1) 传话。

教师把学生分成人数相等的4-5个小组，坐成竖排。每个小组出一个代表到教室外，教师向他们口述一句话。然后每组代表通过耳语逐个传下去，最后的同学把听到的话写在纸上，交给教师。教师把各组的句子写在黑板上，由大家评判哪组传得又快又正确。

教师口述的句子可结合学生实际或课文内容。如：(1) 安娜的父亲是有名的心理医生，他会帮助你。(2) 买彩票就是碰运气，千万别太抱希望，等等。

(2) 据说在澳门（Àomén）有的赌场的入口处，有一块告示牌，牌上写着：

赌博无必胜（dǔbó wú bìshèng）

轻注好怡情（qīng zhù hǎo yíqíng）

闲钱来玩耍（xiánqián lái wánshuǎ）

保持娱乐性（bǎochí yúlèxìng）

你能看懂它的意思吗？

5. 看一看，说一说，写一写。

陷阱，馅饼？

13 我的博客¹ 家园²

课文

现在，我们生活在网络³的世界里，离不开手机和电脑。作为一个刚参加工作不久的英语教师，白天在幼儿园跟孩子们打了一天交道，回家后就想安静安静，一般就上上网，看看新闻，听听音乐。几个月前，中学时的同学丁丽来看我，兴奋地谈到她的博客点击率⁴超高，特别是一篇回忆中学时代深厚友谊的短文，可受欢迎了，引起很多博友⁵的共鸣⁶，想让我也欣赏欣赏。说着，就在网上给我开了个博客，起了个好听的名字——"飞鸟欢歌"，并教我怎么操作⁷，然后说，博客建好了，自己管理吧！

她是剃⁸头挑子⁹一头热，我呢，刚开始对博客没兴趣，并没当回事，以至¹⁰一个来月没管我的博客，惹¹¹得丁丽很不高兴。后来，为回报¹²老同学的热心¹³，我就管理起我的博客来，敲了几篇短文。嘿，很快就有人来访了！赞美¹⁴的评论还真不少，这使我大受鼓舞，从没兴趣到离不开了。就这样，我常常鼠标¹⁵一点，键盘¹⁶一敲，国内国外，男女老少，你来我往，与博友们或博文¹⁷共欣赏，或探讨¹⁸一些焦点¹⁹新闻，或倾诉²⁰一下自己的心事²¹，一下子交了很多朋友。

这博客一旦²²管理起来，就像自己种了个小菜园，总想好上加好。我给"飞鸟欢歌"规定：内容一定要健康向上²³，追求²⁴"真善美"，看后要让人感到轻松、愉快，有收获。一位叫静儿的博友是小学教师，看到我写的赞美祖国的诗后，就发帖子²⁵给我，说她很喜欢这首²⁶诗，并把它读给学生们听；学生们也很受感动，决定在国庆节朗诵²⁷。还有一位出租车司机，今年，他的儿子已是第二次考大学，可惜²⁸只差三分进不了本科²⁹。他心情沮丧极了，怨孩子不争气³⁰。他想让孩子读高收费的本科，可孩子非要读自己喜欢的专科³¹，为此他特别烦恼。出租车司机心情不好，开车是不安全的，我就在博客上多次给他留言[32]，安慰他、开导[33]他，希望他尊重孩子的意见。最后，他终于尊重了孩子的选择。后来，司机的儿子给我发帖，表示感谢，并附[34]了一段他听专业课的视频[35]。能给博友以帮助，我打心里高兴。

为了把我的菜园种得更好，我给博文配图、配音乐。我还买了高级数码[36]相机和一些摄影[37]书籍[38]，以提高拍摄[39]水平。最近，我编[40]发了一组《快乐其实很简单》的博文，挑选了三十只可爱的小猫图片[41]，再配上简单幽默的英文解说[42]，博友们都特别喜欢。我还把李白的《静夜思》和骆宾王的《咏[43]鹅[44]》等儿童喜爱的诗，翻译成英语，并附上了我拍摄的五只黑天鹅[45]湖中戏水[46]的照片。"六一"儿童节那天，我又把自己制作的各种各样的动态贺卡发在博客上。这样一来，我博客的点击率就更高了。

可我并不满足[47]，最近，我又开通了微博[48]。因为微博可以使人与人之间的交流更快、更及时、更深入。我每天都发几条微博：推荐好书、好电影，发表电影观后感[49]，尤其[50]对发生在儿童和青少年身边的事更为关切[51]。

一个周末的晚上，有一条微博谈到：他三岁时常说"妈妈，我爱你"，十岁时说"妈，听你的"，十六岁时却说"我妈真烦人"，十八岁时说"我真想离开这个家"，二十五岁时又说"妈，你当时是对的"，三十岁时说"我想去我妈家"……我被博友这充满人生哲理[52]的话所打动[53]，想倾诉的话就更多了。以至一位博友开玩笑说："'飞鸟欢歌'，你一定喝醉了吧？"我一看表，可不是吗，都到凌晨[54]三点了，我还在发帖、转帖、回复[55]呢！

一天，我去看望母亲。晚上九点多，哥哥三岁的儿子小强忽然感冒发烧[56]，用体温计[57]一量，38.3度。真不凑巧[58]，我哥哥、嫂子有事出去还没回来，母亲急得不得了，说："这可怎么好……要不，赶紧带他去儿童医院吧？"我一边用手机上网，一边安慰母亲，说："您别着急，我已经发帖了，微博上的妈妈都很热心：有的说，这么晚了，如果去儿童医院，现在得感冒的多，给孩子看病的也会很多，有交叉[59]感染[60]的可能；有的说，只要小孩的精神状态还可以，就不要去医院，不如在家吃点儿药先观察一下；有的说，要相信孩子的生命力[61]，如果发烧38.5度以下可以不吃退烧药，而且有时发烧是好事，它可以调

动 ⁶² 儿童自身的免疫 ⁶³ 系统 ⁶⁴，战胜 ⁶⁵ 病菌 ⁶⁶，增强 ⁶⁷ 抵抗 ⁶⁸ 力……"

　　这些充满关切的经验之谈，使母亲的焦急心情平静下来。她用家里储备 ⁶⁹ 的感冒药给孩子喝了。深夜，小强果然不再发烧，第二天就又蹦 ⁷⁰ 蹦跳跳了。母亲高兴地说："你这个微博真比医院还方便！"

　　一次，我看到一则 ⁷¹ 关于某受灾山区 ⁷² 的报道，马上网购 ⁷³ 了一些儿童书籍和学习用品 ⁷⁴，寄给了那里的学校，并发了一条微博，希望大家能为那里的儿童提供帮助。很多博友都纷纷回复。

　　微博具有极大的影响力。在微博这块园地里，如果你有数百个"粉丝" ⁷⁵，就相当于办了一份信息小报；如果有成千上万个"粉丝"，就相当于创办 ⁷⁶ 了一份杂志……我爱博客，也爱微博，这是个多元 ⁷⁷ 的家、互助的家，充满智慧和挑战 ⁷⁸ 的家。这里是我的家园。

（作者：严冬君子。有删改）

生　词

1	博客	bókè	（名）	blog	二
2	家园	jiāyuán	（名）	home, homeland	二
3	网络	wǎngluò	（名）	net, network	一②
4	点击率	diǎnjīlǜ	（名）	click rate	附
5	博友	bóyǒu	（名）	blogger	
6	共鸣	gòngmíng	（动）	resonance, sympathetic response, sympathetic chord	三
7	操作	cāozuò	（动）	operate	二
8	剃	tì	（动）	shave, have a haircut	三
9	挑子	tiāozi	（名）	carrying pole with its load, load carried on a shoulder pole	
10	以至	yǐzhì	（连）	to such an extent as to..., so... that...	

11	惹	rě	（动）	invite or ask for (sth. undesirable), offend, provoke	三
12	回报	huíbào	（动）	repay, requite	二
13	热心	rèxīn	（形）	warm-hearted, ardent	二
14	赞美	zànměi	（动）	praise, eulogize	三
15	鼠标	shǔbiāo	（名）	mouse	三
16	键盘	jiànpán	（名）	keyboard	二
17	博文	bówén	（名）	writings on blog	
18	探讨	tàntǎo	（动）	discuss	二
19	焦点	jiāodiǎn	（名）	focus	二
20	倾诉	qīngsù	（动）	pour out/forth (one's heart, troubles, etc.)	三
21	心事	xīnshì	（名）	sth. weighing on one's mind, a load on one's mind, worry	三
22	一旦	yídàn	（副）	once, now that	二
23	向上	xiàngshàng	（动）	move forward, advance	二
24	追求	zhuīqiú	（动）	seek, pursue	二
25	帖子	tiězi	（名）	post, note, message	三
26	首	shǒu	（量）	*a measure word for poems, songs, etc.*	二
27	朗诵	lǎngsòng	（动）	recite	三
28	可惜	kěxī	（形）	regrettable	二
29	本科	běnkē	（名）	undergraduate program, regular college course	二
30	争气	zhēng qì	（动）	try to win honor, make an effort to seek self-improvement	附
31	专科	zhuānkē	（名）	college for professsinal training	
32	留言	liú yán	（动）	leave one's comments, leave a message	二
33	开导	kāidǎo	（动）	help sb. to see what is right or sensible, help sb. to straighten out his wrong or muddled thinking	
34	附	fù	（动）	attach, enclose	三
35	视频	shìpín	（名）	video	二
36	数码	shùmǎ	（名）	digital	二

37	摄影	shèyǐng	（动）	take a photograph	二
38	书籍	shūjí	（名）	books	三
39	拍摄	pāishè	（动）	take a picture (photo)	二
40	编	biān	（动）	edit, compile	二
41	图片	túpiàn	（名）	picture, photograph	二
42	解说	jiěshuō	（动）	explain orally, comment	二
43	咏	yǒng	（动）	express or narrate in poetic form	
44	鹅	é	（名）	goose	三
45	天鹅	tiān'é	（名）	swan	三
46	戏水	xì shuǐ	（动）	play with water, play in water	
47	满足	mǎnzú	（动）	be satisfied (contented) with	一③
48	微博	wēibó	（名）	microblog	
49	观后感	guānhòugǎn	（名）	thoughts after having watched, observed, visited sth.	
50	尤其	yóuqí	（副）	especially, particularly	二
51	关切	guānqiè	（动）	be deeply concerned, show one's concern over	
52	哲理	zhélǐ	（名）	philosophy	
53	打动	dǎdòng	（动）	move, touch	二
54	凌晨	língchén	（名）	before dawn	三
55	回复	huífù	（动）	reply (to a letter or an email)	二
56	发烧	fā shāo	（动）	have a fever	二
57	体温计	tǐwēnjì	（名）	thermometer	
58	凑巧	còuqiǎo	（形）	by chance	三
59	交叉	jiāochā	（动）	intersect, cross	三
60	感染	gǎnrǎn	（动）	infect	三
61	生命力	shēngmìnglì	（名）	vitality	
62	调动	diàodòng	（动）	bring into play	二
63	免疫	miǎnyì	（动）	immunize	三
64	系统	xìtǒng	（名、形）	system; systematic	二
65	战胜	zhànshèng	（动）	defeat	二

66	病菌	bìngjūn	（名）	pathogenic bacteria, germs	
67	增强	zēngqiáng	（动）	strengthen, enhance	二
68	抵抗	dǐkàng	（动）	resist, stand up to	二
69	储备	chǔbèi	（动、名）	store for future use; reserve	三
70	蹦	bèng	（动）	bounce or hop	三
71	则	zé	（量、连）	item of news; *indicating that one action follows another*	三
72	山区	shānqū	（名）	mountain area	二
73	网购	wǎnggòu	（动）	shop online	
74	用品	yòngpǐn	（名）	appliance, articles for use	二
75	粉丝	fěnsī	（名）	fan, a person who has a strong interest in or admiration for a particular sport, art form or famous person	
76	创办	chuàngbàn	（动）	set up, establish	二
77	多元	duōyuán	（形）	multiple	三
78	挑战	tiǎo zhàn	（动）	challenge	二

专有名词

1	丁丽	Dīng Lì	name of a person
2	飞鸟欢歌	Fēiniǎo Huāngē	nickname of a person
3	静儿	Jìng'ér	name of a person
4	《快乐其实很简单》	《Kuàilè Qíshí Hěn Jiǎndān》	an article posted on the blog
5	李白	Lǐ Bái	a famous Chinese poet in the Tang Dynasty
6	《静夜思》	《Jìngyè Sī》	title of a poem
7	骆宾王	Luò Bīnwáng	a famous Chinese poet in the Tang Dynasty
8	《咏鹅》	《Yǒng É》	title of a poem

词语搭配与扩展

一 网络

［动~］面对~｜借助~｜通过~（救助他人）｜利用~

［~动］~攻击｜~辅导｜~咨询｜~赌博｜~教育｜~服务

［定~］计算机~｜经济~｜销售~｜社交~｜通讯~

［~中］~价格｜~视频｜~游戏｜~文学｜~的威力｜~语言

（1）这个新兴城市已经形成合理的经济网络。
（2）交通运输网络的形成促进了经济的发展。

二 赞美

［动~］赢得~｜用不着~｜加以~｜喜欢~

［~宾］~祖国｜~家乡｜~友谊｜~大自然

［状~］一致~｜不~｜应该~｜被（诗人）~

［~补］~得过分了｜~了一番｜~一次｜~得好

［~中］~的事物｜~的感情｜~的语言｜~的形式

（1）这是一首赞美祖国的诗。
（2）他们的爱心赢得了赞美的掌声。

三 探讨

［动~］进行~｜值得~｜停止~｜需要~

［~宾］~（哲学）问题｜~（教学）方法｜~学问｜~（发展）规律

［状~］认真~｜及时~｜可以~｜深入~

［~补］~得（很）深入｜~一下｜~了几次｜~了一番

［~中］~的时候｜~的气氛｜~的地方｜~的内容

（1）这个问题很重要，值得探讨一下。
（2）医生们对治疗方案进行了认真的探讨。

四 满足

[动~] 设法~｜得到~｜需要~｜无法~

[~宾] ~（你的）要求｜~（对方的）需要｜~（妈妈的）心愿｜~（孩子的）好奇心

[状~] 很~｜不~｜能够~｜充分~

[~补] ~不了｜~一下｜~得不得了

（1）你只要给我买一台新笔记本电脑，我就满足了。

（2）他从不满足于已取得的成绩。

五 增强

[动~] 需要~｜得到~｜没有~｜希望~

[~宾] ~体质｜~（纳税）意识｜~责任心｜~信心

[状~] 不断~｜显著地~｜迅速地~｜真正~

[~中] ~的原因｜~的条件｜~的意义｜~的方法

（1）坚持锻炼身体，可以增强抵抗疾病的能力。

（2）老师的鼓励，增强了我学好汉语的信心。

六 抵抗

[动~] 进行~｜放弃~｜坚持~｜准备~

[~宾] ~侵略｜~（入侵的）敌人｜~诱惑｜~疾病

[状~] 坚决~｜奋起~｜不~｜共同~

[~补] ~了一个月｜~住（大风的袭击）｜~过一次｜~不了

[~中] ~的时间｜~的过程｜~的结果｜~的原因

（1）敌人完全丧失了抵抗能力。

（2）他抵抗不住身体的疲劳，很快就睡着了。

七 储备

[主~] 粮食~（充足）｜汽油~（够了）｜物资~（得很多）

[动~] 要求~｜需要~｜继续~｜进行~｜坚持~

[~宾] ~药品｜~黄金｜~外汇｜~人才

[定~] 食品的~｜海产品的~｜面粉的~

〔状~〕纷纷~｜及时~｜多~｜早~

〔~补〕~不了｜~起来｜~了几万斤｜~得很多

〔~中〕~的数量｜~的条件｜~的方法｜~的过程

（1）去年大丰收，我们储备了很多粮食。

（2）你们储备的药品有的已经过期了。

八 创办

〔主~〕我们~｜学校~｜医院~（起来了）｜杂志~（得不错）

〔动~〕决定~｜主张~｜坚持~｜打算~

〔~宾〕~刊物｜~公司｜~工厂｜~报纸

〔状~〕刚刚~｜一定要~｜已经~｜纷纷~

〔~补〕~得快｜~得早｜~得好｜~不了

〔~中〕~的决心｜~的速度｜~的情况｜~的方法

（1）1934年，他在上海创办了杂志《人世间》。

（2）这所希望小学是一位歌星捐款创办的。

语法例释

一 以至一个来月没管我的博客

"以至"，连词。同"以至于"。用在下半句的开头，表示由于上文所说的动作、情况的程度很深而形成的结果。例如：

（1）形势的发展十分迅速，以至很多人都感到惊奇。

（2）这篇文章他读了很多遍，以至都能背下来了。

（3）我很后悔没听小林的话，以至病成这个样子。

（4）那篇报道严重失实，以至造成了极坏的影响。

（5）高先生工作起来非常专心，以至常常忘了吃饭。

"以至"还表示在时间、数量、程度、范围上的延伸。例如：

（6）我们公司引进了先进技术后，生产效率提高了十几倍以至几十倍。
（7）做工作不但要考虑到今年，而且要考虑到明年，以至今后几年。
（8）我们绝对不允许那些限制以至压制批评的问题发生。
（9）在思想上、业务上，以至在生活上，大家都很关心她。

二 与博友们**或**博文共欣赏，**或**探讨一些焦点新闻

"或"，连词，同"或者"。"或（者）……或（者）……"连用，意思是：

1. 表示选择，提出两种或两种以上的可能性，结果必居其一。例如：

（1）或升学，或参加工作，由你自己决定。
（2）或赞成，或反对，或弃权，你必须选择一项。
（3）这件事你或者找小张，或者找老常，都可以。
（4）这几件行李或是托运，或是用手提着，怎么都行。

注意：连接两个小句时，若主语不同，"或（者）"只能在主语前。例如：

（5）或者你来，或者我去，都行。

2. 表示两种或两种以上的情况同时或交替出现。例如：

（6）母亲每天或者洗衣，或者做饭，或者做其他家务，忙得不得了。
（7）大家玩得特高兴，或是唱歌，或是跳舞，或是下棋。
（8）我星期日最轻松，或睡懒觉，或上网，或看电视，反正不学习了。

三 **一下子**交了很多朋友

"一下子"，副词。表示某种动作发生、完成得迅速，或某种现象出现得突然。常与副词"就"搭配，做状语。例如：

（1）爷爷很固执，很难一下子说服他。
（2）这孩子真聪明，教给他几个字，他一下子就学会了。
（3）她的这些坏毛病、坏习惯很难一下子改过来。
（4）有一天，他刚从山上下来，一下子就晕过去了。
（5）老师批评她时，她的脸一下子就红了。
（6）没想到秋天刚到，天气一下子就凉了。

四 这博客一旦管理起来，就像自己种了个小菜园

"一旦"，副词。意思是指不确定的时间，表示"有一天"。用在条件分句里，表示有了某种条件，就会产生并出现某种相应的结果。后面常用"便"、"就"等词语配合使用。

1. 用于已然，表示"忽然有一天"。例如：

（1）他们相处十几年了，一旦离别，怎么不伤心呢？
（2）失散多年的亲人一旦找到，怎么不令人激动万分呢？
（3）我早已习惯了手工操作，一旦改用机器，反而觉得不那么顺手。
（4）我大嫂平时为人和善，可是一旦发起脾气来，也很吓人。

2. 用于未然，表示"要是有一天"，后面常用"便"、"就"等词语搭配使用。例如：

（5）你一旦改正了错误，就会重新得到大家的信任。
（6）这条高速铁路一旦开通，去南方旅行就方便了。
（7）这种情况一旦发生，后果不堪设想。
（8）一旦条件成熟，我们便会马上开展这项工作。

五 可孩子非要读自己喜欢的专科

"非"，副词。表示"一定要……"。例如：

（1）父亲年纪大了，我们劝他不要开车了，可他非要开。
（2）他不顾大家的反对，非要托运这几件行李。
（3）这件事非得你去解决才行。
（4）孩子不愿学绘画就算了，为什么非叫他学呢？

副词"非"常与语气助词"不可"搭配，构成"非……不可"格式，表示一种强烈的愿望和不可动摇的决心。"非"后面多为动词或动词性短语，例如：

（5）他下决心，非把吸烟的习惯改过来不可。
（6）我非把汉语学好不可。
（7）这个问题虽然难以解决，但非解决不可。
（8）任何一种语言都不是轻易可以学好的，非下苦功不可。

六 **以**提高拍摄水平

"以",连词。表示目的,相当于"为了、为的是",连接两个分句,用在后一个分句的开头。常用于书面语。例如:

(1)我们要大力发展经济,以提高人民的生活水平。

(2)最近我们公司引进了先进设备,以适应生产发展的需要。

(3)医生要提高医疗技术,以减轻病人的痛苦。

(4)出厂前,我们严格把关,以保证产品质量。

(5)要及时提供生活用品,以解决受灾群众的生活困难。

七 **尤其**对发生在儿童和青少年身边的事更为关切

"尤其",副词。表示几种事物或情况中,有一种比其他的突出、明显、重要。意思相当于"特别"。一般用于句子的后一部分。例如:

(1)大家纷纷为灾区捐款,尤其许老师,捐得最多。

(2)她各门功课都很好,英语尤其突出。

(3)小马喜欢体育运动,尤其喜欢踢足球。

(4)老人、小孩过马路时,尤其要注意安全。

"尤其"往往说成"尤其是"。"尤其是"可以用在动词成分前边,也可以用在代词或名词性成分前边。例如:

(5)尤其是你,总把我当成小孩子看待。

(6)张老板常犯头疼,尤其是在紧张的时候。

(7)唱歌、弹琴、跳舞,她都喜好,尤其是跳舞。

(8)他喜欢收藏各种钱币,尤其是古代的钱币。

八 我**被**博友这充满人生哲理的话**所**打动("被₂")

"被……所……"是用来表示被动的格式。用于书面语。助词"所"放在动词前,无具体意义,只是起强调被动语气的作用。"所"后面的动词一般是双音节动词。"所"可以省略。例如:

(1)他被那姑娘的漂亮所吸引,一下子就爱上了她。

(2)你的建议已被公司所采纳。

（3）我朋友被不法商人所欺骗，损失惨重。

（4）张明是一位被大家所尊敬的老教授。

（5）他的不合理要求已被公司所拒绝。

（6）孩子们被好奇心所驱使，把魔术师围了起来。

九 你这个微博真比医院还方便

"……比……还……"，用于有"比"的比较句里，"还"，强调肯定的语气，动词或形容词作谓语。例如：

（1）没想到老奶奶比我还关心报上的新闻。

（2）小徐比你还喜欢摄影。

（3）一到冬天，我老伴比我还喘得厉害。

（4）李华开博客比我还早。

（5）张大嫂说普通话比小丽还标准。

（6）我姐姐开车的技术比我还好。

练 习

一 按要求进行词语搭配。

1. 网络 _____（中）   2. 赞美 _____（宾）   3. 增强 _____（宾）

4.（动）_____ 满足   5.（状）_____ 抵抗   6. 创办 _____（补）

7.（动）_____ 探讨   8.（主）_____ 储备   9.（状）_____ 满足

10. 储备 _____（宾） 11.（定）_____ 网络 12. 探讨 _____（补）

二 选择适当的词语填空。

1. 赞美　称赞
　　_____ 祖国

2. 网　网络
　　_____ 上 _____

3. 增强　增加
　　_____ 信心

4. 满足　满意
　　_____ 要求

5. 抵抗　反对
　　_____ 观点

6. 创办　开通
　　_____ 杂志

7. 储备　储存
　　_____ 人才

8. 热心　热情
　　_____ 人

9. 拍摄　拍照
　　_____ 电影

10. 家务　家
　　做 _____

三 把下列词语整理成完整的句子。

1. 从 网络 书籍 上 儿童 了 他 购买 很多 一下子 用品 和

2. 的 点击率 他 博客 高 越来越 确实

3. 聊天 和 她 常 中国人 以 汉语 表达 提高 口头 能力

4. 给 他 他 可惜 我 短信 没 发 看 了

5. 对 成绩 他 并 满足 已经 的 不 取得

6. 今年 的 A公司 B公司 储备 多 比 还 黄金

7. 李新 这 对 部 拍摄 的 电影 观众 了 赞美 说 的 很多 话

8. 家 公司 大嫂 这 的 快递 我 创办 是

9. 怎么 呢 总 玩 在 你 能 网吧 网络 游戏

10. 这里 建 将 商场 一个 大 以 附近 的 解决 居民 问题 生活

四 用指定词语回答问题。

1. 与女儿小兰分别时，母亲为什么哭了？（一旦）

2. 他开车时为什么车撞到了树上？（一下子）

3. 那天你走着走着为什么摔倒了？（一下子）

4. 你为什么那么喜欢看那部小说？（被……所……）

5. 他年纪那么大了,为什么还去外地工作?(非……不可)

6. 你喜欢哪种体育活动?(尤其)

7. 你父亲退休后每天做什么?(或……或……)

8. 你妈妈喜欢上网吗?(比……还……)

9. 小光学会游泳了吗?(比……还……)

10. 你打算假期去哪儿旅游?(或……或……)

11. 你开车为什么那么小心?(一旦)

12. 高老师为什么一夜都没睡觉?(以至)

五 **选择最恰当的词语填在横线上。**

1. 他上网太匆忙,_____把网址都打错了。
   A. 至于   B. 以及   C. 以便   D. 以至

2. 妈妈第一次网购,觉得新鲜,_____买了很多东西。
   A. 简直   B. 一下子   C. 显然   D. 随时

3. 你刚学用电脑,_____遇到什么困难,尽管来找我。
   A. 一旦   B. 显然   C. 不料   D. 其实

4. 这里的夏天经常下雨,_____在七八月份。
   A. 果然   B. 绝对   C. 尤其   D. 足足

5. 她_____那部电影的故事_____打动,忍不住流下了眼泪。
   A. 既……又……   B. 只要……就……
   C. 被……所……   D. 凡……就……

6. 你们提出的要求,有的一时还_____不了。
   A. 倾诉   B. 操作   C. 满意   D. 满足

7. 你乘飞机去南非，_____选择直达，_____选择转机，自己决定。
   A. 只要……就……　　　　　　B. 或……或……
   C. 不是……而是……　　　　　D. 一面……一面……

8. 即使是进行_____赌博，也是错误的。
   A. 网　　　　B. 乐趣　　　　C. 时尚　　　　D. 网络

六 把句子后面的词语填在最恰当的地方。

1. 他_____收藏了几十年的那幅_____古画是_____祖国_____大好山河的。（赞美）

2. 通过_____自己的治疗，_____为病人带来健康和幸福，这_____就是刘大夫的_____。（追求）

3. 丁导演_____的那部_____描写爱情的_____影片，在国内外_____多次获奖。（拍摄）

4. _____对敌人的进攻，英勇的_____战士们_____整整_____了三天三夜。（抵抗）

5. _____通过_____咨询，我已经_____获得了大量蔬菜销售信息_____。（网络）

6. 我国连续_____十年农业_____获得好收成，粮食_____年年_____增长。（储备）

7. 听说_____田教授博客的点击率_____极高，_____我_____太忙，没时间看。（可惜）

8. _____你要注意_____保护眼睛，_____是用电脑时，_____时间不可太长。（尤其）

七 用指定词语完成句子。

1. 我嫂子特喜欢哥哥给她买的数码相机，_____。（以至）

2. 刚才你们还讨论得那么热烈，_____。（一下子）

3. 你_____，反正我这一个星期都在家。（或是……或是……）

4. 我妈妈待她像自己的女儿似的，_____。（一旦）

5. 那台进口数码相机太好了，_____。（非……不可）

6. 阿里几乎每天跟中国人用汉语聊天，_____。（以……）

7. 那个外国朋友的汉语发音_____。（比……还……）

8. 我们全家都喜欢摄影，_____。（尤其）

9. _____，一连看了三遍。（被……所……）

10. 那个展览非常吸引人，_____。（以至）

11. _____，我立刻告诉你。（一旦）

12. 这孩子肯定能考上大学，学什么专业，_____，由他自己决定。（或……或……）

八 写出下列句子中画线词语的句子成分（主语、谓语、宾语、定语、状语、补语）。

1. 我们正在利用网络进行调查。（　　）
2. 他写的散文都是赞美家乡的。（　　）
3. 这个问题值得认真探讨。（　　）
4. 食品准备得很充足。（　　）
5. 最近我朋友创办了一份网络杂志。（　　）
6. 因为抵抗不住金钱的诱惑，他走上了犯罪的道路。（　　）
7. 我对自己的生活很满足。（　　）
8. 只要增加责任心，就能把工作做好。（　　）
9. 你提的条件太高，我们满足不了。（　　）
10. 她有很多微博粉丝。（　　）
11. 我给博友发帖子了。（　　）
12. 看完那部电视剧，我就在博客上写了观后感。（　　）

九 说出课文中下列加点词语所要表达的意思。

1. 白天在幼儿园跟孩子们打了一天交道……
2. 她是剃头挑子一头热。
3. ……敲了几篇短文。
4. 内容一定要健康向上。
5. 为了把我的菜园种得更好……
6. 我妈真烦人。
7. "飞鸟欢歌"，你一定喝醉了吧?
8. 要相信孩子的生命力。

9. 你这个微博真比医院还方便!
10. 这是个多元的家、互助的家。
11. 这里是我的家园!

十 根据课文内容回答问题。

1. "我"的博客是怎么建立起来的?
2. "我"为什么对博客非常感兴趣?
3. "我"写的博文起了什么作用?
4. 为什么说"妈妈,我爱你……"这条微博充满了人生哲理?
5. 小强晚上生病为什么没去医院?
6. 微博具有什么样的影响力?

十一 交际训练。

1. 自由讨论:

   (1) 你知道博客和微博有什么区别吗?
   (2) 你常上网看博客和微博吗?
   (3) 你自己写博客和微博吗?
   (4) 你获得信息的主要途径是什么?

2. 试着写或介绍一篇博客或微博。

   下列词语可以帮助你表达:

   > 点击率 博客 微博 博文 博友 探讨 倾诉 哲理
   > 打动 粉丝 赞美 一下子 比……还……

3. 语言游戏。

   (1) 读读下面的两首诗,并试着讲讲这两首诗的意思。比一比,看谁理解得正确。

夜静思	咏 鹅
床前明月光,	鹅,鹅,鹅,
疑是地上霜。	曲项向天歌。
举头望明月,	白毛浮绿水,
低头思故乡。	红掌拨清波。

（2）读读下面的"国学语录"，你能明白它的意思吗？能写出其中的一个成语吗？

"合抱之木，生于毫末；九层之合，起于累土；千里之行，始于足下。"（《老子·六十四》）意思是：两臂合抱的大树，由幼芽长成；九层的高台，由一筐一筐土垒起；千里的行程，从脚下开始。

4.看一看，说一说，写一写。

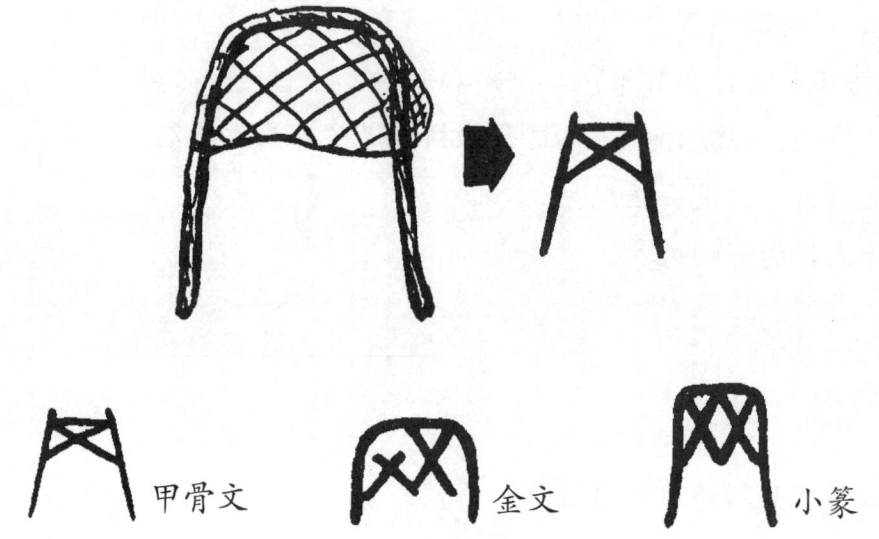

甲骨文　　金文　　小篆

wǎng
网

甲骨文中的"网"字，与今天人们正在用的"网"字很相像，是很传神的一个象形字。"网"，原本是一种捕鱼的工具。古人曾说过，太细密的渔网不能进入鱼塘，这样才会有更多的鱼吃。看来，中国人很早就有保护环境和可持续发展的观念了。网这种类似蜘蛛网结构的工具，可以捉鸟，捕鱼……今天，人们生活在网络时代，"网"更是无处不在。

14 开车与人生[1]

课文

开过车的人会有这样的经历——某一段路,假如你超车,一溜烟儿[2]赶到前面去,可又遇上了红灯[3],在等候时,你超过的那辆车已悄悄[4]地跟了上来,前后不过几秒钟。而为了这几秒钟的超车,你做了一连串的动作:开左转向[5]灯、开到左车道、加速[6]、关左转向灯;打右转向灯、开回右道、加速。这连续不断的动作,不但让你精神高度紧张,而且,万一哪个动作出了一点儿偏差[7],或许[8]就酿[9]成一场严重的车祸。因为那时,你的车和你要超的车,都在加速行驶[10]。

超车、堵[11]车常常联系在一起。堵车的原因之一是并线[12]抢道[13]。比如有的路口车多,速度自然就慢了。本应该自觉耐心排队,但有的人偏偏不喜欢排队,开过去就插[14]队,结果老实排队的就开不出去了。于是大家就都插队,把四条行驶道堵上了三条,甚至全都堵上,大家谁也动不了了,真是害人害己。

从并线这事,可以看出人的性格、为人[15]来。比如,有的人特别不喜欢别人在自己前面并线。一次,我打算往左并线,看看没车,就开了转向灯,没想到后面喇叭[16]猛响。我心说,这是怎么了?再看后视镜[17],左边离我大概一百米有辆SUV,喇叭拼命[18]在叫。我只好减速[19],让他先过去。可他看我转向灯关了,又不着急了。就那么一小段路,只要我一开灯,他就按喇叭。这种人,真应该去当皇帝啊,可惜生错了时代。

如今,随着经济的发展,富起来的人多了,这种皇帝气派[20]的人,你时不时[21]都会遇到。上周末,我在广州过一座大桥时,正常行驶间,时速[22]已达60公里,这样的速度已经不算慢了,但后面突然跟上来一辆名牌豪华[23]车。不停地按喇叭,响起来目中无人[24]、惊天动地[25]。桥上一共有三条车道,我占的是中间道。左右都有车道,但都有实线[26],不允许[27]越过[28]实线超车。或许那位

197

开豪华车的按喇叭时，胆子大，气也粗。但真要越过实线超车，就又不是皇帝了。于是他把怨气29全都撒30到我身上。我被催31得急，只好边加速边打开紧急灯，提醒他注意安全。当时我的速度已超过每小时70公里，他就更不用说了。从后视镜看去，他离我不过两米多的距离，在那种情况下，稍微不注意，车祸眨眼之间就会发生。

你若经常开车，便会总结出以下几种情况。开大车的人，一般胆大气粗。大车气势32宏伟33，所到之处，从不礼让34。人横35，车也横。这样的人，不是黑社会36，也像黑社会，一个字，野37。在高速公路上，这种大车也很可怕。大车驾驶38座位高，看其他的车都是俯视39，看着看着就容易产生错觉40。错以为自己车大，就能超别的车。所以他们经常不顾交通规则41，并线超车。

给公家42开车的人，一般也比开私家车43的人横。公家的车公家管，出了事有公家兜44着，天不怕地不怕。运输建筑材料的泥土45车，比所有的车都横。这种车，颇46有死猪不怕开水47烫48的劲头49，谁都得躲着它。一路上泥土飞扬50，毫不在乎51，哪怕是石头飞到你的车上，砸52个坑53，你也只能自己认倒霉。开豪华车的，有文明人，懂得礼让；也有车一阔54，脸就变，横冲直撞55。即使出了事，人家赔56得起。

其实，不管你开什么车，赔得起赔不起，都应该遵守57交通规则，文明驾驶，安全行车，这和做人是一样的呀。

开车之路极像人生之路。有时，道路平坦58，视野59开阔60，前无"阻挡"61，后无"追兵"62，你只管63把握64住前进的方向，常速65前行。在这个过程中，你或许还可以听听轻松美妙66的音乐，偶尔欣赏路边灿烂67的花儿。有时路面不平，你必须放慢速度，左顾右盼68，谨慎69行驶。有时突然有车插到你前面，你必须急踩70刹车71，防止追尾72。有时后面突然来车，你要学会躲让，避免可能发生的磕73磕碰碰。有时你需要超越74，那就要准备充分，把握时机75，当机立断76。但是，成功超越之后，你仍然需要回到"原路"，不能在超车道上快速行驶太长时间。

人生，最多的是常速。慢速时，多的是起步77。快速时，多的是超越。但

14 开车与人生

人不能老在慢速中徘徊[78]和犹豫,也不能老在快速中拼搏[79]和较量[80]。

常速稳稳地前行,才是人生的真谛[81]。要知道最快到达人生巅峰[82]的,多是保持常速的人。

超越、冲刺[83]是短跑冠军必须做的。而人生,是马拉松[84],取胜的关键在于[85]持久。

(作者:许峰。有删改)

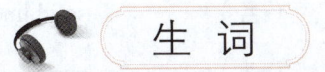
生 词

1	人生	rénshēng	(名)	life	一③
2	一溜烟儿	yíliùyānr	(副)	swiftly	
3	红灯	hóngdēng	(名)	red traffic light	三
4	悄悄	qiāoqiāo	(副)	quietly	二
5	转向(灯)	zhuǎnxiàng(dēng)	(动)	steering (lamp)	
6	加速	jiā sù	(动)	speed up, accelerate	二
7	偏差	piānchā	(名)	deviation, error	三
8	或许	huòxǔ	(副)	perhaps, maybe	二
9	酿	niàng	(动)	lead to, result in, bring on (about)	
10	行驶	xíngshǐ	(动)	(of a vehicle, ship, etc.) go, travel, run	二
11	堵	dǔ	(动)	stop, block up, jam	二
12	并线	bìngxiàn	(动)	change lane, switch lane	
13	抢道	qiǎng dào	(动)	cut in	
14	插(队)	chā(duì)	(动)	jump a queue	
15	为人	wéirén	(动、名)	conduct oneself, behavior	三
16	喇叭	lǎba	(名)	loudspeaker, horn	三
17	后视镜	hòushìjìng	(名)	rearview mirror	
18	拼命	pīn mìng	(副、动)	with all one's might, desperately	三
19	减速	jiǎn sù	(动)	slow down, decelerate	三

199

20	气派	qìpài	（名）	manner, style, air	三
21	时不时	shíbùshí	（副）	now and then, from time to time, frequently	附
22	时速	shísù	（名）	speed per hour	三
23	豪华	háohuá	（形）	luxurious	三
24	目中无人	mù zhōng wú rén		consider everyone beneath one's notice	附
25	惊天动地	jīng tiān dòng dì		shaking heaven and earth, world-shaking	附
26	实线	shíxiàn	（名）	solid line	
27	允许	yǔnxǔ	（动）	permit, allow	二
28	越过	yuèguò	（动）	cross	三
29	怨气	yuànqì	（名）	complaint	附
30	撒	sā	（动）	let out, vent	三
31	催	cuī	（动）	urge, hurry, press	三
32	气势	qìshì	（名）	momentum, imposing manner	三
33	宏伟	hóngwěi	（形）	magnificent, grand	三
34	礼让	lǐràng	（动）	give precedence to sb. out of courtesy, comity	
35	横	hèng	（形）	harsh and unreasonable	三
36	黑社会	hēishèhuì	（名）	underworld, gangland	
37	野	yě	（形）	unrestrained, wild	二
38	驾驶	jiàshǐ	（动）	drive	二
39	俯视	fǔshì	（动）	look down at, overlook	
40	错觉	cuòjué	（名）	illusion, misconception, wrong impression	附
41	规则	guīzé	（名）	rule, regulation	二
42	公家	gōngjia	（名）	the state, the public, enterprise, organization	
43	私家车	sījiāchē	（名）	private car	三
44	兜	dōu	（动）	take responsibility for sth.	三

200

14 开车与人生

45	泥土	nítǔ	（名）	earth, soil	三
46	颇	pō	（副）	quite, rather, considerably	三
47	开水	kāishuǐ	（名）	boiling water, boiled water	二
48	烫	tàng	（动、形）	scald, burn; boiling hot	三
49	劲头	jìntóu	（名）	vigor, spirit	附
50	飞扬	fēiyáng	（动）	fly upward	
51	在乎	zàihu	（动）	care about, mind, take to heart	二
52	砸	zá	（动）	pound, smash	三
53	坑	kēng	（名、动）	hole, pit; defraud	三
54	阔	kuò	（形）	rich, wealthy	二
55	横冲直撞	héng chōng zhí zhuàng		push one's way by shoving or bumping, jostle and elbow one's way, dash around madly	
56	赔	péi	（动）	compensate	二
57	遵守	zūnshǒu	（动）	observe, abide by, comply with	二
58	平坦	píngtǎn	（形）	smooth, level, even	二
59	视野	shìyě	（名）	field of vision	三
60	开阔	kāikuò	（形）	open, wide	三
61	阻挡	zǔdǎng	（动）	hinder, block, obstruct	三
62	追兵	zhuībīng	（名）	pursuing troop	
63	只管	zhǐguǎn	（副）	simply, merely	二
64	把握	bǎwò	（动、名）	grasp, hold, control; assurance, certainty	一③
65	常速	chángsù	（名）	regular speed	
66	美妙	měimiào	（形）	beautiful, wonderful	三
67	灿烂	cànlàn	（形）	magnificent, splendid	三
68	左顾右盼	zuǒ gù yòu pàn		look around, glance right and left	附
69	谨慎	jǐnshèn	（形）	prudent, cautious	三
70	踩	cǎi	（动）	step (on)	二
71	刹车	shāchē	（名、动）	brake; stop a vehicle by applying the brakes, put on brake	三

201

72	追尾	zhuī wěi	（动）	have a rear-end accident/collision	附
73	磕	kē	（动）	knock	三
74	超越	chāoyuè	（动）	surpass, transcend	二
75	时机	shíjī	（名）	opportunity	二
76	当机立断	dāng jī lì duàn		decide promptly and opportunely, make a prompt decision	
77	起步	qǐbù	（动）	start to move, start doing sth.	附
78	徘徊	páihuái	（动）	pace up and down, hesitate	附
79	拼搏	pīnbó	（动）	go all out in one's work	三
80	较量	jiàoliàng	（动）	have a contest, have a trial (test)	三
81	真谛	zhēndì	（名）	true essence, true meaning	
82	巅峰	diānfēng	（名）	mountain peak, summit	附
83	冲刺	chōngcì	（动）	spurt, sprint	三
84	马拉松	mǎlāsōng	（名）	marathon	
85	在于	zàiyú	（动）	lie in	二

词语搭配与扩展

一 驾驶

［动~］同意~/停止~/准备~/完成~

［~宾］~飞机/~汽车/~轮船/~飞机

［状~］熟练~/谨慎~/安全~/文明~

［~补］~得很稳/~不了/~了二十年/~了几次

［~中］~的条件/~的后果/~资格/~的证件

（1）他现在的技术还驾驶不了这架飞机。

（2）她被评为安全驾驶标兵。

二 规则

［动～］制定～ /遵守～ /修改～ /违反～

［～动］～修改了 /～取消 /～制约（他）/～强制（她）

［定～］交通～ /比赛～ /考试～ /秘密～

［～中］～的制定 /～的产生 /～的破坏 /～的执行

（1）运动员要严格遵守比赛规则。
（2）违反交通规则要受到惩罚。

三 遵守

［～宾］～纪律 /～时间 /～法律 /～规定

［状～］应该～ /严格～ /自觉～ /始终～

［～补］～不了 /～下去 /～了一年

［～中］（不能）～的原因 /（不能）～的困难 /（需要）～的方面

（1）我们要养成遵守时间的好习惯。
（2）大家都自觉遵守公共秩序。

四 把握

［动～］有～ /没有～ /负责～ /希望～

［定～］成功的～ /胜利的～ /绝对的～ /拿冠军的～

［～宾］～时机 /～方向 /～机会 /～重点

［状～］认真～ /准确地～ /很难～ /完全～

［～补］～住（方向）/～好（时机）/～不了 /～得准

（1）和对方谈判一定要把握好分寸。
（2）做好这次手术，他有绝对的把握。

五 时机

［动～］等待～ /失去～ /错过～ /误了～

［～形/动］～成熟 /～不利 /～不到 /～来了

［定～］有利的～ /少有的～ /重要的～ /超越对方的～

（1）现在解决这个问题的时机还不成熟。
（2）这次有利时机，你千万不要错过。

六 在于

［主~］胜败~／成功~／生命~／本质~

［~宾］~勤奋／~坚持／~运动／~自己／~品德好

［状~］全~／主要~／不~／就~

（1）她能获得成功，在于她有不断进取的精神。
（2）参不参加这次比赛，全在于你自己了。

语法例释

一 ……那辆车已悄悄地跟了上来

"悄悄"，副词。用来描写没有声音或声音很低；（行动）不让人知道。例如：

（1）妈妈悄悄地告诉我，孩子们都睡了。
（2）大家在开会，我悄悄把机票塞给了小刘。
（3）她不愿意见到大家，总是悄悄地来，悄悄地走。
（4）我一直悄悄地跟着她，直到她进了家门。
（5）同学们讨论得很热烈，我悄悄地离开了教室。
（6）他们想悄悄解决这个问题。

二 或许就酿成一场严重的车祸

"或许"，副词。"也许"的意思。表示猜测、估计或不能肯定的语气，也可放在主语前。例如：

（1）到现在还没来，他或许没接到通知。
（2）如果不是堵车她或许就到了。
（3）你再问问小李，或许他能知道。
（4）如果买双号数的彩票，或许就中奖了。

"或许"表示委婉的肯定，后面可以跟双重否定。例如：

（5）安装双保险，或许不无好处。
（6）这次展览日期的提前，或许是必要的。
（7）反复检查，或许不是无益的。

三 ……开过去就插队

"过去",趋向补语。用在动词后,表示离开或经过自己所在的地方。能带"过去"的趋向动词有"爬、冲、骑、滚"等。例如:

(1) 这条小河沟,他一下子就迈过去了。
(2) 你把这盘饺子给他们端过去。
(3) 他一脚就把球踢过去了。

能带"过去"的非趋向动词有"昏、晕、睡、醉、死、迷糊"等,表示失去正常状态。例如:

(4) 她疼得晕过去了。
(5) 大夫给他打了一针,他慢慢地睡过去了。

非趋向动词或形容词"骗、瞒、混、应付、隐瞒、对付、马虎"等加"过去"表示侥幸通过或完成。例如:

(6) 他请别人代考,第一次骗过去了,这一次没骗过去。
(7) 这次考试不用太下工夫,对付过去算了。
(8) 安检很严格,你是混不过去的。

四 随着经济的发展

"随着",介词。所组成的介词结构做状语,表示条件,指出在这个条件下,产生了某种结果。多用在句首。例如:

(1) 随着理论水平的提高,他解决问题的能力也提高了。
(2) 随着讨论的深入,双方的认识更加统一了。
(3) 随着两国关系的改善,民间的文化交流也增多了。
(4) 随着电脑的普及,更多的人通过网络订机票、购物了。

这种介词结构还可以放在句中,也是表示某事所依赖的条件。例如:

(5) 这个初步计划会随着人员的变化进行调整的。
(6) 我们会随着气温的变化给孩子们增减衣服的。

五 突然跟**上来**一辆名牌豪华车

"上来"，趋向补语。用在动词后，表示由低处到高处或由远处到近处来。例如：

（1）这批新电脑是从楼下搬上来的。
（2）快跑，他们就要追上来了。
（3）邻居好不容易才把她从水里拉上来。

非趋向动词"唱、背、说、回答、解答"等加"上来"，表示有能力完成，否定形式是在动词和"上来"之间加"不"。例如：

（4）很多国家首都的名字他都能说上来。
（5）毕业三十多年了，很多同学的名字都叫不上来了。
（6）这些古诗我过去都会背，现在连一首都背不上来了。

六 **稍微**不注意

"稍微"，副词。表示数量不多、程度不深或时间短暂。做状语，修饰动词、形容词。"稍微"所修饰的动词、形容词后边常跟"一些、一下、一点儿"等，或动词重叠；也可在动词、形容词前加"一"。例如：

（1）你现在就学这本书，稍微难了一点儿。
（2）你稍微等一下，马上就可以上网了。
（3）这些都是刚学过的内容，稍微复习复习就可以了。
（4）给别人拍照时，手稍微一动，照片就不清楚了。
（5）天气稍微一冷，她就要加衣服，不然就感冒了。

"稍微 + 不 + 形 / 动"，限于"注意、小心、留神"之类的词。例如：

（6）你发电邮写网址时要细心，稍微不注意就会出错。
（7）下雪天地太滑，稍微不小心就会摔倒。

七 你**只管**把握住前进的方向

"只管"，副词。
1. 相当于"尽管"，表示动作行为不受条件限制，常用于口语中。例如：

（1）你喜欢哪个牌子的电脑只管挑，不用考虑钱。

（2）行李已托运，登机口也找到了，现在只管休息吧。

（3）十个班的试卷都安排好了，你只管放心吧。

2. 表示专一不变，有"只顾"的意思，例如：

（4）他只管上网查资料，连饭都忘了吃。

（5）我俩只管聊天，连汽车过了站都不知道。

（6）他只管自己发短信，我叫他半天，他都没听见。

八 你必须放慢车速，左顾右盼。

"左……右……"这一结构，嵌入相同或同类词语，强调同类行为动作或方式反复进行。例如：

（1）别再左挑右挑的了，这么便宜，都有点儿毛病。

（2）听着电话，我左猜右猜，猜不出来是谁。

（3）大家左讨论右研究，也没找出好的解决办法。

（4）小李进了鞋城，左一双右一双，真买了不少鞋。

（5）姐姐左一个电话右一个短信，催他回家过春节。

（6）大家左一句右一句，什么主意都有，她也不知该听谁的了。

（7）大家左拉右扯，才把他俩拉上了车。

练 习

一 辨字然后组词或短语。

1. 悄_____   2. 转_____   3. 偏_____   4. 超_____
   稍_____   传_____   骗_____   越_____

5. 堵_____   6. 脑_____   7. 赔_____   8. 撒_____
   赌_____   恼_____   陪_____   散_____

9. 贴_____   10. 悄_____   11. 要_____   12. 瞒_____
   帖_____   稍_____   耍_____   满_____

二 按要求进行词语搭配。

1.（状）_____谨慎　　2.（状）_____驾驶　　3.（定）_____时机
4.（定）_____规则　　5.（动）_____把握　　6.（动）_____错觉
7. 阔_____（补）　　8. 横_____（补）　　9. 高速_____（中）
10. 驾驶_____（中）　　11. 在于_____（宾）　　12. 抵达_____（宾）

三 用指定词语完成句子。

1. 我可以帮你瞒过去，可是_____。（……过去）
2. 这些食品是要经过严格检查的，_____。（……过去）
3. 这次考的这段历史你最熟悉了，_____。（……上来）
4. 这个山坡不高，_____。（……上来）
5. 你再仔细想想，_____。（或许）
6. 你上网查查，_____。（或许）
7. 天气凉了，这个菜_____。（稍微）
8. 我昨天晚上才到，_____。（稍微）
9. 他们不想让大家知道这件事，_____。（悄悄）
10. 同学们讨论得很热烈，_____。（悄悄）

四 用指定词语回答问题。

1. 昨天王坚的手术进行得怎么样？（……过去）

2. 你要安娜的网址做什么？（……过去）

3. 代表团出国的证件、机票都准备好了吗？（只管）

4. 你为什么不愿意和小王住一个房间？（只管）

5. 她的采访水平有提高吗？（随着）

6. 你们学校出国旅游的多吗？（随着）

7. 他俩最近的关系怎么样？（左……右……）

8. 新楼的设计方案昨天通过了吗？（左……右……）

9. 这张床放在哪儿好呢？（……上来）

10. 你这次考驾照通过了吗？（……上来）

五 整理句子。

1. 关键 关系 在于 边界 问题 两国 的 改善 解决

2. 稍微 他 汽车 停了 跟 一下 上来 一辆 了 就

3. 变化 万一 就 有 了 不 情况 或许 他 来

4. 可惜 取胜 时机 已经 错过 他 有利 了 的

5. 超车 把握 决不 没有 我 轻易 十分

6. 批评 公司 在乎 都 想到 大家 毫不 他 小李 没 的 对

7. 考场 问题 上 人 提 有 时不时

8. 犹豫 他 冲 球 了 过去 进去 毫不 地 把 踢

9. 关键 上 安检 通过 航班 这次 搭 在于

10. 规则 不能 取胜 你 而 只管 遵守 不 比赛

六 判断下列句子对错。

(   ) 1. 我想稍微再等，你们先走吧。
(   ) 2. 路上堵车很厉害，他或许一定晚到。
(   ) 3. 关键在于把握超越对方的时机。
(   ) 4. 他现在毫不办法上网查到有关方面的信息。
(   ) 5. 毫无标准的检验令人难以相信。
(   ) 6. 谁也没想到大家都被他骗过去了。
(   ) 7. 这个问题你只要稍微动动脑子就能回答过去。
(   ) 8. 我从灾区回到学校，大家都围上来跟我握手。
(   ) 9. 他俩只管聊天，我悄悄地走了，他们都不知道。
(   ) 10. 那道听力题我听懂了，但让我说，我说不过来。

七 把句子后面的词语放在适当的位置上。

1. 他_____已经适应了新的_____工作环境，_____有什么工作你_____交给他吧。（只管）

2. 他_____看见传送带上自己的_____行李了，可他_____犹豫了一下，_____没拿到行李。（稍微）

3. 不管我_____怎么提醒_____他不要酒后_____驾车，他都_____在乎。（毫不）

4. _____你把_____网址给我，我把_____照片给你发_____。（过去）

5. _____网络的_____发展，_____人们获得的信息_____既快又丰富。（随着）

6. 考试结束_____时间已到，大家_____快_____把考卷交_____吧。（上来）

7. 他_____不能吃太辣的菜，_____但_____也会买上_____几个红辣椒。（偶尔）

8. 我_____不想_____打扰他们，于是从他们旁边_____走_____过去了。（悄悄）

9. 他_____毫不_____地说："_____我有办法_____骗过去。"（在乎）

10. 过去_____她只_____听古典音乐，现在_____也会买上几张_____流行音乐的唱片。（时不时）

14 开车与人生

11. 从表面＿＿＿＿看他＿＿＿＿很谦虚谨慎，其实＿＿＿＿这是一个＿＿＿＿，他内心很骄傲。（错觉）

12. ＿＿＿＿选择专业的关键＿＿＿＿你是不是＿＿＿＿喜欢＿＿＿＿这个专业。（在于）

八 写出下列句中画线词语的句子成分（主语、谓语、宾语、定语、状语、补语）。

1. 一些宠物的身上也被安上了<u>摄像头</u>。（　　　）
2. 骑自行车串弄堂，已经成为<u>上海滩</u>的一种时尚。（　　　）
3. 他因为违反交通规则，才<u>酿</u>成了这场严重的车祸。（　　　）
4. 张大海开车太猛，我<u>时不时</u>地提醒他注意安全。（　　　）
5. 你开车这么不小心，万一出个什么<u>偏差</u>呢。（　　　）
6. 开车<u>之路</u>像极了人生之路。（　　　）
7. 他真应该去当皇帝啊，可惜生<u>错</u>了时代。（　　　）
8. 人生是马拉松，取胜的<u>关键</u>在于持久。（　　　）
9. <u>为了超车</u>，他做了一连串的危险动作。（　　　）
10. 你的车，和<u>你要超</u>的车，都在加速行驶。（　　　）
11. 我们不能总在快速中拼搏和<u>较量</u>。（　　　）
12. 他不停地按喇叭，响起来目中无人，<u>惊天动地</u>。（　　　）

九 根据课文内容判断对错，并说明理由。

（　　） 1. 假如你超车，一溜烟儿赶到前面去，可是几秒钟后，你刚刚超过的那辆车就可能赶上你。

（　　） 2. 由于超车时精神紧张，速度飞快，很可能会酿成车祸。

（　　） 3. 在有的路口，车多，大家都应该自觉耐心地排队，才能顺利地开出去。

（　　） 4. 有的开车人一看见别人并线就按喇叭，什么都得听他的。

（　　） 5. 在广州，一位皇帝气派的人，不但按起喇叭来目中无人，越过实线超车胆子也很大。

（　　） 6. 我边加速边打开紧急灯，是为了不让后边的人超车。

（　　） 7. 在高速公路上，人们会觉得大车很可怕，是因为他们经常不考虑交通规则而并线超车。

（　　） 8. 给公家开车的人，一般不考虑赔钱不赔钱的问题。

（　　）9. 开泥土车的一般不担心车上的泥土、石块会砸了别人的车。

（　　）10. 开豪华车的从不安全礼让。

（　　）11. 为了开车路上的安全，你什么时候都不要并线超车。

（　　）12. 把握时机超越和常速人生是不矛盾的。

十 根据课文内容回答问题。

1. 超车与车祸有关系吗？
2. 说说超车、并线抢道与堵车的关系。
3. 哪些开车人不遵守交通规则，容易酿成车祸？
4. 哪些人开车天不怕地不怕？
5. 为什么说开车之路很像人生之路？

十一 交际训练。

1. 自由对话。

　　同学们可以围绕着"我最怕堵车"、"我遇到过一个好司机"、"我被罚款了"、"我最怕……"等话题自由交谈。

下面的词语帮助你表达：

> 红绿灯　悄悄　闯红灯　差点儿　一……就　稍微
> 格外　加速　胆子　或许　规则　只管　镇静

2. 讨论：

（1）你对衣、食、住、行中的"行"有什么看法？在"出行"方面你有什么困难和希望？

（2）介绍一下你们国家的交通情况（出租车、火车、地铁、高速公路，等等）。

3. 语言游戏。

（1）趣味联句：

　　教师把学生分成四组，并准备好卡片。

　　第一组写名词：喇叭、红灯、规则、安全带、信息、闹钟……

　　第二组写动词或动词短语：冲过去、赔、违反、砸坏、撞倒……

　　第三组写形容词或形容词短语：谨慎、平静下来、匆忙……

第四组写时间、地点：在胡同、在银行、在深夜、在凌晨……

然后，请四个同学从每组中抽出一张卡片，把卡片上的词语连成句子念给大家听（或写在黑板上）。连成的句子可能是有意义的、正确的，也可能是错误的、可笑的。如"小偷在邮局骑上了钱包"，然后，大家一起修改。

（2）读读下面的"国学语录"，你明白它的意思吗？能写出与此有关的一个成语吗？

子曰："勿欲速，勿见小利。欲速，则不达；见小利，则大事不成。"（《论语·子路》）意思是，孔子说："不要图快，不要贪求小利。图快反而达不到目的；贪小利，就办不成大事。"

4. 看一看，说一说，写一写。

驾车者铭记：迟到总比永远不到好！

15 在那遥远的地方

——记西部[1]歌王[2]王洛宾

课　文

在那遥远的地方
有位好姑娘
人们走过她的帐篷[3]
都要回头留恋[4]地张望[5]……

西部歌王——王洛宾边走边唱。人们一提起西部民歌[6]，就会想起《在那遥远的地方》、《达坂城的姑娘》、《可爱的一朵玫瑰[7]花》……这些优美动人[8]的歌曲[9]。五十多年过去了，优美的西部民歌伴随[10]着孩子们长大，伴随着青年人进入中年[11]，伴随着中年人步入老年[12]。而这些歌曲却青春[13]长在，至今仍然受到大家的喜爱[14]。

一位记者曾问王洛宾，为什么他创作[15]的歌曲都如此优美。王洛宾自豪[16]地答道："我听了一百首唱姑娘的民歌，我把最优美的一首唱给你，你说美不美？"

王洛宾曾去过许多地方，他在民歌的海洋里寻访[17]一个个村庄[18]，倾听[19]不同民族的歌声。哪里有歌声，哪里就有他。他爱上了这块土地。在西北，无意[20]中竟发现了他一生为之"留恋"的"花儿"。他喝着牧民[21]的奶茶，弹[22]着轻快[23]的冬不拉[24]，走过风沙[25]弥漫的戈壁[26]，最后定居[27]在歌舞之乡——新疆。那里流传[28]着许多民歌，这些民歌深深地打动了他。于是他广泛[29]地收集[30]、改编[31]，使这些民歌更加优美动听，很快在祖国各地流传开来。

王洛宾第一次听到"花儿"——这种西北特有的艺术形式，是在六盘山下。当时正下着雨，山高路滑，车上不了山，他和同去的朋友们只好留在车马店里。回族老板娘32虽然五十多岁了,"花儿"却唱得很好,在当地很有名。那天夜晚,在马棚33里,他们围34着油灯,躺在干草上。在大家热情的掌声中,老板娘便唱起来。

走哩走哩者

越哟的远了

眼泪的花儿漂35满了

眼泪的花儿把心淹36下了……

听着听着,24岁的王洛宾流泪了,他从朴素的歌声里发现了美与忧伤37。雨哗哗38地一连下了三天,他也听了三天,记了三天。也就是从那个时候起,王洛宾离不开西北了。他走遍了黄河两岸,记下了各地的"花儿"近百首,成为第一个用乐谱39把民间40的"花儿"记录下来的人。

1939年,王洛宾在兰州遇到了一个汽车队。队里一位年轻的维吾尔族司机唱起了吐鲁番民歌《达坂城》,王洛宾立刻被那轻快、有趣的风格41吸引住了,他边听边记,然后又对歌曲进行了改编,重新配42写了歌词。几天之后的联欢会上,王洛宾为大家演唱43了这首《达坂城——马车夫44之歌》:

达坂城的石头硬又平啊

西瓜大又甜哪

达坂城的姑娘辫子45长啊

两只眼睛真漂亮……

歌曲不仅保留了原来的风格,而且听起来更加优美动人,维吾尔族朋友听了高兴得手舞足蹈46。这首歌很快传遍全国,它就是我们今天传唱的《达坂城的姑娘》。新疆的达坂城和达坂城姑娘也因此而名扬天下47。不过,许多人都对歌词中"领着你的妹妹,带着你的嫁妆48,赶着马车来"表示不理解。王洛宾幽默地解释49:"伊斯兰的《古兰经》中说,一个男人可以娶四个太太,所以让她把妹妹一块儿带来。"

在王洛宾改编的歌曲中,流传最广的要数《在那遥远的地方》了。这首民歌享誉50海内外,曾被世界著名歌唱家罗伯逊作为保留节目,世界有名的巴黎音乐学院也把它选入音乐教材,而这支歌曲后面的故事更是令人心动……

那是1941年春天,王洛宾随着一个拍摄小组来到住着许多藏族人的西北部拍电影。当地有个叫卓玛的藏族姑娘扮演[51]影片里的牧羊[52]女,拍摄小组的负责人叫王洛宾帮助小卓玛做一些事。卓玛活泼[53]、美丽,红红的脸上总是带着微笑。她有一双明亮的眼睛,望着你时,大胆而又热情。像许多藏族姑娘一样,她把长长的黑发梳[54]成许多条细细的辫子。有一天拍完戏,两人一起回家。卓玛身穿金丝边的彩色藏裙,裙下露出一双红色藏靴[55],骑在马背[56]上。蓝天白云,绿色的草原,她手拿牧羊的鞭子[57],赶着羊群。羊儿在她的周围"咩咩"[58]地叫着,慢慢地向前移动,好像天上飘动着的白云。这时,王洛宾无意中打了马一鞭子,那匹马突然一惊,猛地向上一跳,卓玛差点儿从马背上摔下来。姑娘生气了,她扬[59]起鞭子朝马打去,不料这一鞭子正打在王洛宾身上。王洛宾又惊又奇[60],正当不知所措[61]之时,耳边却响起小卓玛的一串笑声。姑娘飞快地扬鞭而去,藏裙上饰物[62]发出的响声打破了草原的寂静[63]。望着远去的卓玛,王洛宾愣在那里了……

没想到一鞭子打出了感情。后来他俩常常骑在一匹马上欣赏草原的美景,任[64]马儿自由地奔跑,任时间悄悄地流走。风儿轻轻地吹过,飘来阵阵野花的香味……他们之间虽然语言不通,但他们的心却是相通的。

分别的日子不知不觉来到了,拍摄小组离开时,卓玛送了很远很远。望着渐渐消失在远方的姑娘,一段优美的旋律[65]从王洛宾心中流过:

她那粉红的笑脸

好像红太阳

她那活泼动人的眼睛

好像晚上明媚[66]的月亮

我愿做一只小羊

跟在她身旁

我愿她那个细细的皮鞭

不断轻轻地打在我身上……

当这首歌曲被制作成金唱片颁发[67]给王洛宾时，王洛宾说："探索[68]人民共同追求的美，以此写出来的东西，才是真正的美。"这也许就是王洛宾的歌曲流传久远的原因吧。

王洛宾用生命和心血发掘[69]和传播[70]了民歌，民歌也以它的美和生命给了王洛宾灿烂的艺术青春。

（选自《中国教育报》，作者：陈晓梅。有删改）

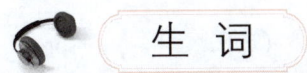

生　词

1	西部	xībù	（名）	west	一③
2	歌王	gēwáng	（名）	king of singers	
3	帐篷	zhàngpeng	（名）	tent	三
4	留恋	liúliàn	（动）	be reluctant to leave	附
5	张望	zhāngwàng	（动）	look around	
6	民歌	míngē	（名）	folk song	二
7	玫瑰	méigui	（名）	rose	三
8	动人	dòngrén	（形）	moving, touching	一③
9	歌曲	gēqǔ	（名）	song	二
10	伴随	bànsuí	（动）	accompany	三
11	中年	zhōngnián	（名）	middle age	一③
12	老年	lǎonián	（名）	old age	一③
13	青春	qīngchūn	（名）	youth	二
14	喜爱	xǐ'ài	（动）	like, love	二
15	创作	chuàngzuò	（动）	write, compose	一③
16	自豪	zìháo	（形）	proud	二
17	寻访	xúnfǎng	（动）	try to find, inquire about	
18	村庄	cūnzhuāng	（名）	village	二
19	倾听	qīngtīng	（动）	listen attentively to	三

20	无意	wúyì	（动）	have no intention (of doing sth.)	三
21	牧民	mùmín	（名）	herdsman	三
22	弹	tán	（动）	play (a musical instrument)	二
23	轻快	qīngkuài	（形）	lively, relaxed	
24	冬不拉	dōngbùlā	（名）	a plucked stringed instrument used by Kazak ethnic group	
25	风沙	fēngshā	（名）	sand blown by the wind	三
26	戈壁	gēbì	（名）	gobi	三
27	定居	dìngjū	（动）	settle down	三
28	流传	liúchuán	（动）	spread, hand down	二
29	广泛	guǎngfàn	（形）	extensive	二
30	收集	shōují	（动）	collect	二
31	改编	gǎibiān	（动）	adapt	三
32	老板娘	lǎobǎnniáng	（名）	proprietress	
33	马棚	mǎpéng	（名）	stable	
34	围	wéi	（动）	surround, sit around	一③
35	漂	piāo	（动）	float	三
36	淹	yān	（动）	flood, submerge	三
37	忧伤	yōushāng	（形）	melancholy	
38	哗哗	huāhuā	（象声）	(onomatopoeia, sound of heavy rain) swoosh	
39	乐谱	yuèpǔ	（名）	music score	
40	民间	mínjiān	（名）	folk	一③
41	风格	fēnggé	（名）	style	二
42	配	pèi	（动）	set off, harmonize with	一③
43	演唱	yǎnchàng	（动）	sing (in a performance)	二
44	马车夫	mǎchēfū	（名）	cart driver	
45	辫子	biànzi	（名）	pigtail	附
46	手舞足蹈	shǒu wǔ zú dǎo		dance for joy	
47	名扬天下	míng yáng tiānxià		become world-famous	

15 在那遥远的地方

48	嫁妆	jiàzhuang	（名）	dowry	附
49	解释	jiěshì	（动）	explain	二
50	享誉	xiǎngyù	（动）	be renowned	
51	扮演	bànyǎn	（动）	act	二
52	牧羊	mù yáng	（动）	tend sheep	
53	活泼	huópo	（形）	lively, vigorous	二
54	梳	shū	（动）	comb	三
55	靴	xuē	（名）	boots	
56	背	bèi	（名）	back	一③
57	鞭子	biānzi	（名）	whip	
58	咩咩	miēmiē	（象声）	(onomatopoeia) baa	
59	扬	yáng	（动）	raise	三
60	惊奇	jīngqí	（形）	surprised	三
61	不知所措	bù zhī suǒ cuò		be at a loss	
62	饰物	shìwù	（名）	ornaments	
63	寂静	jìjìng	（形）	quiet, silent	三
64	任	rèn	（动、连）	let, give free reign to; no matter (how, what, etc.)	一③
65	旋律	xuánlǜ	（名）	melody	三
66	明媚	míngmèi	（形）	bright and beautiful	
67	颁发	bānfā	（动）	award	三
68	探索	tànsuǒ	（动）	probe, explore, seek	二
69	发掘	fājué	（动）	explore	三
70	传播	chuánbō	（动）	spread	一③

专有名词

1	王洛宾	Wáng Luòbīn	name of a famous Chinese folk musician
2	达坂城	Dábǎn Chéng	name of a town
3	新疆	Xīnjiāng	an autonomous region of China

4	六盘山	Liùpán Shān	Liupan Mountain
5	回族	Huízú	the Hui ethnic group
6	兰州	Lánzhōu	capital of Gansu Province in northwest China
7	维吾尔族	Wéiwú'ěrzú	the Uygur ethnic group
8	吐鲁番	Tǔlǔfān	name of a place in Xinjiang
9	罗伯逊	Luóbóxùn	Robertson
10	巴黎	Bālí	Paris
11	藏族	Zàngzú	the Tibetan ethnic group
12	卓玛	Zhuómǎ	name of a Tibetan girl
13	伊斯兰	Yīsīlán	Islam
14	古兰经	Gǔlán Jīng	the Koran

词语搭配与扩展

一 喜爱

[动~] 表示~｜得到~｜受到（大家的）~｜开始~（这种运动）

[~动/形] ~打猎｜~运动｜~游玩｜~散步｜~跳舞｜~安静｜~热闹｜~凉爽

[~宾] ~小孩｜~这幅画儿｜~文学｜~京剧｜~科学

[状~] 深深地~｜最~｜一向~｜确实~｜特别~

[~补] ~得很｜~得要命｜~得不得了｜~极了

[~中] ~的歌星｜~的书籍｜~的地方｜~的专业

（1）她特别喜爱这首西部民歌。

（2）他最喜爱的歌星是迈克尔·杰克逊。

二 青春

[动~] 献出~｜珍惜~｜焕发~｜虚度~｜浪费~

[~动/形] ~恢复了｜~耽误了｜~（多）美好｜~（多）美丽｜~（多）壮丽

[定~] 美好的~｜美妙的~｜壮丽的~｜灿烂的~

[~中] ~的活力｜~的魅力｜~的朝气｜~的力量

（1）他决心把青春献给祖国的建设事业。
（2）老王跳起舞来，舞姿优美，步子轻快，浑身充满了青春的活力。

三 收集

［动~］开始~｜继续~｜停止~｜喜欢~
［~宾］~资料｜~材料｜~情报｜~意见｜~证据｜~废品｜~邮票
［状~］大量~｜广泛~｜定期~｜顺利地~｜把……~起来
［~补］~得多｜~得快｜~了两年｜~一下
［~中］~的时间｜~的地点｜~的过程｜~的资料

（1）王红收集了许多证据来证明那个人有罪。
（2）在试制这个新产品以前，刘工程师收集了大量的资料。

四 改编

［动~］打算~｜允许~｜反对~
［~宾］~（成）剧本｜~（成）话剧｜~（成）电影｜~（成）舞蹈
［定~］作品的~｜民歌的~｜剧本的~｜舞蹈的~｜电影的~
［状~］尽快~｜顺利~｜紧张（地）~｜匆忙地~｜精心~
［~补］把……~成（电影）｜~完了｜~出来了｜~得很好｜~一下｜~了两次
［~中］~的剧本｜~的电影｜~的方法｜~的原因｜~的目的

（1）他把这个故事改编成了电视剧。
（2）王洛宾改编的民歌受到了人们的喜爱。

五 流传

［动~］禁止~｜开始~｜继续~｜停止~
［~宾］~着一个美丽的神话｜~着一个笑话｜~着大量民歌｜~着一个说法
［状~］广泛~｜长久地~｜迅速地~｜秘密地~
［~补］~得很快｜~很久｜~得广泛｜~下来
［~中］~的故事｜~的种种说法｜~的原因｜~的范围

（1）小孔感人的事迹迅速在全国流传开来。
（2）在云南的西双版纳流传着一个动人的传说。

六 拍摄

[动~] 开始~｜继续~｜停止~｜打算~｜参加~

[~宾] ~电影｜~电视连续剧｜~纪录片｜~了一个特定镜头｜~了几个惊险场面

[状~] 正式~｜紧张地~｜重新~｜正在~

[~补] ~完了｜~到（什么时候）｜~成（电视剧）｜~（出来）｜
　　　~得非常清楚｜~了三年｜~过两次

[~中] ~计划｜~人员｜~现场｜~过程｜~时间｜~地点

（1）王平拍摄的电影获得了优秀影片奖。
（2）他把那个动人的传说拍摄成了电视剧。

七 风格

[动~] 发扬……~｜形成……~｜追求……~｜继承……~

[~动/形] ~形成了｜~改变了｜~创新了｜~清新｜~幽默｜~独特

[定~] 语言~｜民族~｜表演~｜创作~｜崇高的~

（1）他的作品具有鲜明的民族风格。
（2）我们要注意研究电影的艺术风格。

八 欣赏

[动~] 值得~｜开始~｜喜欢~

[~宾] ~风景｜~音乐｜~歌剧｜~中国画｜~杂技｜~相声｜~工艺品｜~邮票

[状~] 尽情地~｜愉快地~｜特别~｜默默地~｜正在~

[~补] ~完了｜~不了｜~了一会儿｜~过两次

[~中] ~的角度｜~的眼光｜~能力｜~水平｜~的地方｜~的口气

（1）他很欣赏小王的艺术才能。
（2）阿里喜欢欣赏中国的民间艺术品。

语法例释

一 **重新**配写了歌词

"重新"，副词。表示从头开始，再一次。意义、用法跟"重"相近。例如：

（1）他根据新的情况，重新写出了报告。

（2）你应该重新考虑自己的意见。

（3）那一年他已经60多岁了，又重新开始学习法语。

（4）打开看了以后，他又重新把那盒礼物包好。

（5）他把生词又重新默写了一遍，才放心地走进了考场。

（6）孩子的哭声停止以后，他又重新进入了梦乡。

二 **不仅**保留了原来的风格，**而且**听起来更加优美动人

"不仅"，连词。多用于书面语。常跟"而且"配合使用，连接两个并列的单句。表示除所说的意思之外，还有更进一层的意思。例如：

（1）学校的房子不仅要修，而且一定要修好。

（2）玛丽不仅会说汉语，而且还说得很流利。

（3）现在我家不仅不愁吃穿，而且还有存款。

（4）杭州的丝绸不仅在国内有名，而且还销往世界各地。

（5）今天不仅热，而且还闷得厉害。

（6）他不仅自己努力学习，而且还热情帮助学习不好的同学。

三 ……高兴得**手舞足蹈**

"手舞足蹈"在句中做情态补语。情态补语表示行为动作的程度或状态，位于动词或形容词之后，一般用助词"得"连接。

1. 单个形容词做情态补语。例如：

（1）他病了，脸白得可怕。

（2）冬天，天黑得早。

（3）郑伟跑得快，让他参加运动会吧。

（4）张红的毛笔字写得真好！

2. 短语做情态补语。例如：

（5）他兴奋得脸都红了。
（6）我看书看得忘了吃饭。
（7）那个人吓得两腿发抖。
（8）小王吃惊得说不出话来。
（9）一句笑话把他逗得眉开眼笑。
（10）她的桌子干净得一尘不染。

四 被……作为保留节目（"被₃"）

"被"，介词。引进动作的发出者。"被……作为＋宾语"表示宾语是主语受动作支配而达到的结果。能这样与"被"配合使用的还有"看成"、"当做"、"选为"等动词。例如：

（1）他被选为先进工作者了。
（2）那本书被评为一等奖。
（3）《天鹅湖》被剧院作为保留节目了。
（4）在风沙弥漫的戈壁，水被作为最宝贵的礼物送给客人。
（5）这些民歌已被改编成迪斯科舞曲。
（6）没想到，我被他们看成了胆小鬼。

五 ……，而这支歌曲后面的故事更是令人心动

"而"，连词。多用于书面语。连接意思相对或相反的两个分句。"而"用在后一分句的开头。例如：

（1）我们都很严肃，而她却在那里开玩笑。
（2）你喜欢美丽的姑娘，而我更喜欢聪明的姑娘。
（3）他已经当爸爸了，而你还把他当孩子。
（4）我们这儿已经春暖花开，而北方还是冰天雪地。
（5）别人都放弃了，而我们没有失去信心，继续努力钻研。
（6）大家都只看到了他今天的成功，而没有看到他平时付出的心血和劳动。

六 正当不知所措之时

"正当",表示正处在(某一时期或阶段)。有以下几种用法:

1."正当+宾语"做谓语。例如:

(1)你们正当学知识的时候,要努力学习啊!
(2)孩子正当长身体阶段,要多吃营养食品。
(3)那时正当困难时期,婚事只好简办了。
(4)那时正当复习阶段,我当然不能陪他去玩。

2."正当+宾语"做状语。例如:

(5)正当高考的关键时刻,他又发起烧来。
(6)正当红灯亮起来的那一刻,一辆黑色小车冲过了路口。
(7)正当他犹豫的时候,旁边的人抢先说出了答案。
(8)正当比赛快要结束之时,甲队突然又攻进了一个球。

七 任马儿自由地奔跑

"任"有以下几种用法:

1.动词,表示放任、不干涉、不过问。有"听凭"、"随便"、"由"的意思。例如:

(1)年纪大的人总爱回忆过去,任他说吧,不要打断他的话。
(2)水很宝贵,如果任其浪费,是很可惜的。
(3)今天看电影的人不多,许多座位都空着,当然就任我们挑选啦!
(4)他是个有主意的聪明人,不会任你摆布的。

2.连词,句中有疑问词跟"任"相呼应,表示在任何情况下都是如此,有"不管"、"无论"的意思。例如:

(5)任他怎么叫,小王也不开门。
(6)任你怎么说,我也不答应。
(7)任他是谁,也得遵守规定。
(8)任他走到哪儿,我也能找到。

八 他们的心却是相通的

"是……的"多用来表示说话人的看法、见解和态度,对主语起解释、说明作用。"是"和"的"都表示语气,一般可以同时省略,或只省略"是"。在本句中是用肯定的语气来表示说话人的看法。例如:

(1)只要努力学习,他的汉语水平是会提高的。

(2)老马一天要记住这么多生词,困难是确实存在的。

(3)虽然他爱批评人,可他的心是善良的。

(4)要想打败他们,是不容易的。

(5)你这样继续搞下去,是要倒霉的。

(6)对于他们的帮助,我是很感谢的。

练 习

一 画线连词。

1. 受到　　　资料
   焕发　　　音乐
   欣赏　　　青春
   收集　　　喜爱

2. 广泛　　　风格
   拍摄　　　改编
   精心　　　流传
   艺术　　　电影

二 给下列句子填上适当的情态补语。

1. 丁力听故事听得_____。
2. 听说父亲的病很重,他急得_____。
3. 终于爬到了山顶,阿里累得_____。
4. 这儿有快餐卖吗?我已经饿得_____了。
5. 口语水平考试开始了,同学们紧张得_____。
6. 让玛丽去参加汉语节目表演吧,她的汉语说得_____。
7. 天气又热又闷,我们渴得_____。
8. 儿子考上了那个有名的大学,父母高兴得_____。
9. 我已经两天两夜没睡觉了,困得_____。
10. 那本小说很有吸引力,小王看得_____。

三 用指定的词语回答问题。

1. 你认为老年人能学好外语吗？（是……的）

2. 王平爱批评人，我不喜欢他。你呢？（是……的）

3. 为什么玛丽还没写完作业？（重新）

4. 你的收音机坏了，怎么欣赏音乐呢？（重新）

5. 在农贸市场买水果，可以挑吗？（任）

6. 这可是秘密，你会告诉小王他们吗？（任）

7. 哎！北京大学队什么时候又攻进了一个球？（正当……的时候）

8. 王红是个很小心的人，昨天怎么出了交通事故？（正当……的时候）

9. 你知道王洛宾是谁吗？（不仅……而且……）

10. 玛丽会说汉语吗？（不仅……而且……）

11. 我们国家现在是冬季，你们国家呢？（而）

12. 你喜欢什么样的朋友？（而）

13. 你这么高兴，一定有什么喜事吧？（被……选为）

14. 为什么那个歌唱家每次演出总要唱《在那遥远的地方》呢？（被……作为……）

15. 这次汉语节目表演你们班怎么样？（被……评为……）

四 改写句子。

1. 她认为书就是最好的生日礼物。（被……看成……）

2. 周平把《达坂城的姑娘》改编成舞曲了。（被……改编为……）

3. 真没想到，他把我当成了骗子。（被……看成……）

4. 大家都选丁力当班长。（被……选为……）

5. 老舍的《骆驼祥子》是那个剧院的保留节目。（被……作为……）

6. 老师认为小王是同学们学习的榜样。（被……看成……）

7. 阿里学习很努力，玛丽却不喜欢学习。（而）

8. 现在北京是冬季，我们国家的首都却是夏季。（而）

9. 不管他怎么说，我就是不同意。（任）

10. 不管你是谁，对顾客也应该有礼貌。（任）

五 整理句子。

1. 吃惊 话 刘红 不 出 得 说 来

2. 喜欢 特别 西部 她 民歌 首 这

3. 开 流传 这 来 首 快 歌 很

4. 写 了 出 歌词 他 重新 又

5. 那　吸引　风格　了　住　的　被　他　幽默

6. 电视剧　成　把　他　这　改编　了　个　故事

7. 作品　鲜明　风格　的　民族　他的　具有

8. 音乐　中国　阿里　欣赏　喜欢　民族

六 根据课文内容回答问题。

1. 为什么西部民歌能长期受到大家的喜爱？
2. 王洛宾是怎样收集和改编西部民歌的？举例说明。
3. 新疆的达坂城和达坂城姑娘为什么会闻名中外？
4. 王洛宾所改编的西部民歌哪一首最有名？谈谈它的产生经过。
5. 为什么说民歌以它的美和生命给了王洛宾灿烂的艺术青春？

七 交际训练。

1. 说一段话或写一段话。

卡片　（1）看京剧　（2）欣赏音乐　（3）看电影　（4）参加舞会

下面的词语可以帮助你表达：

> 优美动听　艺术　风格　喜爱　拍摄　扮演　欣赏　手舞足蹈
> 旋律　是……的　重新　任　正当　轻快　不仅……而且……

2. 讨论。

（1）你们会唱中国民歌吗？你们最喜欢哪一首？为什么？
（2）你们国家有没有像王洛宾这样收集和改编民歌的人？讲一讲他们的故事。
（3）介绍一下你们国家最有名的民歌，你能唱给我们听听吗？并说说歌词的大意。
（4）在与中国人的交往中，你们遇到过什么麻烦吗？这些麻烦是不是和两国的文化差异有关系？

3. 语言游戏。

(1) 单词词语接龙。

教师把学生分成人数相等的甲、乙两组。甲组记下乙组开始的时间，然后由乙组学生每人依次说出一个词语。后一学生说的词语，要含有前一个词中的一个字即可。接得要快，不能中断，不能重复，尽量用上本课出现过的词语。当乙组全体说完时，再由甲组记下结束时间。然后甲、乙两组交换角色，由乙组记时，甲组进行。最后大家比一比，看哪个组说得又快又好。

例如：

1）歌声—歌曲—歌词—民歌—歌王—歌唱家—歌舞之乡……

2）扮演—表演—演唱—演出—演员……

3）五线谱—乐谱—乐器—音乐—声音……

(2) 我说上句，你接下句。

教师把学生分成人数相等的2-3个小组。某一组开始时，先记下时间。教师或学生先说第一句，然后这个组的学生依次接着说一句意思连贯的话。尽量用上本课学过的句式和词语。请各组选一个代表记下本组学生说的一段话，并念给大家听。最后大家根据每组所花时间和所写内容评出名次。

举例：

1）玛丽放暑假去了遥远的歌舞之乡——新疆。

2）她在那儿见到了西部歌王，

3）还学会了西部民歌《达坂城的姑娘》。

4）达坂城的姑娘教她跳活泼、轻快的民族舞，

5）她被那种特有的艺术风格吸引住了。

6）当她学会这种舞蹈时，

7）达坂城姑娘高兴得手舞足蹈。

8）她们又给玛丽演唱了几首西部民歌，

9）那歌声优美动人，

10）给玛丽留下了难忘的印象。

(3) 你知道下面这个成语的意思吗？请讲给同学们听听。

三人行，必有我师（sān rén xíng, bì yǒu wǒ shī）

4. 看一看，说一说，写一写。

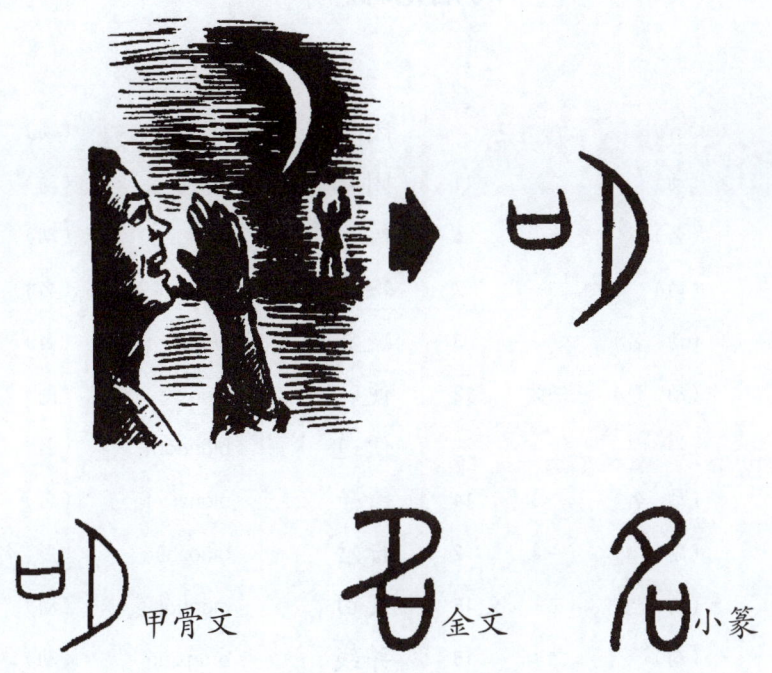

甲骨文　　金文　　小篆

míng
名

　　《说文解字》："名，自命也。从口，从夕。夕者，冥也。冥不相见，故以口自名。"晚上看不见，须以口称名，"名字"或由此而生。《释名》："名，明也，名实事使分明也。"名与实的关系是春秋百家争鸣的主战场之一，此次论辩以孔子的"正名"观影响最大。中国人的"名分"观念当源于此。

林小安　王元鹿

词语总表

A

挨	āi	（动）	二	11
癌	ái	（名）	三	6
安检	ānjiǎn	（动）	二	7
安慰	ānwèi	（动、名）	二	3
按	àn	（动、介）	一③	12

B

把握	bǎwò	（动、名）	一③	14
白	bái	（副）	一③	2
颁发	bānfā	（动）	三	15
扮演	bànyǎn	（动）	二	15
伴随	bànsuí	（动）	三	15
帮忙	bāng máng	（动）	一①	4
保管	bǎoguǎn	（动、名）	三	12
保护	bǎohù	（动）	一②	11
保障	bǎozhàng	（动、名）	三	6
保证	bǎozhèng	（动）	一③	8
报酬	bàochou	（名）	三	9
报答	bàodá	（动）	二	1
悲剧	bēijù	（名）	二	3
背	bèi	（名）	一③	15
被动	bèidòng	（形）	二	6
被面	bèimiàn	（名）		12
奔跑	bēnpǎo	（动）		7
本科	běnkē	（名）	二	13
本来	běnlái	（副、形）	一③	10
蹦	bèng	（动）	三	13
比喻	bǐyù	（名、动）	三	11
笔	bǐ	（量）	一②	9
毕竟	bìjìng	（副）	二	6
闭	bì	（动）	二	5
闭幕	bì mù	（动）	二	5
编	biān	（动）	二	13
鞭子	biānzi	（名）		15
贬义	biǎnyì	（名）		6
便	biàn	（副）	二	12
便道	biàndào	（名）	三	4
辫子	biànzi	（名）	附	15
标准	biāozhǔn	（形、名）	一③	5
表白	biǎobái	（动）	附	3
并线	bìngxiàn	（动）		14
病菌	bìngjūn	（名）		13
菠菜	bōcài	（名）		11
脖子	bózi	（名）	三	5
博客	bókè	（名）	二	13
博文	bówén	（名）		13
博友	bóyǒu	（名）		13
不当	búdàng	（形）		11
不断	búduàn	（副）	一②	10
不顾	búgù	（动）	二	7
不见得	bújiànde	（副）	三	12
不料	búliào	（连）	二	8
不在乎	búzàihu	（动）	二	6
不至于	búzhìyú	（动）	二	12
不安	bù'ān	（形）	一③	1
不得不	bùdébù		一②	1
不觉	bùjué	（副）		4
不由得	bùyóude	（副）	三	10
不知不觉	bù zhī bù jué		附	11
不知所措	bù zhī suǒ cuò			15

232

部门	bùmén	(名)	一③	2

C

财富	cáifù	(名)	二	11
彩票	cǎipiào	(名)	二	12
踩	cǎi	(动)	二	14
残疾	cánjí	(名)	二	9
灿烂	cànlàn	(形)	三	14
苍蝇	cāngying	(名)	三	11
操作	cāozuò	(动)	二	13
插(队)	chā(duì)	(动)		14
查询	cháxún	(动)	二	7
差不多	chàbuduō	(形、副)	一①	2
差点儿	chàdiǎnr	(副)		4
拆	chāi	(动)	二	1
颤抖	chàndǒu	(动)	三	1
长筒袜	chángtǒngwà	(名)		9
场	cháng	(量)		3
尝	cháng	(动)	二	10
常速	chángsù	(名)		14
场合	chǎnghé	(名)	一③	10
场面	chǎngmiàn	(名)	二	5
钞票	chāopiào	(名)	三	12
超短裙	chāoduǎnqún	(名)		9
超越	chāoyuè	(动)	二	14
车祸	chēhuò	(名)	三	5
车铺	chēpù	(名)		4
称赞	chēngzàn	(动)	二	2
成千上万	chéng qiān shàng wàn		附	1
吃惊	chī jīng	(动)	二	5
吃亏	chī kuī	(动)	三	8
吃力	chīlì	(形)	二	5
池	chí	(名)		11
迟	chí	(形)	二	2

持续	chíxù	(动)	一③	3
冲刺	chōngcì	(动)	三	14
充满	chōngmǎn	(动)	一③	5
重新	chóngxīn	(副)	一②	1
冲	chòng	(介)	二	4
崇拜	chóngbài	(动)	二	5
踌躇	chóuchú	(动)		4
出事	chū shì	(动)	二	1
出售	chūshòu	(动)	二	8
初中	chūzhōng	(名)	一②	9
储备	chǔbèi	(动、名)	三	13
传播	chuánbō	(动)	一③	15
传达室	chuándáshì	(名)		1
喘	chuǎn	(动)	三	12
串	chuàn	(量、动)	二	4
闯	chuǎng	(动)	二	9
创办	chuàngbàn	(动)	二	13
创造	chuàngzào	(动、名)	一③	6
创作	chuàngzuò	(动)	一③	15
醇美	chúnměi	(形)		4
刺儿	cìr	(名)		11
匆忙	cōngmáng	(形)	三	7
从此	cóngcǐ	(副)	二	2
从来	cónglái	(副)	一①	3
从容	cóngróng	(形)	三	2
从事	cóngshì	(动)	一③	9
凑	còu	(动)	三	12
凑巧	còuqiǎo	(形)	三	13
促销	cùxiāo	(动)	二	8
催	cuī	(动)	三	14
村庄	cūnzhuāng	(名)	二	15
搓	cuō	(动)	三	4
挫折	cuòzhé	(名)	三	1
错觉	cuòjué	(名)	附	14

233

D

搭	dā	（动）	二	2
达	dá	（动）		6
打扮	dǎban	（名、动）	二	9
打动	dǎdòng	（动）	二	13
打工	dǎ gōng	（动）	一③	1
打交道	dǎ jiāodao		三	7
打扰	dǎrǎo	（动）	二	10
大不了	dàbuliǎo	（副、形）		7
代办	dàibàn	（动）		12
代表	dàibiǎo	（名）	一②	2
耽误	dānwu	（动）	三	7
胆子	dǎnzi	（名）	三	4
蛋白质	dànbáizhì	（名）	三	11
当场	dāngchǎng	（副）	二	8
当初	dāngchū	（名）	一③	5
当机立断	dāng jī lì duàn			14
倒霉	dǎo méi	（动）	三	4
倒	dào	（副）		10
道歉	dào qiàn	（动）	二	10
得体	détǐ	（形）	附	3
德行	déxíng	（名）		2
登机口	dēngjīkǒu	（名）		7
瞪	dèng	（动）	三	2
抵抗	dǐkàng	（动）	二	13
巅峰	diānfēng	（名）	附	14
典礼	diǎnlǐ	（名）	二	8
点击率	diǎnjīlǜ	（名）	附	13
电器	diànqì	（名）	二	10
调动	diàodòng	（动）	二	13
盯	dīng	（动）	三	5
订	dìng	（动）	二	7
定居	dìngjū	（动）	三	15
冬不拉	dōngbùlā	（名）		15

冬令	dōnglìng	（名）		7
动人	dòngrén	（形）	一③	15
兜	dōu		三	14
逗	dòu	（动）	三	4
毒品	dúpǐn	（名）	二	6
独立	dúlì	（动）	二	9
堵	dǔ	（动）	二	14
赌	dǔ	（动）	二	12
短信	duǎnxìn	（名）	一②	7
断断续续	duànduànxùxù	（形）	三	2
缎子	duànzi	（名）		12
堆	duī	（动）	二	10
堆	duī	（量）	二	12
对得起	duìdeqǐ	（动）	三	1
对讲机	duìjiǎngjī	（名）		7
对……来说	duì……láishuō			1
对照	duìzhào	（动）	三	7
蹲	dūn	（动）	二	4
顿时	dùnshí	（副）	三	3
多心	duō xīn	（动）	三	4
多元	duōyuán	（形）	三	13

E

鹅	é	（名）	三	13
噩梦	èmèng	（名）		4
而	ér	（连）	二	1

F

发表	fābiǎo	（动）	一③	5
发布	fābù	（动）	二	1
发财	fā cái	（动）	三	9
发愁	fā chóu	（动）	三	9
发掘	fājué	（动）		15
发起	fāqǐ	（动）		12
发烧	fā shāo	（动）	二	13

法号	fǎhào	(名)		2
番	fān	(量)	二	5
翻阅	fānyuè	(动)		10
凡	fán	(副)	三	2
烦恼	fánnǎo	(形)	三	6
反而	fǎn'ér	(副)	二	8
反复	fǎnfù	(副、名)	一③	1
反正	fǎnzheng	(副)	一③	6
饭馆	fànguǎn	(名)	二	6
房租	fángzū	(名)	二	9
放弃	fàngqì	(动)	二	9
飞行	fēixíng	(动)	一③	7
飞扬	fēiyáng	(动)		14
肥皂	féizào	(名)	三	12
分明	fēnmíng	(形)	三	2
分手	fēn shǒu	(动)	二	5
纷纷	fēnfēn	(副)	二	5
粉丝	fěnsī	(名)		13
风格	fēnggé	(名)	二	15
风沙	fēngshā	(名)	三	15
疯	fēng	(形)	二	12
伏	fú	(动)		3
拂	fú	(动)		4
俯视	fǔshì	(动)		14
付	fù	(动)	二	8
付出	fùchū	(动)	二	10
负担	fùdān	(名、动)	二	1
附	fù	(动)	三	13
复制	fùzhì	(动)	二	8
副	fù	(量)	二	12
富裕	fùyù	(形)	三	1

G

改编	gǎibiān	(动)	三	15
改锥	gǎizhuī	(名)		4
干脆	gāncuì	(形)	二	6
干涉	gānshè	(动)	二	6
感	gǎn	(尾)		1
感激	gǎnjī	(动)	三	1
感情	gǎnqíng	(名)	一③	3
感染	gǎnrǎn	(动)	三	13
感受	gǎnshòu	(动、名)	一③	1
高中	gāozhōng	(名)	一②	9
戈壁	gēbì	(名)	三	15
歌曲	gēqǔ	(名)	二	15
歌王	gēwáng	(名)		15
格外	géwài	(副)	二	4
隔	gé	(动)	二	7
个体户	gètǐhù	(名)		4
各种各样	gè zhǒng gè yàng			9
公布	gōngbù	(动)	一③	6
公家	gōngjia	(名)		14
公寓	gōngyù	(名)	三	9
攻击	gōngjī	(动)	二	5
共鸣	gòngmíng	(动)	三	13
购买	gòumǎi	(动)	二	8
姑姑	gūgu	(名)	三	9
股	gǔ	(量)	二	3
股份	gǔfèn	(名)	三	12
故意	gùyì	(副)	一②	3
顾客	gùkè	(名)	一②	8
怪	guài	(动)	二	8
关切	guānqiè	(动)		13
关心	guān xīn	(动)	一②	3
观察	guānchá	(动)	一③	11
观后感	guānhòugǎn	(名)		13
灌溉	guàngài	(动)	三	11
广泛	guǎngfàn	(形)	二	15

广告	guǎnggào	（名）	一②	8
归	guī	（动）	二	4
规定	guīdìng	（名、动）	一②	8
规则	guīzé	（名）	二	14
柜子	guìzi	（名）	二	8
过渡	guòdù	（动）	二	10

H

海外	hǎiwài	（名）	二	5
含	hán	（动）	二	3
航班	hángbān	（名）	二	7
毫不	háo bù		三	8
毫无	háo wú		三	5
豪华	háohuá	（形）	三	14
好不	hǎobù	（副）		10
好在	hǎozài	（副）	三	2
合	hé	（动）	一③	3
合并	hébìng	（动）	二	10
合格	hégé	（形）	一②	8
何必	hébì	（副）	三	2
河流	héliú	（名）	三	11
盒	hé	（量、名）	二	9
黑社会	hēishèhuì	（名）		14
黑黝黝	hēiyōuyōu	（形）		4
横冲直撞	héng chōng zhí zhuàng			14
横	hèng	（形）	三	14
红灯	hóngdēng	（名）	三	14
红薯	hóngshǔ	（名）		1
宏伟	hóngwěi	（形）	三	14
后果	hòuguǒ	（名）	一③	11
后悔	hòuhuǐ	（动）		5
后视镜	hòushìjìng	（名）		14
胡同	hútòng	（名）	二	1
糊里糊涂	húli hútu			7
糊涂	hútu	（形）	三	5
哗哗	huāhuā	（象声）		15
华侨	huáqiáo	（名）	三	9
华人	huárén	（名）	一②	7
化肥	huàféi	（名）	三	11
化妆	huà zhuāng	（动）	三	9
怀孕	huái yùn	（动）	三	6
回报	huíbào	（动）	二	13
回复	huífù	（动）	二	13
昏	hūn	（形）	二	4
婚礼	hūnlǐ	（名）	二	8
活泼	huópo	（形）		15
或许	huòxǔ	（副）	二	14

J

讥笑	jīxiào	（动）	附	11
机枪	jīqiāng	（名）		4
激动	jīdòng	（形）	二	3
吉祥	jíxiáng	（形）	二	12
即将	jíjiāng	（副）	二	3
即使	jíshǐ	（连）	二	11
嫉妒	jídù	（动）	附	12
计较	jìjiào	（动）	三	2
记性	jìxing	（名）		2
记忆	jìyì	（名）	二	3
既……又……	jì……yòu……			2
寂静	jìjìng	（形）	三	15
加速	jiā sù	（动）	二	14
家具	jiājù	（名）	一③	8
家园	jiāyuán	（名）	二	13
假冒	jiǎmào	（动）	三	8
价钱	jiàqian	（名）	一③	9
驾驶	jiàshǐ	（动）	二	14
嫁	jià	（动）	三	12

嫁妆	jiàzhuang	（名）	附	15		尽	jìn	（副）	二	10
尖锐	jiānruì	（形）	三	5		劲头	jìntóu	（名）	附	14
坚决	jiānjué	（形）	一③	5		经历	jīnglì	（名、动）	一③	10
监视器	jiānshìqì	（名）		7		惊	jīng	（动）	三	4
检验	jiǎnyàn	（动）	二	11		惊奇	jīngqí	（形）	三	15
减速	jiǎnsù	（动）	三	14		惊天动地	jīng tiān dòng dì		附	14
简历	jiǎnlì	（名）	三	9						
简直	jiǎnzhí	（副）	一③	5		精神	jīngshén	（名）	一②	10
见效	jiànxiào	（动）	三	8		精细	jīngxì	（形）	三	2
件	jiàn	（量）	一②	5		竟	jìng	（副）	三	3
建议	jiànyì	（名、动）	一②	9		敬意	jìngyì	（名）	三	10
键盘	jiànpán	（名）	二	13		酒吧	jiǔbā	（名）	二	9
讲究	jiǎngjiu	（形、动）	二	2		救助	jiùzhù	（动）	二	1
讲述	jiǎngshù	（动）	三	1		居然	jūrán	（副）	二	6
奖券	jiǎngquàn	（名）		12		局面	júmiàn	（名）	二	11
交叉	jiāochā	（动）	三	13		沮丧	jǔsàng	（形）	三	4
交易	jiāoyì	（动、名）	一③	11		举办	jǔbàn	（动）	一③	5
焦点	jiāodiǎn	（名）	二	13		举行	jǔxíng	（动）	一②	8
焦急	jiāojí	（形）	三	2		拒绝	jùjué	（动）	二	1
较量	jiàoliàng	（动）	三	14		据	jù	（介）	二	11
接触	jiēchù	（动）	二	3		决不	jué bù		二	9
接连	jiēlián	（副）	二	5		绝对	juéduì	（副）	一③	7
洁白	jiébái	（形）		4						
						K				
结果	jiéguǒ	（连、名）	一②	5		卡片	kǎpiàn	（名）	三	7
结婚	jié hūn	（动）	一②	3		开导	kāidǎo	（动）		13
解释	jiěshì	（动）	二	15		开奖	kāi jiǎng	（动）		12
解说	jiěshuō	（动）	二	13		开阔	kāikuò	（形）	三	14
解脱	jiětuō	（动）	三	3		开幕	kāi mù	（动）	二	5
戒	jiè	（动）	二	6		开水	kāishuǐ	（名）	二	14
界	jiè	（名）	二	5		开通	kāitōng	（动）	二	7
借口	jièkǒu	（名）	三	3		开眼界	kāi yǎnjiè			9
谨慎	jǐnshèn	（形）	三	14		开业	kāi yè	（动）	一③	4
尽管	jǐnguǎn	（连）	二	1		开张	kāi zhāng	（动）	三	10
尽量	jǐnliàng	（副）	一③	10		看待	kàndài	（动）	二	10

237

靠	kào	（动）	一②	10
磕	kē	（动）	三	14
可惜	kěxī	（形）	二	13
可笑	kěxiào	（形）	三	8
客观	kèguān	（形）	一③	11
客厅	kètīng	（名）	二	9
恳求	kěnqiú	（动）	三	1
坑	kēng	（名、动）	三	14
恐惧	kǒngjù	（动）	三	4
恐怕	kǒngpà	（副）	二	6
控制	kòngzhì	（动）	二	1
口	kǒu	（量、名）	一①	3
口福	kǒufú	（名）		6
口味	kǒuwèi	（名）	三	2
哭笑不得	kū xiào bù dé		附	12
窟窿	kūlong	（名）	三	11
跨	kuà	（动）	二	4
况且	kuàngqiě	（连）	三	6
葵花子	kuíhuāzǐ	（名）		1
阔	kuò	（形）	二	14

L

拉锁	lāsuǒ	（名）	三	8
喇叭	lǎ.ba	（名）	三	14
辣	là	（形）	二	10
来回	láihuí	（副、名）	三	7
篮子	lánzi	（名）		11
懒	lǎn	（形）	二	2
朗诵	lǎngsòng	（动）	三	13
唠叨	láodao	（动）	附	7
老板娘	lǎobǎnniáng	（名）		15
老年	lǎonián	（名）	一③	15
老乡	lǎoxiāng	（名）	二	3
姥姥	lǎolao	（名）	三	12
落	lào	（动）		12

乐极生悲	lè jí shēng bēi			12
愣	lèng	（动、形）	三	4
礼让	lǐràng	（动）		14
连……带……	lián……dài……			5
恋爱	liàn'ài	（名、动）	二	3
链套	liàntào	（名）		4
链子	liànzi	（名）		4
粮食	liángshi	（名）	二	11
量	liàng	（名、尾）		11
料到	liào dào		三	7
咧	liě	（动）		4
临	lín	（动）	三	4
凌晨	língchén	（名）	三	13
零件	língjiàn	（名）	三	10
另	lìng	（副）	二	12
另外	lìngwài	（代、副）	一②	9
令	lìng	（动）	二	11
留恋	liúliàn	（动）	附	15
留言	liú yán	（动）	二	13
流传	liúchuán	（动）	二	15
掠	lüè	（动）		4
轮椅	lúnyǐ	（名）	二	10
轮子	lúnzi	（名）	二	10
逻辑	luójí	（名）	二	10
……率	……lǜ		三	6

M

马车夫	mǎchēfū	（名）		15
马拉松	mǎlāsōng	（名）		14
马棚	mǎpéng	（名）		15
满足	mǎnzú	（动）	一③	13
漫游	mànyóu	（动）	三	7
玫瑰	méigui	（名）	三	15
美妙	měimiào	（形）	三	14

门	mén	（量）	一①	3
猛	měng	（形）	二	1
梦	mèng	（名）	二	5
弥漫	mímàn	（动）	三	6
迷人	mírén	（形）	二	11
秘书	mìshū	（名）	二	9
免疫	miǎnyì	（动）	三	13
勉强	miǎnqiǎng	（动、形）	三	3
面积	miànjī	（名）	一③	11
咩咩	miēmiē	（象声）		15
民歌	míngē	（名）	二	15
民间	mínjiān	（名）	一③	15
敏感	mǐngǎn	（形）	二	11
名牌	míngpái	（名）	二	8
名声	míngshēng	（名）	三	2
名扬天下	míng yáng tiānxià			15
明白	míngbai	（动）	一①	3
明媚	míngmèi	（形）	三	15
命	mìng	（名）	二	10
命运	mìngyùn	（名）	一③	1
摸	mō	（动）	二	1
模糊	móhu	（形）	二	1
抹	mǒ	（动）	三	9
陌生	mòshēng	（形）	三	10
莫	mò	（副）		3
某些	mǒuxiē	（代）		9
目光	mùguāng	（名）	二	5
目中无人	mù zhōng wú rén		附	14
牧民	mùmín	（名）	三	15
牧羊	mùyáng	（动）		15

N

| 拿……来说 | ná……lái shuō | | | 12 |

哪怕	nǎpà	（连）	二	12
难道	nándào	（副）	一②	12
难怪	nánguài	（副、动）	三	6
难受	nánshòu	（形）	一②	6
难为情	nánwéiqíng	（形）	三	4
难以	nányǐ	（副）	二	11
嫩	nèn	（形）	三	11
泥土	nítǔ	（名）	三	14
酿	niàng	（动）		14
宁可	nìngkě	（副）	三	7
牛仔裤	niúzǎikù	（名）	二	9
农药	nóngyào	（名）		11
浓	nóng	（形）	二	9
弄虚作假	nòng xū zuò jiǎ		附	8
暖流	nuǎnliú	（名）		10
挪	nuó	（动）	三	10

O

偶尔	ǒu'ěr	（副）	二	12
偶然	ǒurán	（形）	二	9
偶像	ǒuxiàng	（名）	二	3

P

拍摄	pāishè	（动）	二	13
排放	páifàng	（动）	三	11
徘徊	páihuái	（动）	附	14
牌子	páizi	（名）	一②	5
盘	pán	（量）	二	5
盼	pàn	（动）	三	1
泡	pào	（名、动）	二	12
赔	péi	（动）	二	14
赔不是	péibúshi	（动）		2
佩服	pèifu	（动）	三	9
配	pèi	（动）	一③	15
劈	pī	（动）	附	8
偏差	piānchā	（名）	三	14
偏偏	piānpiān	（副）	三	6

骗	piàn	（动）	二	12
骗子	piànzi	（名）	二	5
漂	piāo	（动）	三	15
撇	piě	（名）	附	2
拼搏	pīnbó	（动）	三	14
拼命	pīn mìng	（副、动）	三	14
贫困	pínkùn	（形）	二	1
贫穷	pínqióng	（形）	三	1
品德	pǐndé	（名）	三	12
平房	píngfáng	（名）		4
平均	píngjūn	（动、形）	二	1
平坦	píngtǎn	（形）	二	14
平行	píngxíng	（形）		3
评论	pínglùn	（动、名）	二	5
凭	píng	（介）	二	1
颇	pō	（副）	三	14
葡萄	pútao	（名）	二	8
普通	pǔtōng	（形）	一②	5
普通话	pǔtōnghuà	（名）	一②	5

Q

欺骗	qīpiàn	（动）	三	8
其实	qíshí	（副）	一③	1
企业	qǐyè	（名）	二	8
起步	qǐbù	（动）	附	14
气	qì	（名）	一③	2
气派	qìpài	（名）	三	14
气势	qìshì	（名）	三	14
气味	qìwèi	（名）	三	2
气质	qìzhì	（名）	三	10
卡	qiǎ	（动）	二	4
钱包	qiánbāo	（名）	一①	4
墙角	qiángjiǎo	（名）		10
抢道	qiǎng dào	（动）		14
悄悄	qiāoqiāo	（副）	二	14

敲锣打鼓	qiāo luó dǎ gǔ			8
亲自	qīnzì	（副）	一③	5
青春	qīngchūn	（名）	二	15
轻快	qīngkuài	（形）		15
轻松	qīngsōng	（形）	二	1
轻易	qīngyì	（副）	二	1
倾诉	qīngsù	（动）	三	13
倾听	qīngtīng	（动）	三	15
清晨	qīngchén	（名）	二	11
清晰	qīngxī	（形）	三	3
清醒	qīngxǐng	（动、形）	二	5
求职	qiú zhí	（动）	二	9
娶	qǔ	（动）	三	5
权利	quánlì	（名）	二	6
却	què	（副）	二	5

R

然而	rán'ér	（连）	二	6
惹	rě	（动）	三	13
热心	rèxīn	（形）	二	13
人间	rénjiān	（名）	二	1
人类	rénlèi	（名）	一③	11
人生	rénshēng	（名）	一③	14
任	rèn	（动、连）	一③	15
任何	rènhé	（代）	一③	1
任意	rènyì	（副）	三	8
仍然	réngrán	（副）	一③	3
如此	rúcǐ	（代）	二	8

S

洒	sǎ	（动）	二	1
撒	sā	（动）	三	14
塞	sāi	（动）	二	3
嫂子	sǎozi	（名）	三	4
刹车	shāchē	（名、动）	三	14
山沟	shāngōu	（名）		1

山区	shānqū	（名）	二	13
商贩	shāngfàn	（名）	三	11
商人	shāngrén	（名）	一③	5
商务舱	shāngwùcāng	（名）		7
上帝	Shàngdì	（名）	二	7
上风	shàngfēng	（名）		4
上火	shàng huǒ	（动）	三	7
上升	shàngshēng	（动）	一③	6
上市	shàng shì	（动）	二	11
稍	shāo	（副）	二	4
设想	shèxiǎng	（名、动）	二	10
摄影	shèyǐng	（动）	二	13
身份	shēnfen	（名）	二	9
神秘	shénmì	（形）	二	5
神仙	shénxiān	（名）	三	6
甚至	shènzhì	（连）	二	6
生存	shēngcún	（动）	一③	11
生命力	shēngmìnglì	（名）		13
生气	shēng qì	（动）	一①	6
生意	shēngyi	（名）	一③	9
生长	shēngzhǎng	（动）	一③	11
失去	shīqù	（动）	一②	3
失望	shīwàng	（动）	二	5
失学	shī xué	（动）		1
时不时	shíbùshí	（副）	附	14
时差	shíchā	（名）		7
时机	shíjī	（名）	二	14
时髦	shímáo	（形）	三	3
时速	shísù	（名）	三	14
实事求是	shí shì qiú shì		三	8
实线	shíxiàn	（名）		14
食用	shíyòng	（动）	三	11
始终	shǐzhōng	（副）	一③	3
市场	shìchǎng	（名）	一③	10
式样	shìyàng	（名）		12
饰物	shìwù	（名）		15
视频	shìpín	（名）	二	13
视野	shìyě	（名）	三	14
是否	shìfǒu	（副）	二	9
适应	shìyìng	（动）	一③	9
嗜好	shìhào	（名）	附	6
收藏	shōucáng	（动）	二	5
收集	shōují	（动）	二	15
收录机	shōulùjī	（名）		5
手术	shǒushù	（名）	二	5
手舞足蹈	shǒu wǔ zú dǎo			15
首	shǒu	（量）	二	13
首饰	shǒushi	（名）	三	9
书籍	shūjí	（名）	三	13
输送带	shūsòngdài	（名）		7
书信	shūxìn	（名）		3
梳	shū	（动）	三	15
属	shǔ	（动）	一③	12
鼠标	shǔbiāo	（名）	三	13
树木	shùmù	（名）	三	11
数码	shùmǎ	（名）	二	13
双	shuāng	（量）	一②	3
私家车	sījiāchē	（名）	三	14
死亡	sǐwáng	（动）	二	11
四季	sìjì	（名）	三	11
似笑非笑	sì xiào fēi xiào			4
算	suàn	（动）	一②	2
算(是)	suàn(shì)	（副）		1
算卦	suàn guà	（动）		12
算账	suàn zhàng	（动）	附	2
随即	suíjí	（副）	三	4
随时	suíshí	（副）	一②	12
随着	suízhe	（介）	二	10

241

损失	sǔnshī	(名、动)	二	8
所谓	suǒwèi	(形)	三	3

T

T恤衫	Txùshān	(名)		9
踏实	tāshi	(形)	二	9
摊	tān	(动)	三	7
谈论	tánlùn	(动)	三	6
弹	tán	(动)	二	15
探索	tànsuǒ	(动)	二	15
探讨	tàntǎo	(动)	二	13
探头探脑	tàn tóu tàn nǎo			7
烫	tàng	(动、形)	三	14
趟	tàng	(量)	二	12
掏	tāo	(动)	二	4
淘汰	táotài	(动)	三	9
讨厌	tǎo yàn	(动)	二	6
特地	tèdì	(副)	二	10
特价	tèjià	(名)	三	7
特意	tèyì	(副)	二	12
提醒	tíxǐng	(动)	二	5
体面	tǐmiàn	(形)	三	9
体温计	tǐwēnjì	(名)		13
剃	tì	(动)	三	13
天鹅	tiān'é	(名)	三	13
天空	tiānkōng	(名)	一③	11
添	tiān	(动)	二	10
挑子	tiāozi	(名)		13
调皮	tiáopí	(形)	二	4
挑战	tiǎo zhàn	(动)		13
贴	tiē	(动)	二	9
帖子	tiězi	(名)	三	13
同情	tóngqíng	(动)	二	6
统计	tǒngjì	(动)	二	6
痛苦	tòngkǔ	(形)	一③	3
偷偷	tōutōu	(副)	二	12
投向	tóuxiàng	(动)		11
图片	túpiàn	(名)	二	13
吐	tǔ	(动)	二	8
托运	tuōyùn	(动)		7

W

玩笑	wánxiào	(名)		9
万一	wànyī	(连)	一③	12
网	wǎng	(名)	一②	7
网购	wǎnggòu	(动)		13
网络	wǎngluò	(名)	一②	13
歪歪扭扭	wāiwāiniǔniǔ	(形)		1
微博	wēibó	(名)		13
为人	wéirén	(动、名)	三	14
围	wéi	(动)	一③	15
伪劣	wěiliè	(形)		8
尾数	wěishù	(名)		12
委屈	wěiqu	(动)	三	6
未成年	wèi chéngnián			6
未免	wèimiǎn	(副)	三	2
文明	wénmíng	(名、形)	一③	10
吻	wěn	(动、名)	三	5
卧室	wòshì	(名)	二	6
污	wū	(形)		11
污染	wūrǎn	(动)	二	11
无比	wúbǐ	(动)	二	8
无价之宝	wú jià zhī bǎo			1
无可奈何	wú kě nàihé		三	4
无论	wúlùn	(连)	一③	1
无数	wúshù	(形)	二	2
无所谓	wúsuǒwèi	(动)	二	3
无意	wúyì	(动)	三	15

X

西部	xībù	(名)	一③	15

吸引	xīyǐn	（动）	二	8	新郎	xīnláng	（名）	二	8
膝盖	xīgài	（名）	三	3	新娘	xīnniáng	（名）	二	8
喜爱	xǐ'ài	（动）	二	15	信号	xìnhào	（名）	一③	11
喜事	xǐshì	（名）	三	12	信任	xìnrèn	（动）	一③	8
戏水	xìshuǐ	（动）		13	信息	xìnxī	（名）	一③	7
系统	xìtǒng	（名、形）	二	13	信誉	xìnyù	（名）	三	8
瞎	xiā	（副、动）	三	4	兴	xīng	（动）		12
吓唬	xiàhu	（动）	三	7	兴奋	xīngfèn	（形）	二	8
夏令	xiàlìng	（名）		7	行驶	xíngshǐ	（动）	二	14
衔接	xiánjiē	（动）	三	7	幸运	xìngyùn	（形）	一③	8
显得	xiǎnde	（动）	一③	3	宣布	xuānbù	（动）	一③	1
显然	xiǎnrán	（形）	一③	11	旋律	xuánlǜ	（名）	三	15
相比	xiāngbǐ	（动）	一③	11	选择	xuǎnzé	（动）	二	9
香烟	xiāngyān	（名）	三	6	靴	xuē	（名）		15
享受	xiǎngshòu	（动、名）	二	10	寻	xún	（动）	三	2
享誉	xiǎngyù	（动）		15	寻访	xúnfǎng	（动）		15
想象	xiǎngxiàng	（动、名）	二	6					
向日葵	xiàngrìkuí	（名）		1	**Y**				
向上	xiàngshàng	（动）	二	13	压力	yālì	（名）	一③	1
项	xiàng	（量）	一③	9	牙齿	yáchǐ	（名）	三	3
相貌	xiàngmào	（名）		2	牙膏	yágāo	（名）	三	8
象征	xiàngzhēng	（动、名）	二	10	哑巴	yǎba	（名）		7
削	xiāo	（动）	三	3	雅座	yǎzuò	（名）		10
消费	xiāofèi	（动）	一③	11	烟囱	yāncōng	（名）	附	11
小儿麻痹症	xiǎo'ér mábìzhèng			10	烟雾	yānwù	（名）		6
					淹	yān	（动）	三	15
					研究生	yánjiūshēng	（名）	二	3
笑嘻嘻	xiàoxīxī	（形）		2	眼光	yǎnguāng	（名）	二	5
效益	xiàoyì	（名）	三	8	眼角膜	yǎnjiǎomó	（名）		5
心爱	xīn'ài	（形）	三	6	演唱	yǎnchàng	（动）	二	15
心灵	xīnlíng	（名）	二	1	扬	yáng	（动）	三	15
心事	xīnshì	（名）	三	13	养成	yǎngchéng	（动）	二	6
心疼	xīnténg	（动）	二	6	养活	yǎnghuo	（动）	三	10
心意	xīnyì	（名）	三	3	痒	yǎng	（动）	三	4
欣慰	xīnwèi	（形）	三	11	遥远	yáoyuǎn	（形）	三	1

243

耀眼	yàoyǎn	(形)	三	4
野	yě	(形)	二	14
业务	yèwù	(名)	二	9
夜班	yèbān	(名)	三	4
一流	yīliú	(形)	二	10
医	yī	(动)		2
一旦	yídàn	(副)	二	13
一溜烟儿	yíliùyānr	(副)		14
一面……一面……	yímiàn……yímiàn……			2
一下子	yíxiàzi	(副)	一③	3
咦	yí	(叹)		4
姨	yí	(名)	三	12
移植	yízhí	(动)	三	5
遗憾	yíhàn	(名、形)	二	3
以至	yǐzhì	(连)		13
一股脑儿	yìgǔnǎor	(副)		4
一连	yìlián	(副)	三	10
一连串	yìliánchuàn	(形)	三	7
一时	yìshí	(副)	二	2
意识	yìshi	(动、名)	二	6
意味	yìwèi	(动)		9
毅力	yìlì	(名)	二	6
饮用	yǐnyòng	(动)		11
瘾	yǐn	(名)	三	6
拥有	yōngyǒu	(动)	二	11
咏	yǒng	(动)		13
涌	yǒng	(动)	三	10
用品	yòngpǐn	(名)	二	13
忧伤	yōushāng	(形)		15
幽默	yōumò	(形)	二	11
尤其	yóuqí	(副)	二	13
由	yóu	(介)	一③	12
邮包	yóubāo	(名)		1
犹豫	yóuyù	(形)	二	8
油污	yóuwū	(名)		4
于是	yúshì	(连)	二	2
语无伦次	yǔ wú lúncì			4
原先	yuánxiān	(名)	二	7
缘分	yuánfèn	(名)	三	3
缘故	yuángù	(名)	二	10
源	yuán	(尾)		11
怨	yuàn	(动)	二	3
怨气	yuànqì	(名)	附	14
越过	yuèguò	(动)	三	14
乐谱	yuèpǔ	(名)		15
晕	yūn	(动)	二	5
允许	yǔnxǔ	(动)	二	14
运气	yùnqi	(名)	二	9

Z

砸	zá	(动)	三	14
在场	zàichǎng	(动)	二	8
在乎	zàihu	(动)	二	14
在于	zàiyú	(动)	二	14
暂且	zànqiě	(副)		10
赞美	zànměi	(动)	三	13
糟	zāo	(形)	二	11
造成	zàochéng	(动)	一③	11
则	zé	(量、连)	三	13
责怪	zéguài	(动)	三	10
贼	zéi	(名)	三	3
增强	zēngqiáng	(动)	二	13
眨	zhǎ	(动)		4
展销	zhǎnxiāo	(动)		8
战胜	zhànshèng	(动)	二	13
张望	zhāngwàng	(动)		15
帐篷	zhàngpeng	(名)	三	15
障碍	zhàng'ài	(名、动)	二	10

词语总表

招呼	zhāohu	(动)	二	4
招聘	zhāopìn	(动)	二	9
照例	zhàolì	(副)	三	12
照样	zhàoyàng	(副)	二	6
哲理	zhélǐ	(名)		13
者	zhě	(尾)		3
这样一来	zhèyàng yì lái		三	12
珍惜	zhēnxī	(动)	二	3
真谛	zhēndì	(名)		14
阵	zhèn	(名、量)	二	5
镇静	zhènjìng	(形)		4
争气	zhēng qi	(动)	附	13
整整	zhěngzhěng	(副)	一③	12
正常	zhèngcháng	(形)	一②	10
正当	zhèng dāng			3
……之类	……zhīlèi			10
汁(儿)	zhī(r)	(名)	三	11
直	zhí	(副)	一③	7
直达	zhídá	(动)	三	7
只管	zhǐguǎn	(副)	二	14
至于	zhìyú	(介、动)	二	7
制作	zhìzuò	(动)	一③	8
质量	zhìliàng	(名)	二	7
治	zhì	(动)	一③	2
治疗	zhìliáo	(动)	二	7
智慧	zhìhuì	(名)	二	8
中年	zhōngnián	(名)	一③	15
中途	zhōngtú	(名)	三	7
终于	zhōngyú	(副)	一②	3
种类	zhǒnglèi	(名)	二	12
中	zhòng	(动)		12
中毒	zhòng dú	(动)	二	11
州	zhōu	(名)		7
咒	zhòu	(动)		4
专	zhuān	(副)		8
专科	zhuānkē	(名)		13
转机	zhuǎn jī	(动)		7
转向(灯)	zhuǎnxiàng (dēng)	(动)		14
传	zhuàn	(名)	三	2
赚	zhuàn	(动)	二	9
追兵	zhuībīng	(名)		14
追求	zhuīqiú	(动)	二	13
追尾	zhuī wěi	(动)	附	14
资格	zīgé	(名)	一③	8
资金	zījīn	(名)	一③	10
仔细	zǐxì	(形)	二	11
自卑	zìbēi	(形)	三	10
自豪	zìháo	(形)	二	15
自然	zìrán	(名)	一③	11
自身	zìshēn	(名)	一③	10
自卫	zìwèi	(动)	三	4
自信	zìxìn	(动)	二	9
字眼	zìyǎn	(名)	三	6
总	zǒng	(副)		7
总得	zǒngděi	(助动)		12
总算	zǒngsuàn	(副)	二	1
走调儿	zǒu diàor	(动)		8
足足	zúzú	(副)		7
阻挡	zǔdǎng	(动)	三	14
钻研	zuānyán	(动)	三	10
醉	zuì	(动)	二	4
尊重	zūnzhòng	(动)	二	6
遵守	zūnshǒu	(动)	二	14
左顾右盼	zuǒ gù yòu pàn		附	14
座	zuò	(量)	一②	3

专有名词

B
巴黎	Bālí	15

C
常明	Cháng Míng	8
陈静	Chén Jìng	4

D
达坂城	Dábǎn Chéng	15
丁丽	Dīng Lì	13

F
飞鸟欢歌	Fēiniǎo Huāngē	13

G
古兰经	Gǔlán Jīng	15
广东	Guǎngdōng	9
广州	Guǎngzhōu	9

H
恒祥商场	Héngxiáng Shāngchǎng	12
湖南	Húnán	3
华盛顿	Huáshèngdùn	7
黄志强	Huáng Zhìqiáng	1
回族	Huízú	15

J
江苏	Jiāngsū	3
江西	Jiāngxī	1
井冈山	Jǐnggāng Shān	1
静儿	Jìng'ér	13
《静夜思》	《Jìngyè Sī》	13
旧金山	Jiùjīnshān	7

K
《快乐其实很简单》	《Kuàilè Qíshí Hěn Jiǎndān》	13

L
兰州	Lánzhōu	15
李白	Lǐ Bái	13
李群	Lǐ Qún	9
利成商店	Lìchéng Shāngdiàn	12
六盘山	Liùpán Shān	15
罗伯逊	Luóbóxùn	15
洛杉矶	Luòshānjī	7
骆宾王	Luò Bīnwáng	13

M
美国	Měiguó	7

S
山西	Shānxī	2
陕西	Shǎnxī	2
上海	Shànghǎi	7
苏州	Sūzhōu	3

T
吐鲁番	Tǔlǔfān	15

W
王洛宾	Wáng Luòbīn	15
王瞎子	Wáng Xiāzi	12
维吾尔族	Wéiwú'ěrzú	15

X
西安	Xī'ān	2
香港	Xiānggǎng	9
新疆	Xīnjiāng	15
徐民	Xú Mín	10

Y
伊斯兰	Yīsīlán	15
英国	Yīngguó	9
《咏鹅》	《Yǒng É》	13

圆通大师	Yuántōng Dàshī	2
Z		
藏族	Zàngzú	15
芝加哥	Zhījiāgē	7

中国青少年发展基金会	Zhōngguó Qīngshàonián Fāzhǎn Jījīnhuì	1
助残日	Zhùcán Rì	10
卓玛	Zhuómǎ	15

北语对外汉语精版教材
BLCU CHOICE TEXTBOOKS

桥梁

陈灼 主编

实用汉语中级教程（上）

BRIDGE
A PRACTICAL INTERMEDIATE CHINESE COURSE（Ⅰ）

第三版 | Third Edition

扩展学习手册
Supplementary Book

北京语言大学出版社
BEIJING LANGUAGE AND CULTURE
UNIVERSITY PRESS

目 录

1 我的"希望工程" 1
阅读课文　为希望工程献上一片爱心 1
会话课文　学"东西" 2
听力课文　女儿暑假打工 4

2 差不多先生传 6
阅读课文　我叫什么 6
会话课文　我该怎么回答 8
听力课文　胖嫂回娘家 9

3 我记忆中的两个女孩 11
阅读课文　理想与现实 11
会话课文　电视红娘 12
听力课文　红娘 14

4 醉人的春夜 16
阅读课文　真诚还在 16
会话课文　拜年 17
听力课文　月亮弯弯 18

5 眼光 20
阅读课文　胡适的白话电报 20
会话课文　"吃"文化 21
听力课文　画家和他的孙女 23

6 吸烟者的烦恼 26
阅读课文　烟酒不分家 26
会话课文　烟酒对话 27
听力课文　不许偷看 28

7 第一次转机 30
阅读课文　考驾照 30
会话课文　一起去旅游 32
听力课文　快递 33

8 广告与顾客 35
阅读课文　从美人说到广告　广告妙用 35
会话课文　讨价还价 36
听力课文　消费者怎样投诉 38

9 李群求职记 40
阅读课文　招聘考试 40
会话课文　机会意味着什么 42
听力课文　再见，礼品店 44

10 写在助残日之前 46
阅读课文　冬天里的一束鲜花 46
会话课文　送一份文化礼 47
听力课文　这个忙不能帮 49

11 热爱绿色 ... 51

阅读课文　保护黄河 ... 51
会话课文　我对青霉素过敏 ... 52
听力课文　小心钥匙 ... 54

12 买彩票 ... 57

阅读课文　八万元奖金应该属于谁 ... 57
会话课文　买彩票与心理卫生 ... 59
听力课文　周末之夜 ... 61

13 我的博客家园 ... 64

阅读课文　"微生活"的魅力 ... 64
会话课文　网络购物 ... 66
听力课文　寻找热心人 ... 67

14 开车与人生 ... 70

阅读课文　我把世界装进 Google ... 70
会话课文　红绿灯的间隔时间是长了还是短了 ... 72
听力课文　骑自行车串弄堂 ... 74

15 在那遥远的地方 ... 77

阅读课文　贺绿汀的音乐生活 ... 77
会话课文　"重大"发现 ... 80
听力课文　误会 ... 82

词汇总表 ... 84

语言游戏答案 ... 86

1 我的"希望工程"

（一）阅读课文

为希望工程献上一片爱心

三封来自青海、甘肃小学校的信飞到了张文、李大勇、赵正的手中。信上写着："……因为生活困难，我们曾不得不离开学校，是你们使我们的上学梦变成了现实——我们又重新回到了课堂上。"合上信，这三个东北的大学生笑了。

去年春天，张文、李大勇、赵正从报纸上看到了中国青少年基金会向全社会发出的号召："中国每年有百万儿童失学，他们期待（qīdài）着你的帮助……"他们三人没有商量，没有约定，拿起笔分别向基金会提出资助（zīzhù）贫困地区失学儿童的申请。很快，他们得到了回音。按照基金会提供的地址和姓名，他们把钱寄给了青海、甘肃三个陌生（mòshēng）的小朋友。如今，他们已资助这三个失学儿童两个学期了。

其实，这三个东北的大学生也并不富裕。张文是农民的儿子，上小学时就曾因交不起学费而着急、难过。到了中学二年级，他又因为生病住院花去很多钱。是全校同学为他捐（juān）钱，他才能够继续读书的。他说："没有同学们的爱心，我就念不了书，也成不了大学生。如今，还有那么多孩子没有书读，我要像大家帮助我一样地去帮助那些失学儿童。因为我对想上学而上不了学的感受实在太深了。"

李大勇、赵正和张文一样，家里也都不富裕，资助孩子们的钱是从自己的生活费中节省下来的。他们的共同心愿是：真希望有一天，没有一个儿童因为贫困而失学！

练习

1. 根据课文内容,选择最恰当的答案。

    (1) 三个大学生看完信以后笑了,是因为:
    A. 三个失学儿童回信了。
    B. 三个失学儿童做了一个上学的梦。
    C. 失学儿童请大学生帮助他们实现上学的梦想。
    D. 三个失学儿童又重新回到了课堂。

    (2) 基金会提供给三个大学生失学儿童的住址、姓名,是因为:
    A. 基金会号召社会救助失学儿童。
    B. 三个大学生自己提出申请资助失学儿童。
    C. 三个大学生已经资助过失学儿童。
    D. 三个大学生从报纸上看到了中国青少年基金会的号召。

2. 根据课文内容回答问题。

    (1) 张文为什么说"没有同学们的爱心,我就念不了书,也成不了大学生"?
    (2) 三个大学生自己也并不富裕,为什么还要资助失学儿童?

会话课文

学"东西"

(课堂上,汉语教师教外国学生学"东西"这个词。)

老师: 同学们,你们知道什么是"东西"吗?

学生: 桌子是东西,椅子是东西,我是东西,你是东西。

老师: 不对,不对。

学生: 啊,对不起,老师,你不是东西。

老师: 更不对了,不能说"你不是东西",这是骂人的话。

学生：那么你到底是不是东西？如果是东西的话，你是个什么东西？

老师：不行，不行。"你是个什么东西"也是骂人的话。

学生：哎呀！"东西"这个词太复杂了。

老师："东西"这个词一般指事物。指人的时候是有限制的，而且一般不用于肯定句。比如，不能说"我姐姐是东西"、"刚进来的那个同学是东西"。

学生：如果用在否定句和疑问句里，就是骂人了，是吧。

老师：对，像刚才说的"你不是东西"、"你是个什么东西"就是骂人。再加上一些修饰（xiūshì）语，就更加强了骂人的程度。比如："你这个狗东西"、"他这个坏东西"、"这老不死的东西"、"这鬼东西"。

学生：老师，那为什么张爷爷有时叫我"小东西"、"鬼东西"、"坏东西"呢？

老师：那就要看具体的语言环境了。这样的叫法，在开玩笑、表示喜爱（xǐài）时也用。所以说，语言这东西不是轻易可以学好的，非要下苦功不可。

学生：老师，语言也是东西呀？

老师：是的。知识也是东西。可以说："我今天跟老师学了不少东西"、"这个人肚子里没有什么东西"。

学生：老师，这"东西"里还真有不少东西呀！

（节选自《汉语教学漫议三题》，作者：王德春。有删改）

练习

1. 分角色进行对话练习。注意语音语调。

2. 读读下面的句子。注意读出语气的变化。

（1）这小东西真可爱！

（2）你这个坏东西，下次不跟你一起看电影了。

（3）我今天跟老师学了不少东西。

（4）他是什么东西！也来管我。

（5）这人，太不是东西了，说话不算话。

（三）听力课文

女儿暑假打工

我女儿17岁上大学，今年暑假以后该上二年级了。暑假的第二天，她就和同学们到百货大楼打工去了。原来，我和妻子都希望她能利用假期好好复习复习功课。可女儿说："我要凭自己的本事挣钱交学费。"我们觉得她说的也有道理，让她试着锻炼锻炼吧。

第一天下班回来，女儿激动得不得了，觉得自己长大了，能挣钱了，计算着一个暑假下来能挣多少钱，还计划着用多少钱给我们买礼物，剩下的钱交学费。第二天晚上回来，给我们讲各种顾客买东西时的不同心理，觉得又新鲜又有意思。第三天晚上回来，女儿什么话也没有了。问她怎么了，她只说头疼、腰疼，哪儿都疼。临睡觉的时候，女儿小声对妈妈说："妈，我现在才知道爸和您挣钱真不容易。"十天过去了，女儿的话又多起来。

开学了，女儿结束了打工。她把挣的钱交给妈妈之后，好半天才说出一句话："将来一定要当老板！"我和妻子都呆住了。

生 词

| 1 | 挣 | zhèng | （动） | earn | 二 |
| 2 | 心理 | xīnlǐ | （名） | psychology | 二 |

练习

1. 根据录音内容复述大意。

2. 听录音填空。

（1）我女儿17岁上大学，今年暑假以后_____上二年级_____。

（2）原来，我和妻子_____希望她_____利用假期好好复习功课。_____女儿说："我要

_____自己的本事挣钱交学费。"我们觉得她说的_____有道理,_____她试_____锻炼锻炼吧。

(3)第一天下班回来,女儿激动得_____,觉得自己长_____了,_____挣钱了。

(4)睡觉的时候,女儿小声_____妈妈说:"妈,我现在_____知道爸_____您挣钱真不容易。"

(5)十天过去了,女儿的话又多_____。开学了,女儿结束_____打工。她_____挣的钱交_____妈妈之后,好半天才说_____一句话:"将来一定_____当老板!"我和妻子都呆_____了。

2 差不多先生传

（一）阅读课文

我叫什么

这两天我身体不舒服，到医院看病，没想到却为改名字上下楼跑了三遍，惹了一肚子的不痛快。

那天看病的人特别多，好不容易挂上号，没几分钟就看完了。我递上新买的病历（bìnglì）本，大夫问："叫什么？""李东。"他迅速填上病历，让我去划价（huà jià）、取药。下到一楼划价处，我拿到药方（yàofāng），一看，忙说："同志，名字写错了，您给改改，否则单位不能报销（bàoxiāo）。"女护士瞪了我一眼，扔出一句："看看你的病历本。"我拿出病历本一看，大夫竟（jìng）把"李东"写成了"李通"。我赶忙跑上三楼找到原来的大夫，一个劲儿（yígejìnr）地道歉，说自己说得不清楚，求他给改过来。大夫一面批评我，一面给我改了。我捧着病历本，赶紧下到一楼划价处，还算顺利。可到交费处，麻烦又来了，交费处的小姐看了半天，一扬手把单子扔了出来："去让划价的把名字写清楚点！"我赶紧跑回划价处，等拿过药方一看，只见上面清清楚楚地写着"李冬"两个字。我忙说我是"东方"的"东"，错一个字也报销不了。"别说了，找大夫去！"划价女士的一句话又把我送上了三楼。

大夫一见我就把脸拉下来了，不过还是把"冬"改成了"东"。要说大夫还是挺负责任的，可能他觉得一个字划了三个黑疙瘩（gēda）不太好看，特意（tèyì）把名字在旁边重写了一遍。我仔细看了一遍那个"东"字。这回一点儿没错，我跑回一楼，刚递进药方，里边又问了："嗨（hāi），你到底姓什么？"我接过药方一看，哎呀，怎么又把"李东"写成"刘东"了呢？没办法，我不得不再上三楼。这回大夫火了:"你有完没有?一个破字得改多少回?"我赔着笑脸听着,心里却很生气。大夫这回写得一点没错儿,确实是我的名字"李东"。

就这样,这位马马虎虎的大夫害得我跑上跑下一个多小时。我想没病的人也得给气出病来。

练习

1. 根据课文内容,选择最恰当的答案。

(1) 划价处的护士把名字写错了,是因为:
   A. "我"说得不清楚。
   B. 那天护士特别忙。
   C. 大夫把病历本上的名字写错了。

(2) 划价处的护士认为:
   A. 是"我"写错了名字。
   B. 写错了名字是大夫的责任。
   C. "我"应该看看自己的病历本再划价。

(3) 大夫一见"我"就把脸拉下来了,因为:
   A. 他觉得自己挺负责任的。
   B. 他认为"我"在药方上划了三个黑疙瘩不好看。
   C. 他觉得"我"在给他找麻烦。

(4) 为什么"我"要反复找大夫改名字?
   A. 重视自己的名字。
   B. 名字写错了就不能报销。
   C. 名字写错了就不能取药。

2. 根据课文内容回答问题。

(1) 为什么"我"到医院看病却惹了一肚子不痛快?
(2) 你认为写错名字主要是谁的责任?为什么?

(3）你觉得大夫和两位小姐的工作态度怎么样？

(4）大夫为什么发火？

（二）会话课文

我该怎么回答

（英国留学生丹尼刚来中国半年，却遇到了很多问题，好在现在有了张明这个新朋友，可以好好地问问他了。）

丹尼：张明，你好！

张明：丹尼，你好！你上哪儿去？

丹尼：上哪儿去？怎么你们中国人一见面就爱问上哪儿去？

张明：这是我们打招呼的方式，可以说是一种礼貌。

丹尼：礼貌？我们觉得这很不礼貌，我们是不喜欢别人关心我们的私事。

张明：这我明白，可这是我们多少年来形成的一种习惯。尤其是老人，这么问是表示对你的关心。

丹尼：你们还喜欢问"吃了没有"、"多大了"等问题，我们听起来感到很奇怪。

张明：可我们听起来却很亲切，甚至我们还会问你"结婚了没有"、"每月工资多少"等让你们觉得很难回答的问题。

丹尼：我真是怕了，每当有人问我这些问题时，我都不知道怎么回答才好。

张明：其实，你根本不必怕，问你的人一般并不是真想打听你的私事，而只是为了礼貌，跟你打声招呼而已（éryǐ）。所以，如果你不愿回答，撒个谎（sā ge huǎng）也没有关系。

丹尼：撒谎？

张明：对。如果别人问你上哪儿去，你可以简单回答"出去"、"看朋友"或"买东西"，等等。

丹尼：如果别人问我"结婚了没有"我该怎么回答？

张明：你可以不回答。但为了礼貌，你也不用生气。应该迅速改变话题（huàtí），你可以改问对方"最近身体怎么样"、"工作顺利吗"，等等。

丹尼：我明白了，如果不愿回答的问题就假装（jiǎzhuāng）没听明白。

张明：你真聪明！

练习

1. 分角色进行对话。注意语音语调。

2. 问答练习。

    有人问到你不愿谈论的话题时，你怎样回答比较礼貌？例如：

    （1）你为什么跟妻子离婚？

    （2）你每月工资多少钱？

    （3）你在跟谁谈恋爱？

（三）听力课文

胖嫂回娘家

胖嫂结婚一年，就生了一个胖儿子，日子过得很开心。

一天，她丈夫出去了。晚上，胖嫂一个人哄着孩子睡觉。忽然有人敲门。原来她妈妈病了，让她快些回去。胖嫂急得不得了，马上抱起孩子就走。那天晚上没有月亮，胖嫂走着走着就进了西瓜地。她被绊了一跤，孩子也被摔到了地上。她连忙爬起来，抱起孩子就走。到了娘家才发现，她手里抱的并不是孩子，而是一个西瓜。她急忙点上灯，到瓜地里找孩子，可是找了半天只找到了一个枕头。她急得又从原路找回家去，进屋一看，发现孩子在床上睡得正香呢。

生　词

1	娘家	niángjia	（名）	home of a married woman's parents	
2	开心	kāixīn	（形）	happy	一②
3	哄	hǒng	（动）	coax	三
4	绊	bàn	（动）	(cause to) stumble, trip	
5	跤	jiāo	（名）	fall	
6	枕头	zhěntou	（名）	pillow	三

专有名词

| 胖嫂 | Pàngsǎo | a fat woman's nickname |

练习

1. 根据录音复述大意。

2. 听录音填空。

（1）胖嫂结婚一年，就生了一个胖儿子，日子过得_____。

（2）晚上，胖嫂一个人哄_____孩子睡觉。

（3）胖嫂急得_____，马上抱起孩子就走。

（4）胖嫂走_____走_____就进了西瓜地。她_____绊了一跤，孩子也被摔_____了地上。

（5）她连忙爬_____，抱_____孩子走。

（6）到了娘家才发现，她手里抱的并_____孩子，而_____一个西瓜。

（7）进屋一看，发现孩子在床上睡得_____。

3 我记忆中的两个女孩

（一）阅读课文

理想与现实

刘先生和李小姐是两个很平凡（píngfán）的人。在两人26岁那年，有一位认识刘先生同时又认识李小姐的人，介绍两人谈朋友。听了介绍，两人都觉得对方很平凡：平凡的家庭，平凡的工作，没有什么特别使人满意的，也没有什么可不满意的。于是两人都同意见见面。当时两人都有个想法，也许对方的外表不错。两人见了面才发现，原来对方的外表（wàibiǎo）也是那么平凡。两人犹豫（yóuyù）了几天后，就都谢绝（xièjué）了介绍人。

第二年，有人又给他们俩介绍对象。这次介绍人是两个，一个认识刘先生，一个认识李小姐。两人在一起聊天，一个说他认识一位姑娘，27岁了，还没有对象；另一个说他正好认识一个男的，也27岁了，也没有对象。于是两个介绍人连对方的名字都没弄明白就当起介绍人来，而刘先生和李小姐同样没有搞明白对方是谁就见了面。"原来是你！"两人忍不住说。有了上次分手（fēnshǒu）的经历，两人都没有意思继续下去，就很客气地分了手。

第三年，又有人给他俩介绍。这次两人倒是弄明白了对方是谁，但两人却都痛痛快快地答应见面。见了面李小姐很得体地笑了，刘先生也笑了笑。笑过之后李小姐很热情地说："看来咱们还真有缘分。"刘先生说："那咱们就结婚吧。"那口气（kǒuqì）就像两人已经恋爱了很长时间一样。

婚后有一次两人闲聊，刘先生问李小姐："你为什么前两次都放弃了我，而后一次却又接受了呢？"李小姐笑了笑，很诚实地说："第一次分手是因为你与我心中的偶像还有点儿距离，第二次分手是由于有过一次分手的经历，第三次接受了你是因为我觉得咱们有缘分。"

接着李小姐又问刘先生:"你当时又是怎么想的呢?"刘先生想了想,也很诚恳地说:"大概人的理想总是高于现实的吧。"两人不觉同时笑了起来。

练习

1. 根据课文内容判断对错。

(   )(1)刘先生和李小姐是偶然遇到的。
(   )(2)刘先生和李小姐第一次见面没谈成是因为觉得对方外表一般。
(   )(3)刘先生和李小姐第二次见面又没谈成是因为有第一次分手的经历。
(   )(4)刘先生和李小姐终于结了婚是因为他们都觉得自己28岁了,不能再拖了。
(   )(5)刘先生和李小姐恋爱三年后终于结了婚。
(   )(6)刘先生觉得人的理想总是高于现实的。

2. 根据课文内容回答问题。

(1)刘先生和李小姐怎么认识的?
(2)刘先生和李小姐是怎样的两个人?
(3)他们第一次为什么都回绝了对方?
(4)他们第二次为什么又分手了?
(5)他们最终为什么结了婚?

(二) 会话课文

电视红娘(hóngniáng)

(留学生杰克和中国学生丁力是好朋友。)

杰克:丁力,你给我介绍一下中国目前的婚姻恋爱状况好吗?

丁力:好啊,可是为什么你对这些事情感兴趣呢?想在中国找对象?(哈哈……)

杰克：你呀，总爱跟我开玩笑。我正在写一篇关于中国当代（dāngdài）婚姻恋爱状况的文章。

丁力：近年来，人们的恋爱婚姻观念（guānniàn）随着改革开放发生了很大的变化。

杰克：有些什么变化呢？

丁力：以前主要靠亲戚、熟人介绍对象，后来就在报上登征婚（zhēng hūn）启事（qǐshì），再后来又出现了婚姻介绍所，现在又有网络征婚……

杰克：对啦，我朋友告诉我一个交友网站……

丁力：哦（ó）？在那儿你找到了一位漂亮的——

杰克：我找到了"红娘"，"网络红娘"！

丁力：看你那高兴劲儿！我还认识一位更让人喜欢的"红娘"呢。

杰克：还有什么"红娘"？你说说。

丁力：听说过"电视红娘"吗？

杰克：电视究竟怎样当"红娘"呢？

丁力：想通过电视征婚的人，可以到电视台报名，由电视台节目组安排男女嘉宾（jiābīn）现场征婚，并录像（lù xiàng）制作（zhìzuò）成节目，再安排播放（bōfàng）。如果现场没有找到合适的人，通过节目看到你的人也会和你联系。这样电视就成"红娘"啦！

杰克：电视广告几十秒就得几十万元，那通过电视征婚一定要花一大笔钱吧？

丁力：不花钱。

杰克：征婚者都做哪些准备呢？

丁力：要先录一个短片，一方面要介绍自己的情况，另一方面要说明自己选择对象的条件，比如说对年龄、性格（xìnggé）、职业、学历（xuélì）、爱好、家庭等方面的要求。

杰克：哪个台（tái）能看到"电视红娘"呢？

丁力：很多台都有。江苏卫视（wèishì）的"非诚勿扰（fēi chéng wù rǎo）"，湖南卫视的"我们约会（yuēhuì）吧"……你想见"红娘"的心情这么迫切，看来不久我就会吃上喜糖啦！

练习

1. 分角色进行对话练习。注意语音语调。
2. 你知道哪个电视台有"电视红娘"吗？给大家介绍一下。

（三）听力课文

红 娘

红娘是中国元代杂剧《西厢记》中的一个人物。作为小姐崔莺莺的侍女，她聪明勇敢、天真活泼。崔莺莺遇见张生以后，两人产生了爱情。可是当时的社会不允许青年男女自由恋爱，莺莺的母亲也看不起张生，坚决反对他们恋爱。红娘不仅同情莺莺和张生，而且热情地帮助他们，为他们出主意，想办法，传递书信，终于促成了他们的结合。后来人们就把热心促成别人婚姻的人叫做"红娘"。随着社会的发展，现在人们也常把给别人介绍工作或推荐人才的单位和人叫做"红娘"，还有叫"职业红娘"、"人才红娘"的。

生 词

1	杂剧	zájù	（名）	poetic drama set to music, flourishing in the Yuan Dynasty (1271~1368)	
2	侍女	shìnǚ	（名）	maidservant	
3	促成	cùchéng	（动）	help to bring about	三
4	推荐	tuījiàn	（动）	recommend	三
5	传递	chuándì	（动）	deliver	二

3 我记忆中的两个女孩

专有名词

1	红娘	Hóngniáng	the heroine's maidservant in *West Chamber*
2	西厢记	Xīxiāng Jì	*West Chamber*
3	崔莺莺	Cuī Yīngying	the heroine in *West Chamber*
4	张生	Zhāngshēng	the hero in *West Chamber*

练习

1. 根据录音内容复述大意。

2. 听录音填空。

（1）人们常把热心促成别人婚姻的人叫做_____。

（2）红娘是元代杂剧_____中的人物。

（3）红娘的性格特点是_____。

（4）红娘是崔莺莺的_____。

（5）红娘热情地促成了_____和_____的婚姻。

（6）"职业红娘"的任务是_____。

4 醉人的春夜

(一) 阅读课文

真诚（zhēnchéng）**还在**

早春的一个傍晚，我因为办事，错过了买《北京晚报》的时间，心里怪沮丧的。我骑着车，仍然寻找着卖《北京晚报》的人。"晚报，《北京晚报》！"在一个胡同口，一个残疾（cánjí）青年在晚风中正左手挥动着几份晚报，口里不停地招呼着。

我靠上去，停下车："来份晚报！"我边说边从钱包里掏出一张50元的钱。"您没有零钱么？"他刚要递过来报纸，停下了。我把钱包打开，举到他面前：里面确实只有几张50元的钱。他似乎没有看。我失望地刚要骑车上路，他喊住了我："报纸，您拿去！"我愣住了，没有用手去接。"一张报纸，没关系。"他冲我说。我接过报，说："谢谢，明天一定给你送钱来。"

晚上，我边看报边想："那个残疾青年真的相信我明天会给他送钱去吗？"我是个生意人，自然产生了这种想法。

第二天，一个电话打来，我得去南京三天。这三天里，我心里总是不安，似乎自己骗了一个尤其不该骗的残疾人。

回到北京，好容易到了下班时间，我骑车赶到他面前。我接过一份《北京晚报》，递上一元："找两角！"他愣了一下："您不是只买一份吗？""你怎么忘了？"我不好意思地讲了那次买报的经过。他这才想起来，说："谢谢，谢谢您！""不，该谢的是你。谢谢你的信任！"我用力地握了一下他的左手。

打那天起，我总是多绕一两里路来买他的报，并且尽量多买几份。他也总是用感激的目光（mùguāng）望着我。其实，是他的真诚感动了我。

4 醉人的春夜

🔖 **练习**

1. 根据课文内容判断对错，并说明理由。

（　　）（1）卖《北京晚报》的青年是个残疾人。
（　　）（2）"我"故意掏出一张50元的钱买晚报。
（　　）（3）残疾青年没要"我"的钱，是因为相信"我"明天一定会把钱给他送来。
（　　）（4）"我"因为去外地办事，没及时把钱送还残疾青年。
（　　）（5）一份《北京晚报》只卖两毛钱。
（　　）（6）为了表达对残疾青年的感激，"我"总是去买他的报。

2. 复述这篇课文的主要内容。

（二）会话课文

拜　年（bài nián）

（初一，近中午，刘师傅正在看电视。忽然，电话铃又响起来——）

刘师傅：喂？

小　马：刘师傅，我是小马。春节好，我这儿给您和大妈拜年啦！

刘师傅：春节好，小马。你觉得昨天晚上的春节联欢晚会怎么样？

小　马：我看还可以。我们全家边看电视边包饺子。夜里12点下锅，一起热热闹闹地吃团圆（tuányuán）饺子。12点一过，我们家的电话也跟着热闹起来了。不少朋友打来了拜年电话。

刘师傅：是呀，现在到家里拜年的人越来越少了。打电话问候一下，又方便，又亲切。平时关系好的会更好，有点儿矛盾的也就不计较了。

小　马：是这样。还有很多朋友给我发来了短信。什么"春节愉快"呀，"哥们儿（gēmenr）新的一年再合作"呀，叫人心里怪高兴的。

刘师傅：我儿子的一个好朋友在国外留学。昨天夜里他和那个朋友进行什么网络视频拜年。"每逢佳节（jiājié）倍思亲"嘛，那个好朋友很高兴。

小　马：是啊，现在拜年的方式真是越来越多了。刘师傅，我就不去您家了。祝您全家新年快乐！

刘师傅：谢谢！也祝你全家春节快乐。向你父母问好。再见！

小　马：再见！

练习

1. 分角色朗读对话。注意语音语调。

2. 根据对话回答下列问题。

（1）现在的中国人都通过哪些方式拜年？
（2）电话拜年有什么好处？
（3）"每逢佳节倍思亲"是什么意思？
（4）你给中国人拜过年吗？说一说。

（三）听力课文

月亮弯弯

月亮弯弯。几只小船在湖中划着。由远而近，传来阵阵歌声……

高英和张大川肩并肩地坐在湖边的大树下。张大川用手指着划过来的小船说："我要是在船上，会跳下去游个痛快！"高英说："我信。全市大学生男子游泳冠军嘛！过两天教教我行吗？"张大川说："当然行了。不过，你没必要学，如果你掉进河里，我还能不救你吗？"高英一笑，说："你还是别演英雄救美人的戏啦！弄脏了你的新衣服怪可惜的。"张大川说："新衣服算什么，反正我爸有的是钱。为了你，命都舍得！"

话音刚落，湖中忽然有人大喊："救命啊！有人掉河里啦！……"高英一愣，随即着急地对张大川说："快，下水救人！快！"见他不动，又推了他一把："听见没有？你倒是快点儿呀！"

张大川无可奈何地脱下衣服交给高英，然后蹲下脱鞋，放在石头上，最后脱下裤子。没等他跳下水，掉在湖里的人已被救上岸。

不知什么时候，高英走了。石头上堆放着张大川的衣服。他独自站在那儿。晚风掠过，他感到格外凉。

生　词

| 1 | 舍得 | shěde | （动） | not begrudge, be willing to part with | 二 |
| 2 | 独自 | dúzì | （副） | by oneself | 二 |

练习

1. 听录音判断正误，并说明理由。

（　　）（1）高英和张大川正在谈恋爱。

（　　）（2）高英是全市大学生男子游泳冠军。

（　　）（3）张大川的父亲很有钱。

（　　）（4）高英知道有人掉进湖里时希望张大川下水救人。

（　　）（5）张大川立刻脱掉衣服，跳进湖里。

（　　）（6）张大川终于把落水的人救上了岸。

（　　）（7）通过救人这件事，高英更爱张大川了。

2. 根据录音内容复述这个小故事。

5 眼 光

（一）阅读课文

胡适的白话电报

胡适是位著名的学者。"五四"运动时期，他积极推动新文化运动，提倡白话（báihuà）文。他说："文言（wényán）是半死文学"，"可读而听不懂"。他始终关心白话文的发展和命运，带头用白话写文章，还专门编写了一部《白话文学史》。

三十年代初，胡适在北京大学任教授。讲课时他常常对白话文大加称赞，引起一些只喜欢文言文而不喜欢白话文的学生的不满。一次，胡适正讲得得意（déyì）的时候，一位姓魏的学生突然站了起来，生气地问："胡先生，难道说白话文就毫无缺点吗？"胡适微笑着回答说："没有的。"那位学生更加激动了："肯定是有的！白话文废话（fèihuà）太多，打电报用字多，花钱多。"胡适的目光顿时变亮了，轻声地解释说："不一定吧！前几天有位朋友给我打来电报，请我去政府部门工作，我决定不去，就回电拒绝了。复电是用白话写的，看来也很省字。请同学们根据我这个意思，用文言写一个回报，看看究竟是白话文省字，还是文言文省字？"胡教授刚说完，同学们立刻认真地写了起来。

十五分钟过去，胡适让同学举手，报告用字的数目，然后挑了一份用字最少的文言电报稿，电文是这样写的：

"才疏学浅，恐难胜任，不堪从命。"意思是：学问不深，恐怕很难担任这份工作，不能服从安排。

胡适说，这份写得确实不错，仅用了十二个字。但我的白话电报却只用了五个字："干不了，谢谢。"

眼 光 5

胡适又解释说:"干不了"就有才疏学浅、恐难胜任的意思;"谢谢"既对朋友的介绍表示感谢,又有拒绝的意思。所以,废话多不多,并不看它是文言文还是白话文,只要注意选用字词,白话文是可以比文言文更省字的。

胡先生的解释,使那些对白话文不感兴趣的学生也受到了很深的教育。

练习

1. 根据课文内容,选择最恰当的答案。

(1) 胡适提倡白话文,是因为:

　A. 白话文废话少,比文言文更省字。
　B. "五四"运动时期提倡白话文,他是著名学者,应该推动新文化运动的发展。
　C. 文言文是半死文学,可读而听不懂,限制人们的思想。
　D. 他是北京大学教授,有责任关心白话文的发展与命运。

(2) 对白话文不感兴趣的学生受到了很深的教育,是因为:

　A. 胡适的白话电报比文言电报简单得多。
　B. 胡适把白话文的好处解释得很清楚。
　C. 胡适拒绝去政府部门工作,使学生们深受感动。
　D. 胡适是著名学者,讲课讲得很好,常常大加称赞白话文。

2. 根据课文内容回答问题。

(1) 胡适为什么让学生们写一份电报稿?内容是什么?
(2) 白话文比文言文的废话多吗?怎么才能做到废话少又省字呢?

(二) 会话课文

"吃"文化

A:我发现汉语中带"吃"字的词语特别多。不知你注意了没有?

B：没错。这也许跟中国的"吃文化"有关系。

A：是呀，中国人特别讲究吃，但讲究得也不一样：南方人爱吃甜的，湖南、四川一带人爱吃辣的，山西人爱吃酸的……差别（chābié）可大了！

B：对了，我常听中国人说："民以食为天。"这句话是什么意思？

A：意思是说：对老百姓来讲，吃饭是最重要的一件事。

B：中国人那么多，解决十多亿人的穿衣吃饭问题确实不容易。

A：难怪中国人见面常爱问："吃了没有？"开始，我听了真不舒服。吃饭不吃饭是我个人的事，跟他有什么关系？

B：其实你也不用生气，这只不过是中国人打招呼的一种方式。

A：这倒也无所谓，听多了也就习惯了。奇怪的是，汉语中那么多带"吃"的词，有时真搞不明白。

B：有哪些？说给我听听。

A：比如，我们刚学过的"吃亏、吃惊"，还有"吃醋、吃香、吃得开、吃不开"什么的。

B：所谓"吃醋"就是忌妒（jìdù），"吃香、吃得开"都有受欢迎的意思，"吃不开"是不受欢迎。

A：你这么讲我可记不住，你能不能一边解释一边举几个例子？

B：好的。比如说，你的女朋友跟别的男人一起去看电影了，你很不高兴，你这就是在"吃醋"。

A：我没有女朋友。况且，就是有女朋友，她爱跟谁去看电影，那是她的自由，我决不"吃醋"。

B：看，你已经学会"吃醋"了。

A：好。你接着说，"吃香、吃得开"怎么用？

B：如果一位老师在学校里工作得很好，很受大家的欢迎，就可以说：这位老师在我们学校很吃香，很吃得开。

A：我懂了。这么说，你在我们班一定很吃香、很吃得开，而我就吃不开了。

B：怎么能这么说呢！

A：你汉语学得非常好，老师和同学都喜欢你，当然吃香、吃得开。我学习可远远不如你，怎么能吃得开呢！

B：别开玩笑了！

练习

1. 分角色进行对话练习。注意语音语调。

2. 把下列句子多读几遍，并就文中带"吃、喝"的词语展开讨论，根据上下文来判断它们的意思。

（1）他们人比我们多，快走吧，好汉不吃眼前亏，别跟他们斗。

（2）她去过很多国家，喝过洋墨水，知道的东西真不少！

（3）我暑假出去旅游花了很多钱，爸爸到现在没寄钱来，所以我手头吃紧得很。

（4）我最近身体不太好，学习又那么紧张，实在有点儿吃不消了。

（5）你大事干不了，小事不肯干，以后怎么生活，难道喝西北风吗？

（三）听力课文

画家和他的孙女

画家有一个6岁的孙女，叫婷婷。婷婷也喜欢画画儿。

婷婷画了一棵树。

他说："婷婷，你画的树不对。"

婷婷说："怎么不对呢？"

他说："树枝不对。"

婷婷说："树枝怎么不对呢？"

他说："树枝怎么能比树干还粗呢？"

婷婷说："树枝怎么不能比树干还粗呢？"

他说："那就不是树了。"

婷婷说:"不是树你怎么说是树呢?"

他无话可说了。

婷婷画了一匹马。

他说:"婷婷,你画的那马不对。"

婷婷说:"怎么不对呢?"

他说:"马有翅膀吗?"

婷婷说:"马没有翅膀。"

他说:"那你为什么给马画了翅膀呢?"

婷婷说:"我想让马长出翅膀来。"

他说:"那就不是马了。"

婷婷说:"不是马你怎么说是马呢?"

他又没话说了。

婷婷还画了一只老母鸡。老母鸡下了一个蛋。那蛋比老母鸡还大。婷婷就拿那幅画去参加西班牙的一个国际儿童画展。结果,婷婷得了一等奖。

画家心里就是不明白:"这洋人,怎么跟小孩子没两样呢?"

生　词

| 1 | 枝 | zhī | (名、量) | branch; *a measure word for branches* | 二 |
| 2 | 树干 | shùgàn | (名) | tree trunk | |

专有名词

| 婷婷 | Tíngting | | name of a girl |

练习

1. 根据录音内容回答问题。

(1) 婷婷第一张画儿画的是什么?爷爷说她哪儿画错了?

（2）婷婷第二张画儿画的是什么？爷爷说她什么地方画得不对？

（3）婷婷画的马是什么样的马？她为什么要这样画？

（4）婷婷的什么画儿得了一等奖？是在哪儿得的一等奖？

2. 说出录音中的反问句。

3. 根据录音内容判断正误。

（ ）（1）画家有个7岁的孙女，她的名字叫婷婷。

（ ）（2）世界上没有树枝比树干粗的树。

（ ）（3）爷爷认为马没有翅膀，婷婷同意爷爷的意见。

（ ）（4）婷婷认为没有见过的东西不一定没有。

（ ）（5）婷婷希望马能长出翅膀来。

（ ）（6）婷婷画马的画儿得了一等奖。

（ ）（7）婷婷画的老母鸡，下的蛋比鸡还大。

（ ）（8）婷婷画的鸡参加了全国儿童画展。

（ ）（9）婷婷的画儿得了一等奖，爷爷很高兴。

（ ）（10）爷爷认为：外国人的水平跟婷婷的水平一样，都不懂画画儿。

6 吸烟者的烦恼

(一) 阅读课文

烟酒不分家

中国有句俗话（súhuà）叫"烟酒不分家"，意思是说，朋友之间烟酒不分彼此（bǐcǐ）。因此，在中国常常可以看到敬烟劝酒的场面（chǎngmiàn）。几个朋友在一起，很少自己抽自己的烟；如果在一起喝酒，更不可能谁喝谁买。即使（jíshǐ）对不太熟悉的人，自己抽烟之前，也要先请别人抽。如果对方抽了你的烟，过一会儿他也会回敬（huíjìng）你一支。这样，双方的距离就近了。如果两人再能在一起喝点儿酒，那就更亲密（qīnmì）了。为了表示亲热（qīnrè），或表示尊重，请客者一般都会一再（yízài）劝酒、敬酒，被请者一般也会尽量多喝。所以，会抽烟喝酒的人交朋友会方便一些。但是，人们现在已开始讨厌这种做法了，原因是：许多本来不抽烟喝酒的人，正是由于这种做法的影响才学会的，以后想戒都戒不掉。中国有这么多人抽烟喝酒，是否跟这种习惯有很大关系呢？

练习

根据课文内容回答问题。

1. "烟酒不分家"是什么意思？
2. 在中国，两个都抽烟喝酒的朋友在一起，常会出现什么场面？
3. 烟酒怎样可以使人与人之间的距离靠近？
4. 中国人都喜欢这种"烟酒不分家"的习惯吗？为什么？
5. 你认为中国烟民多的原因，与"烟酒不分家"的习惯有关系吗？

6. 你遇到过课文中说的情况吗？
7. 你对"烟酒不分家"是怎样看的？
8. 在烟酒方面，贵国的习惯与中国有什么异同？

（二）会话课文

烟酒对话

烟：这位先生，看样子您大概是酒喝多了吧？

酒：我才喝了半斤白酒，差远了。

烟：半斤还算少哇？酒喝多了会危害身体健康的，你知道不知道？

酒：我才不信呢！酒的好处很多，它能消除（xiāochú）烦恼，让人精神振奋（zhènfèn）。况且，喝酒才是真正的男人。不喝酒的男人，连女朋友也难找。

烟：谁说的？告诉你，我一点儿酒也不喝，照样有女孩子喜欢我！你看，坐在那边抽烟的小姐，漂亮不漂亮？那就是我的女朋友。

酒：难怪她喜欢你，你们俩都是烟民。跟我说话这么一会儿，你都抽了两根了。你一天抽几根？

烟：几根？告诉你吧，我一天3盒，60根！

酒：真是个大烟鬼（yānguǐ）！你刚才说喝酒危害身体健康，你怎么不想想抽烟的危害呢？我听说抽烟的人容易得肺癌，70%以上的肺癌病人是烟民。

烟：我不在乎。我身体好极了，从来不得病。再说抽烟的好处也有很多，比如消除烦恼，振奋精神……

酒：行了行了，这是酒的好处！

烟：也是烟的！烟酒的好处差不多。干脆，你跟我学抽烟，我跟你学喝酒吧。

酒：那可不行。光喝酒我就快受不了了，再抽烟我就别活了。你不要命，我还要呢。

烟：这才是你的真话吧！我也跟你说真的，我早就想戒烟了，可试了好几次，都不行，真是无可奈何。

酒：我也戒过酒，可是戒酒太难了。酒瘾上来时多么难受，只有我自己知道。

烟：我理解。这样吧，咱们再试一次。我敢保证，只要你能戒酒，我就能戒烟。

酒：只要你能把烟戒掉，我就能把酒戒掉。可是你的女朋友怎么办，她戒不戒？你看，她还在抽呢！

烟：跟你说实话（shíhuà）吧，我根本不认识她！

练习

1. 分角色进行对话练习。注意语音语调。

2. 分别以吸烟者与喝酒人的身份谈论下列问题。

（1）吸烟的好处；吸烟的害处；戒烟的难处

（2）喝酒的好处；喝酒的害处；戒酒的难处

（三）听力课文

不许偷看

几个月来，小酒店的生意一直不太好，店主很烦恼。生意不好的原因，不是酒店的位置不好，也不是酒的质量有问题，更不是服务态度不好。主要原因是，酒店太多，可是自己的酒店没有特别吸引人的地方。怎么办呢？真的无可奈何了吗？店主想了好几天，终于想出了一个好主意，他高兴得差点儿跳起来。第二天，街上的人发现，酒店的玻璃窗上写了四个大字——不许偷看！然而，越是不许偷看，人们就越想看。不但从玻璃窗外往里偷看，不少人还走进店里想仔细看看。结果，这些进来的人差不多都被店里弥漫的酒香迷住了。酒瘾一上来，只好拿钱买酒，有的干脆就在店里喝起来。

6 吸烟者的烦恼

生　词

1	酒店	jiǔdiàn	（名）	wineshop	—①
2	迷	mí	（动）	be crazy about, be fascinated by	—③

练习

1. 根据录音内容填空。

（1）生意不好的原因，_____酒店的位置不好，_____酒的质量有问题，_____服务态度不好。

（2）怎么办呢？真的_____了吗？

（3）店主想了好几天，_____想出了一个好主意，他高兴得_____跳_____。

（4）酒店的玻璃窗上写了几个大字——不许偷看！_____，越是不许偷看，人们就_____想看。

（5）_____，这些进来的人差不多都_____店里弥漫的酒香迷_____了。

2. 听录音判断正误。

（　）（1）小酒店的生意一直都很好。

（　）（2）酒店服务员的服务态度没问题。

（　）（3）酒店里酒的质量有问题。

（　）（4）这酒店与别的酒店的特点差不多。

（　）（5）酒店主人讨厌人们偷看他的酒店。

（　）（6）酒店主人想出的办法没什么效果。

（　）（7）进店的人买酒是因为酒瘾上来了。

7 第一次转机

（一）阅读课文

考驾照

家里有车，可我不会开，就对老公（lǎogōng）说我想考驾照。没想到老公不解（bùjiě）地说："你上班这么近，考驾照干吗？"

从家到我上班的公司，的确很近，我平时总是骑车上班。可我还是觉得，既然有车，何不学开车呢？不能去超市购物什么的总让老公跟着去呀？

禁不住（jīnbuzhù）我软磨硬泡（ruǎn mó yìng pào），老公总算同意我考驾照了。第一关是考理论，我用了两天时间，昏天黑地（hūn tiān hēi dì）背书，上网，从试题库（kù）找练习做，这一关顺利通过。接着，第二关、第三关考试也顺利通过。我拿到了驾照，老公却一点儿也不觉得它有什么实际意义。

有一天，我和老公去乡下参加表弟的婚礼。因为是喜酒，老公不顾我的劝阻（quànzǔ），喝了不少。他大着舌头（shétou）说："没……没事，我没喝多少，我开车送你回去，保证不……不耽误你上班……"

我决定亲自开车回家。大家把醉得不省人事（bù xǐng rén shì）的老公抬（tái）到后座上。我是第一次"上岗"（shàng gǎng），紧张是难免（nánmiǎn）的。为了安全，车速慢得跟蜗牛（wōniú）似的，常被后边的车鸣笛催促（míng dí cuīcù）。催就催吧，我是新手我怕谁！只要别赶上来"亲吻"（qīnwěn）我的车就行。

一个小时的路，我开了两个多小时。快到家时，路旁一个骑着小车的男孩儿突然穿路而过，我一个急刹车（shāchē），心都快跳出来了。路旁见到的人还直夸我："你开车的技术真不错！"

到了家，我扶老公进了屋，他咕咚（gūdōng）一声就躺到床上了。第二天早晨醒来，他竟笑着说："我车开得怎么样？没耽误你上班吧？"我听了，差点儿没把鼻子气歪了。

（作者：风中沉香。有删改）

练习

1. 根据课文内容，选择最恰当的答案。

   （1）老公同意"我"考驾照，是因为：
      A. 家里有两辆车
      B. 不愿意"我"骑车上班
      C. "我"考驾照的态度坚决
      D. 不愿意开车跟"我"去超市购物

   （2）"我"劝老公少喝喜酒，是因为：
      A. 担心老公喝醉了开不了车
      B. 喜酒不好喝
      C. 老公从来不喝酒
      D. 喜酒不能多喝

   （3）大家把老公抬上车，是因为：
      A. 老公病得很重
      B. 老公醉得厉害，无法开车
      C. "我"很想亲自开车回家
      D. 大家希望"我"开车送老公回家

2. 根据课文内容回答问题。

   （1）"我"是怎么得到驾照的？
   （2）"我"第一次开车顺利吗？

（二）会话课文

一起去旅游

A：嘿（hēi），听说你又去旅游了，什么时候回来的？

B：回来有一个多月了。你想不想去旅游？下一次咱们一起去吧。

A：想是想，可是——

B：可是什么！又是忙，没时间。

A：是啊，上班忙工作，下班忙家务。

B：以前有一首流行歌曲叫《我想去桂林（Guìlín）》，歌词是"我想去桂林啊我想去桂林，可是有时间的时候我却没有钱。我想去桂林啊我想去桂林，可是有了钱的时候我却没有时间……"，这首歌说的就是你吧？

A：我呢，是既没有时间，也没有钱。真羡慕你，两样都具备（jùbèi）。

B：别把旅游看成什么大不了的事，关键（guānjiàn）是下决心去，并且按计划进行。要说忙，谁不忙呢？要说有钱，多少钱算有钱呢？比如我吧，情况不是跟你差不多吗？

A：说的也是。

B：其实旅游不过是为了开开眼界（kāi yǎnjiè），换换心情而已。一位台湾才女（cáinǚ）说得好，旅游很多时候不是为了去，而是为了回来的时候，可以重新认识自己身边的世界。

A：有道理。国内很多地方你都去过，还去过欧洲（Ōuzhōu）、泰国（Tàiguó），你是随团去的，还是个人去的？

B：有随团去的，也有跟几个朋友一起去的。

A：那咱们找个时间一起去好不好？

B：好啊。如果去港澳台或是出国，我负责网上订机票，一点儿也不用你操心（cāo xīn）。

A：那就一言为定（yì yán wéi dìng）。具体什么时候去，去哪儿，咱们再商量。

B：好，就这么定了。

练习

1. 分角色朗读对话，注意语音语调。

2. 讲一讲你的一次旅游经历。

（三）听力课文

快 递

近几年，快递行业发展很快，从事快递工作的人员也越来越多。

小白和妻子有个儿子，已经上小学了，可一家人仍然住在一个小房子里。小白觉得房子太小、太挤，总想买一套大点儿的房子。为了实现这个愿望，他做起了快递工作。

快递是个多劳多得的工作，送的快件越多，收入越高。他每天与客户打交道，差不多全年都没有休息日。他要按时把快件送到客户手里，不能耽误。快递工作很忙，也累得很，爬楼、送重物是常有的事。有的地方还没有电梯，那就更辛苦了。

有一位姓张的先生，一年前，曾在一家快递公司寄过一件价值二十多万元的艺术品，结果丢失了。因为张先生没有办保价手续，那家公司只赔偿了几十元钱。自从张先生把快件交给小白以后，就再也没有发生过丢失或损坏的事情。

由于小白工作特别认真，他常常受到客户的称赞，公司也把更多的快件交给他送。

生 词

1	快递	kuàidì	（名）	express delivery	三
2	行业	hángyè	（名）	industry	二
3	快件	kuàijiàn	（名）	express mail	
4	客户	kèhù	（名）	customer, client	二
5	辛苦	xīnkǔ	（形、动）	laborious, toilsome; work hard	二
6	丢失	diūshī	（动）	lose	三
7	保价	bǎojià	（动）	(of value) be insured	
8	赔偿	péicháng	（动）	compensate	二
9	损坏	sǔnhuài	（动）	break, damage, injure	三

练习

1. 听录音判断正误。

（　　）（1）近几年，喜欢快递工作的人非常多。

（　　）（2）小白觉得自己的房子不漂亮，想买一套大房子。

（　　）（3）快递工作是送快件越多，收入越高。

（　　）（4）快递工作可以正常休息。

（　　）（5）快递工作十分辛苦。

（　　）（6）张先生的艺术品被寄丢后，获得了很高的赔偿费。

（　　）（7）小白多次发生丢失快件的事情。

（　　）（8）客户对小白的工作很满意。

2. 复述课文，用上下列词语。

快递　　快件　　客户　　丢失　　损坏

8 广告与顾客

（一）阅读课文

1. 从美人说到广告

《红楼梦》里写了12个美人，实际上也不是哪个人都挑不出一点儿毛病。例如，有的美人白白的脸上长着许多小黑点。有的发音有问题，把"二哥哥"叫成"爱哥哥"。尽管如此，人们仍然认为她们都是美人。因为世界上没有十全十美（shí quán shí měi）的人和事。

可有不少广告，为了吸引顾客，为了赚钱，不管在电视上，还是在报刊上，总把自己的商品吹得十全十美。什么"一洗就减肥（jiǎn féi）"啊，什么"治疗百病"啊。可能吗？一看就知道不实事求是。

最近，我在一家饭馆吃饭，看见筷子上写着这样两句话：如果我的菜不好，请对我说；如果我的菜好，请对朋友说。

这才是好的广告，因为实事求是。主人没有说自己的饭菜多么好，也没有说不好。饭菜的好坏由顾客来评论。这两句话，前者表示主人虚心接受批评，后者表示希望顾客帮助自己把生意做得更好。

2. 广告妙用

小刘愁得不得了——喝口凉水都长肉。

一天早晨，他照常打开电视机，起床穿衣服。电视里正在播出广告节目。当他吃力地扣上皮带（pídài）的最后一个自己扎的扣眼（kòuyǎn）时，一则广告吸引了他。广告说，各大药店正在出售一种减肥妙药。小刘听了无比兴奋，于是吃完早饭便毫不犹豫地骑上自行车专门去买电视里说的那种减肥药。

他走进第一家药店，不好意思地问售货员："师傅，请问有电视里说的那种减肥药吗？"说完脸顿时红了。售货员见他那样子忍不住笑了，说："对不起，你到别的药店看看吧！"小刘从药店出来，自我安慰地想："这家药店小，大药店可能会有。"不料他汗流满面地从城东跑到城西，从市内跑到郊区，所有的大大小小的药店都跑遍了，也没买到那种药。回到家天已经黑了。

第二天早晨，他一边穿衣服，一边打开电视机。他忽然发现皮带好像变长了似的，系（jì）皮带时，竟毫不费力地系上了。"啊哈！"他拍了拍变小了的肚子说，"我终于明白了广告的妙用！"

练习

1. 根据课文内容判断对错。

（　　）（1）白白的脸上长着许多小黑点，所以她不是美人。
（　　）（2）某些广告把自己的商品吹得十全十美，目的是为了赚钱。
（　　）（3）一家饭馆在筷子上写了两句话是在吹自己的饭菜做得好。
（　　）（4）"喝口凉水都长肉"的意思是说小刘常喝凉水。
（　　）（5）小刘太胖了，不得不在皮带上扎扣眼。
（　　）（6）小刘的肚子变小了，是因为他吃了减肥药。

2. 根据课文内容回答问题。

（1）为什么说有的广告不实事求是？
（2）小刘的肚子是怎么变小的？这使他明白了一个什么道理？

（二）会话课文

讨价还价（tǎo jià huán jià）

方明：你好，阿里，到哪儿去呀？

阿里：我去买衣服。哦（ò），对了，我想问问你，在中国买东西可以讨价还价吗？

方明：当然可以。在商品交换中，讨价还价是正当的。卖主总是想多赚钱，有的甚至随便提高价格，遇到有钱的人更不会轻易放过。

阿里：这么厉害呀！看样子真得学会讨价还价，否则要吃亏的。那么在任何商店都可以讨价还价吗？

方明：商场和超市是不能讨价还价的，但在自由市场或在一些个体经营的商店是可以的。

阿里：那么怎么讨价还价呢？

方明：首先，你必须了解商品价格。你刚到北京，对一般商品的价格一定不太了解，所以你应该通过朋友了解，同时，多去商场、自由市场转转，否则，虽然讨价还价了，实际上还是买贵了。

阿里：对，是这样的。我的一个朋友去买牛仔（niúzǎi）裤，卖主说260元，他说太贵，卖主降到210元，他就买了，还挺得意呢，可一个中国朋友买了一条同样的牛仔裤只花了180元。

方明：另外，当你看好一件东西时，一定不要表现出特别喜欢的样子，否则卖主就会死不降价。

阿里：那怎么办呢？

方明：你就拼命挑那件东西的毛病。比如说，这件衣服做得太粗啦，扣子（kòuzi）和衣服的颜色不配啦，样子太平常啦，某个地方有点儿脏啦等等。

阿里：要是他还不降价怎么办呢？

方明：那你就对他说："那你自己留着吧。"转身就走，卖主见你不想买了，也许就同意降价了。

阿里：你真行！

方明：还有，如果你多买几件你要买的那种商品，你可以要求卖主降价，在这种情况下卖主最容易降价。

阿里：没想到买东西有这么多学问。谢谢你，我这就去试一试。

练习

1. 分角色熟读对话。注意语音语调。

2. 不看课文，分角色进行对话，尽量用上下列词语。

讨价还价　　卖主　　赚钱　　甚至　　否则　　吃亏
自由市场　　价格　　牛仔裤　　降价　　挑　　粗　　颜色

（三）听力课文

消费者怎样投诉

所谓投诉，就是指消费者在自己的利益受到损害时，向有关部门提出请求，以保护自己的利益。

在什么情况下可以提出投诉呢？

只要自己购买的商品在质量、价格、安全、卫生等方面有问题并向经营者提出而不能解决问题时，都可以投诉。

投诉可以通过面谈或写信等方式，向消费者协会或新闻单位和部门反映。

投诉时应写出材料，其内容主要有：投诉人的姓名、地址和电话，被投诉者的单位，所购商品的名称、规格、价格及损坏的程度，投诉人的要求等。除了这些内容，投诉人还应该有发票和保修单。

生词

1	投诉	tóusù	（动）	(of a customer) complain	二
2	经营	jīngyíng	（动）	manage, run	一③
3	协会	xiéhuì	（名）	association	二
4	规格	guīgé	（名）	specifications	三
5	发票	fāpiào	（名）	bill, invoice	二
6	保修单	bǎoxiūdān	（名）	warranty	

8 广告与顾客

练习

1. 根据录音内容回答问题。

   （1）什么叫投诉？

   （2）在什么情况下可以投诉？

   （3）怎样投诉？

2. 根据录音内容填空。

   （1）投诉指的是_____在自己的利益受到_____时，向某部门_____请求，以_____自己的利益。

   （2）只要发现自己_____的商品在_____、_____、_____、_____等方面有问题并向_____提出而不能_____时，都可以投诉。

   （3）投诉可以通过_____或_____等方式向某部门反映。

   （4）投诉人投诉时必须有_____和_____，这两样东西可以证明你购买的商品是从那个商店买的。

9 李群求职记

（一）阅读课文

招聘考试

上次招聘栽（zāi）了个大跟头（gēntou），这次，张经理又想了个新办法。

可巧了，这次又来了三个小伙子，又是三个人三个样儿。经理在办公室准备好后，吩咐秘书把三个小伙子一个一个地叫进来。

第一个小伙子穿一身中山装，圆脸，厚嘴唇（zuǐchún），胖乎乎的。他尊敬地站在经理面前，非常老实的样子。经理交给他十元钱说："出公司门口往西三百米处有一个冷饮店，你去那里买三瓶酸奶来。"

小伙子听话地去了。十分钟后，小伙子回来，把钱交还给经理："实在对不起，我在三百米处看了半天，也没找到冷饮店，只好回来了，实在对不起，没买到酸奶。"

"你先到外屋休息去吧。"经理说，又吩咐叫第二个。

第二个小伙子不高不矮，不胖不瘦，一身西装，非常精神，但看不出他是什么性格。经理也交给他十元钱："出公司门口往西三百米处有一个冷饮店，你去那里买三瓶酸奶回来。"小伙子和第一个小伙子一样，十分钟就回来了，把钱交给经理："公司门口往西三百米处没有冷饮店，所以没买到酸奶。不过，我发现门口往东二百米处倒有个冷饮店，请问能不能到那里去买？"

"你先到外屋休息去吧。"经理说，又吩咐叫第三个。

第三个小伙子短小精干（jīnggàn），一身牛仔装，两只眼睛亮亮的，一看就是个聪明人。经理也给了他十元钱，交给他同样的任务。

小伙子说了声"拜拜"，转身就走了。十分钟后回来，他把三瓶酸奶及找

9 李群求职记

回的零钱放到经理的办公桌上说:"张经理,你可真逗。公司门口往西三百米处,根本没有冷饮店。害得我往东又跑了二百米才买到酸奶,冷饮店在东边。您的记性(jixing)可真是……"

"你先到外屋休息去吧。"

小伙子走后,经理双手一拍,高兴地说:"好!定了。"

"第三个?"秘书问。

"太聪明了,什么事都自己拿主意作主张,这样的人最容易坏事。不可信任。"

"第二个?"

"虽然往西去了,但后来又往东去了,不专心,也不可用。"

"第一个?"

"听话、专心,不自作主张,最可信任。"

"张经理亲自选的人是不会错的。"秘书崇拜地说。

练习

1. 根据课文内容,选择最恰当的答案。

   (1) 上次招聘栽了个大跟头。

   这句话里"栽跟头"的意思是:

   A. 摔了一跤。

   B. 种东西。

   C. 招聘工作失败。

   D. 碰了头。

   (2) 张经理,您可真逗。

   这句话里"您可真逗"的意思是:

   A. 您说的话真有意思。

   B. 您记错了。

   C. 您在开玩笑。

   D. 您别逗我了。

（3）太聪明了，什么事都自己拿主意作主张。

张经理说第三个小伙子"太聪明了"，是：

A. 否定

B. 肯定

C. 称赞

D. 吃惊

2. 根据课文内容回答问题。

（1）从外表看，三个小伙子有什么不同？

（2）三个小伙子里，有的买到了酸奶，有的没买到，为什么？

（3）张经理选中了哪个小伙子？为什么？

（4）如果你是经理，你选谁？为什么？

（二）会话课文

机会意味着什么

叶强：赵立，我的好几个朋友都因为对现在的工作不满意，想跳槽（tiào cáo）呢。他们都在寻找机会，等待机会。

赵立：寻找什么样的机会呢？赚钱多、社会地位高，他们是否就满意了呢？

叶强：那也不一定。报酬、社会地位并不是一个人要从工作中得到的最高奖赏（jiǎngshǎng）。

赵立：那要什么样的最高奖赏？

叶强：他所从事的工作，使他感到自己是一个有价值的人。越工作越有自信。工作对他来说，已经不再是一件必须做的苦事，而是一件很愿意做的高兴的事。

赵立：你谈的太理想了。现在很多人工作，就是为了挣钱养家。有位社会心理学家在北京站搞调查。他问一个从外地来打工的小伙子："你来北京干什么？""赚钱啊。""赚钱干什么？""娶媳妇啊。""娶媳妇干什么？""生孩子啊。""生孩子干什么？""赚钱啊。""赚钱干什么？""给我孩子娶媳妇啊。""给孩子娶媳妇干什么？""生孩子啊。""有意思吗？""没有意思。""那你为什么这么做呢？""别人都是这么做的呀！"

叶强：你看，这个小伙子虽然赚了大钱，但他并不知道活着的意义和自己的价值。

赵立：在现实生活中，要找到一个报酬又高，又适合自己的工作，可不是一件容易的事。同时还要能在工作中找到自己的价值，这可就更难了。

叶强：但可以去寻找，去选择。据心理学家分析：一个人选择职业的最佳年龄段是20至30岁。在这段时间里，人们可以通过从事不同的工作，不断地积累经验，从而逐渐发现自己的职业兴趣和能力，最后决定这辈（bèi）子自己究竟干什么。所以，从某种意义上来说，机会就意味着社会在选择你，你要适应社会。

赵立：是啊，能像你说的那样去积累去选择，当然是很有意义的。那就要趁着年轻多学几样本领。如果你不做好准备，再好的机会也会被你错过，你说呢？祝你的朋友们都走好运吧！

练习

1. 分角色进行对话练习。注意语音语调。

2. 介绍一下叶强和赵立对选择职业、工作报酬有什么看法。

3. 熟读下列句子。

（1）他所从事的工作，使他感到自己是一个有价值的人。

（2）现在很多人工作，就是为了挣钱养家。

（3）这个小伙子虽然赚了大钱，但他并不知道活着的意义和自己的价值。

（4）从某种意义上来说，机会就意味着社会在选择你，你要适应社会。

（5）如果你不做好准备，再好的机会也会被你错过。

（6）那就要趁着年轻，多学几样本领。

(三) 听力课文

再见，礼品店

我正在读研究生，课余去一家礼品店打工。我的工作除了帮客人选择礼品、当翻译小姐，还要想各种办法让更多的顾客到我们店来买东西。因为这一条街上有好几家礼品店。

对我来说，工作忙点儿累点儿倒没什么，我最不喜欢的，就是要想办法帮助老板拉客人。

我们店里有各种各样的礼品，有的小礼品进价只有四五元，但卖给顾客时，价钱要高出六七倍，有的还要多。

一次，有位老华侨在我们店附近的"立美商店"看上了一幅九千元的中国画儿。我一边陪他欣赏那幅画儿，一边告诉他，有的商店里这样的画儿，价钱要便宜一半。他让我告诉他是哪家商店。

当老华侨走进我们商店时，我用电话告诉老板，说正进门的老华侨刚才在"立美商店"看上了一幅九千元的中国画……老华侨在我们店花了四千二百元买走了一幅进价不到一百元的中国画。等我回到商店，老板高兴地拿出二百元说："这是给你的报酬。"

回到学校宿舍，我躺在床上，控制不住自己的眼泪。一连好几天，老板打电话让我去上班。我终于明白了，我不适合做生意。

再见，礼品店！

生 词

1	礼品	lǐpǐn	（名）	gift, present	三
2	课余	kèyú	（名）	after class	
3	进价	jìnjià	（名）	purchase price	
4	欣赏	xīnshǎng	（动）	admire	二

9 李群求职记

专有名词

立美商店　　　　Lìměi Shāngdiàn　　　name of a shop

练习

1. 根据录音判断对错，并说明理由。

   (　　)（1）"我"是一家礼品商店的职员，主要工作是帮助客人选礼品和当翻译。

   (　　)（2）工作忙和累"我"都不怕，最怕帮助老板拉客人。

   (　　)（3）"我"打工的商店有各种各样的礼品，价钱也不一样，有的四五元，有的要高出六七倍。

   (　　)（4）有位老华侨，差点儿在"立美商店"买了一幅九千元的中国画。

   (　　)（5）"我"为了不让老华侨吃亏，告诉他，同样的画，附近商店要便宜一半。

   (　　)（6）老板卖出这幅中国画，赚了大约四千多元。

   (　　)（7）"我"拿到二百元的报酬后就不去上班了。

   (　　)（8）"我"认为老板赚的太多，自己得到的报酬太少，就跟礼品店再见了。

2. 根据录音复述课文大意。

10 写在助残日之前

（一）阅读课文

冬天里的一束（shù）鲜花

春节期间，家家高高兴兴。可在城南一户普通人家里，一位青年妇女抱着孩子低头不语。两位老人也很伤心。

忽然，一位漂亮的小姐拿着一束鲜花进了家门。小姐说："你们好！我是青年报的工作人员。赵京给我们写信，委托（wěituō）我们在他妻子生日那天——也就是今天，送给妻子一束鲜花，同时再买一盒蛋糕，祝父母健康，全家平安。"

两位老人说："赵京是个孝顺（xiàoshun）的孩子，愿他好好改造，早一天回家来。"赵京的妻子格外激动，接过鲜花，贴在脸上，眼泪不由得流下来。

原来，春节前，青年报收到赵京的一封信。信上说："我是一个犯人（fànrén），我给家庭带来了痛苦和不幸。与我刚刚结婚一年的妻子，面对着两位多病的老人和一家人的生活，不但没有离开我，而且不断写信给我，还常来看我。我总觉得很对不起她，欠她的太多。最近，从报上看到你们开展代客送礼（sòng lǐ）的业务。请你们在年初三我妻子生日那天，给我妻子和父母送去我的心意（xīnyì）……"青年报的工作人员被赵京的真情感动了，决定免费（miǎnfèi）服务，选派了最优秀的送礼小姐去完成这个特殊任务。

几天后，青年报又收到了赵京的来信。信中写道："看了我家人的来信，我无比兴奋，我的手都在颤抖，一股暖流温暖了我的心。我们这些危害过社会的人没有被社会抛弃（pāoqì），人们没有忘记我们。作为犯人，我们需要物质上的支持，更需要精神上的安慰和来自社会的关怀。你们使我们看到了希望和光明。谢谢你们！"

不料,这件事被其他犯人知道后,竟引起了不小的震动(zhèndòng)。几天内,监狱里出现了很多好人好事。可以相信,用不了多久,这些人就会向关怀他们的亲人和社会献上一束无比美丽的鲜花。

练习

1. 熟读课文并判断对错。

    (　　)(1)赵京委托青年报的工作人员给自己的妻子祝贺生日。

    (　　)(2)赵京是个优秀青年。

    (　　)(3)赵京娶了个很好的妻子。

    (　　)(4)青年报的工作人员被赵京的真情感动了,只收了他很少的钱。

    (　　)(5)赵京又给青年报写了一封信,表示今后要好好改造自己。

2. 根据课文内容回答问题。

    (1)春节期间赵京的父母和妻子为什么伤心?

    (2)春节前赵京为什么委托青年报的工作人员给家里送礼物?

    (3)赵京为什么把送礼的事情委托给青年报的工作人员?

    (4)收到赵京的礼物,赵京的妻子心情怎么样?

    (5)几天后,赵京为什么又给青年报写信?

    (6)青年报的工作人员为赵京送礼这件事对其他犯人有什么影响?

(二) 会话课文

送一份文化礼

伊　万:李老师,您好!

李老师:你好!听说你又要去中国,是吗?

伊　万:是啊!我去年暑假在中国旅游(lǚyóu)了一个月,觉得自己的汉语水平还不行。这次去是专门学习汉语。

李老师：噢。

伊　万：在中国旅游的时候，我认识了两位中国朋友，您说我送给他们点儿什么礼物好呢？

李老师：在人与人的交往（jiāowǎng）中，互相送礼是一种表达感情的形式。在选择礼物时，应考虑对方的性别（xìngbié）、教养（jiàoyǎng）和爱好。如果考虑不周到，有时会给对方带来不愉快。因为不同的国家、民族送礼的习惯是不同的。

伊　万：所以我正为这事发愁呢。您能给我介绍一下中国的送礼习惯吗？

李老师：好吧。例如不要给老年人送钟，因为"送钟"和"送终"（zhōng）的发音相同，而"终"和"死"有关系。不要给正跟自己谈恋爱的人送梨。朋友之间不送伞。因为"梨"和"离"、"伞"和"散"（sàn）的发音相同或相近……

伊　万：送礼有这么多讲究哪！

李老师：还有，过去中国人之间送礼讲究实用，所以常把糕点、水果、烟酒、衣服、手表之类的东西作为礼物送人。

伊　万：那么现在有什么变化呢？

李老师：现在，随着人民生活水平的提高，人们在送礼时开始重视文化了，除了送首饰、化妆品、工艺品之类的礼物外，送鲜花的越来越多，很多城市有了专卖鲜花的花店。听说有的花店在"情人节"（Qíngrén Jié）那天，仅玫瑰（méigui）花就卖出了几千枝。

伊　万：变化可真大。

李老师：现在一种被称为"空中礼物"的点歌（diǎn gē）节目很受青年们的欢迎。在朋友生日那天，通过广播电台或电视台给朋友献上一首好听的歌，表示祝贺。

伊　万：这份礼物真好，给朋友送去快乐，送去文化。这说明社会越进步，文明程度越高，人们之间的交往也更富有（fùyǒu）情调（qíngdiào）。

李老师：是这样。中国有句古语："千里送鹅毛，礼轻情意重。"礼物不贵重没关系，只要你记着朋友，朋友就会很高兴。

伊　万：听您这么一说，我已经想好了。我要送我的那位画家（huàjiā）朋友一幅法国画儿，送那位旅馆小姐一瓶法国香水。

李老师：我看可以。这是很好的礼物嘛！

伊　万：谢谢您的介绍。

练习

1. 熟读课文。注意语音语调。
2. 分别扮演伊万和李老师，不看课文进行对话（内容可以有所改变）。

（三）听力课文

这个忙不能帮

小光是个热情的小伙子，住在北京的一条胡同里。邻居有个老人，没有孩子，全靠他照顾。朋友们谁有什么困难，他都尽量帮助。

但是他最好的朋友找他帮忙，倒被他拒绝了。事情是这样的：一天早晨，他的好朋友来找他，焦急地问："有钱吗？借几千块。"小光见他眼睛红红的，不由得问："你怎么啦？是不是身体不舒服？"朋友说："别提啦，两天两夜输了三千块！"小光听了，生气地说："这钱，我不能借给你！"朋友急了，说："我保证还你。"小光说："凭咱俩的关系，白给你都可以；可你去赌博，我不能借。我不能看着你走上犯罪的路。"

小光很伤心，为这事一连几天没睡好觉。朋友的母亲知道这事后，对小光说："幸亏你没借钱给他，要不然，我们家可就完了。你不帮他这个忙，实际是救了他啊！"

生词

1	赌博	dǔbó	（动）	gamble	二
2	犯罪	fàn zuì	（动）	commit a crime	二
3	幸亏	xìngkuī	（副）	luckily	三
4	要不然	yàobùrán	（连）	otherwise, or	二

练习

1. 听录音回答下列问题。

（1）一天早晨，小光的朋友找小光有什么事？

（2）朋友要向他借多少钱？为什么借钱？

（3）小光为什么不肯借给他？

（4）朋友的母亲对这件事是怎么看的？

2. 复述这篇短文。

3. 根据录音内容完成句子。

（1）小光住在_____。

（2）邻居有个老人，_____。

（3）朋友向他借钱，被_____。

（4）朋友向他借钱，因为_____。

（5）小光不借给他钱，是_____。

（6）小光很伤心，一连_____。

（7）朋友的母亲对小光说，幸亏_____，要不然_____。

11 热爱绿色

（一）阅读课文

保护黄河

黄河是中华民族的摇篮（yáolán），没有黄河，就没有我们这些黑头发黄皮肤的中国人。然而，我们是怎样对待这条母亲河的呢？说句实话，我们对不起黄河。据学者们研究，两千多年前，黄河并不姓"黄"，而是叫"河水"或者"大河"，河水也是相当清澈（qīngchè）的。随着她的儿女渐渐增多，她周围的森林面积却一天比一天减少，造成了越来越严重的水土（shuǐtǔ）流失（liúshī），终于使她由绿变黄了。由于河底（dǐ）的泥沙（níshā）越来越多，河面逐渐上升。有些地方，比如河南省开封市，河面比岸两边房顶还高，成了流在人们头顶上的"悬（xuán）河"。大概是母亲生我们的气了吧，河水一次又一次地跑出来教训我们，造成了难以想象的损失。

那么，目前的情况又怎么样呢？旧的问题没有解决，新的问题又产生了。黄河不仅是工农业生产和人民生活的重要水源，也是附近农业污水和生活污水的主要通道（tōngdào）。据专家们统计，黄河流域（liúyù）污水排放量高达21.2亿吨，工业垃圾及生活垃圾近4100万吨，农药和化肥的年使用量分别为3.75万吨和690万吨。以宁夏为例，黄河流过宁夏13个市县，全长397公里。宁夏每年3亿吨工业和生活污水大约有80%排放进黄河。目前，宁夏重大污染源有18个，每天排放污水15万吨，都是不经过处理就流入黄河。据检验，黄河水中的有毒有害物质的含量近年有显著增加。由于污染严重，河水不进行处理就不符合饮用标准。然而现在，宁夏南部山区许多农民就是直接饮用黄河水的。即使是那些不直接饮用黄河水的人，也不是不受到危害的。因为被污染的黄河水影响到了地下水，一些地区的地下水，污染程度已相当严重。饮用这样的地下水，怎么能保证身体健康呢？

　　黄河污染问题，关系到千千万万人民的生产生活，关系到中华民族的生存与发展。如果我们不高度重视，不赶快控制污染，情况会更加严重。那样的话，黄河母亲会更加生气，并用更严厉（yánlì）的方式教训我们。如果我们想保护自己，保护中华民族，就必须先想办法保护母亲，保护黄河。

练习

1. 根据课文解释下列各句话的意思。

（1）黄河是中华民族的摇篮。没有黄河，就没有我们这些黑头发黄皮肤的中国人。

（2）两千多年前，黄河并不姓"黄"。

（3）（黄河）成了流在人们头顶上的"悬河"。

（4）河水一次又一次地跑出来教训我们，造成了难以想象的损失。

（5）即使是那些不直接饮用黄河水的人，也不是不受危害的。

（6）黄河污染问题，关系到千千万万人民的生产生活，关系到中华民族的生存与发展。

（7）如果我们想保护自己，保护中华民族，就必须先想办法保护母亲，保护黄河。

2. 根据课文内容回答问题。

（1）为什么说"我们"对不起黄河？

（2）目前黄河的污染情况怎么样？

（3）为什么必须保护黄河？

（4）说一说你们国家某条河流的污染情况。

（二）会话课文

我对青霉素（qīngméisù）过敏（guòmǐn）

医生：你哪儿不舒服？

病人：我拉肚子、发高烧。刚才我试过表，39度6。

医生：从什么时候开始的？

病人：昨天晚上开始肚子疼，上了十几次厕所，后半夜开始发烧。

医生：昨天你吃什么了？

病人：昨天下午吃了几个桃（táo）子、一个西瓜，晚饭吃的鱼、肉和米饭。

医生：那些东西都是新鲜的吗？

病人：不太新鲜。桃子有点儿烂，西瓜也有点儿太熟了，鱼和肉是午饭剩的。

医生：哎呀，都不新鲜呀！这些东西就是你拉肚子的病源。看来，你是食物中毒了。

病人：那现在怎么办？

医生：打青霉素吧。

病人：大夫，能不能不打针？我最怕打针。再说，我对青霉素过敏。

医生：青霉素过敏？那就换别的针吧。再吃点消炎（xiāo yán）药和退烧药吧。

病人：我对磺胺（huáng'ān）一类的消炎药也过敏。

医生：好，好，这很重要。病人对什么药物过敏，一定要告诉大夫，不然，后果是严重的。

病人：这一点我太清楚了。我吃够了这方面的苦头。有一次，我去中国朋友家吃饺子，刚吃两个就浑身不舒服，嘴唇（zuǐchún）也肿（zhǒng）起来了。

医生：那可能是吃了什么对你来说过敏的东西。

病人：我赶紧问他们饺子里有什么，主人说有肉、虾、鸡蛋。

医生：看起来，你除了药物过敏还食物过敏。

病人：我立刻大喊，我对虾（xiā）过敏，快送我去医院。

医生：幸好你知道自己的过敏源，不然，还真危险呢。

病人：所以，我平时总是很小心，不敢随便吃东西。昨天稍微不注意，就又吃出问题来了。

医生：小心是对的，但也不要神经过敏。

病人：唉！朋友们已经笑我神经过敏了。大夫，你给我开了这么多药啊，怎么吃呢？

医生：按我给你规定的药量吃，这上面写得很清楚。

病人：谢谢大夫。

练习

1. 分角色进行对话练习。注意语音语调。

2. 熟读下列句子。

   （1）能不能不打针？我最怕打针。再说，我对青霉素过敏。

   （2）再吃点消炎药和退烧药吧。

   （3）看起来，你除了药物过敏还食物过敏。

   （4）幸好你知道自己的过敏源，不然，还真危险呢。

   （5）按我给你规定的药量吃，这上面写得很清楚。

3. 对话练习。

   注意运用会话课文中的词语和句式：

   对……过敏、消炎、中毒、病源、过敏源、再说、幸好……不然……

   练习方式：（1）老师扮医生，学生依次扮病人看病。

   　　　　　（2）邻桌同学分别扮医生和病人。

   练习话题：（1）感冒

   　　　　　（2）吃了不新鲜的水果和蔬菜

   　　　　　（3）检查身体

   　　　　　（4）打听某种药的吃法

（三）听力课文

小心钥匙

人们都知道钱上面带有许多细菌，是传染疾病的重要途径，却不太重视另一种相当危险的传染疾病的途径——钥匙。

11 热爱绿色

钥匙与人们日常生活的关系非常密切。人人都需要钥匙，而且时时刻刻都带在身上，一天不知道要摸它多少次。可是，大多数人都没有想到过应当常常洗洗钥匙，这就使钥匙成了各种细菌生存的好地方。据专家们检验，60%以上的钥匙上都带有多种细菌。显然，钥匙是个很危险的传染源。平时，人们不管是才倒过垃圾，还是才拿过脏东西；不管是刚上过厕所，还是刚从蔬菜市场上回来，开门时都少不了要用钥匙。如果手抓过钥匙，不洗一洗就直接去拿食物，那么传染上疾病的可能性是很大的。

因此，为了自己和家里人的健康，人们要注意经常用开水仔细洗洗钥匙，或者放在阳光下晒一晒；如果能用消毒水给钥匙消消毒，效果当然更好。请记住，一定要注意钥匙卫生。

生 词

1	钥匙	yàoshi	（名）	key	三
2	传染	chuánrǎn	（动）	infect	三
3	疾病	jíbìng	（名）	disease	二
4	途径	tújìng	（名）	way, channel	二
5	消毒	xiāo dú	（动）	sterilize, disinfect	二

练习

1. 听录音判断正误，并说明理由。

（　）（1）钱和钥匙都是传染疾病的重要途径。

（　）（2）大多数人常常洗钥匙，使细菌不能在钥匙上生存。

（　）（3）90%以上的钥匙上带有多种细菌。

（　）（4）如果手拿过钥匙，不洗一洗，就去拿食物，就很容易生病。

（　）（5）把钥匙放在阳光下晒，也可以起到消毒的作用。

（　）（6）把钥匙放在消毒水里洗，效果不如放在阳光下晒。

2. 根据录音填空。

（1）钥匙与人们日常生活的关系非常_____。人人都需要钥匙，而且_____都带在身上，一天_____要摸它多少次。

（2）平时，人们_____是_____倒过垃圾，_____才拿过脏东西；_____是刚上过厕所，_____刚从蔬菜市场上回来，开门时都_____要用钥匙。

12 买彩票

（一）阅读课文

八万元奖金（jiǎngjīn）应该属于谁

某公司举办社会福利有奖募捐（mùjuān）活动。奖券每张五元。中奖办法采取当场摸奖，以奖券内印有的图案（tú'àn）确定是否中奖和得奖的钱数。

当天上午开奖不久，某企业职工张谋带着三岁的儿子与同办公室的小刘约好一同去摸奖。张谋和小刘各自摸了十张，都没有中奖。张谋觉得没什么希望便不摸了。这时小刘又拿出五十元让张谋的儿子替他摸。刚摸两张，就摸到了一辆自行车。因张谋要带儿子去公园，便先走了。小刘一个人继续摸，但一张也没中。

当天下午，小刘来到张谋家说："你家儿子手气（shǒuqì）好，再让我带他去摸奖吧！"张谋说："可以，但中了奖得分给我一半。"小刘答道："好，一言为定。"这样，小刘带着张谋的儿子又去摸奖。每次都由小孩摸，而且是在每位销售（xiāoshòu）员处只摸一张。当摸到第七张时，撕开一看，居然中了特等奖八万元。中奖后。小刘对张谋说："给你一万元，七万元归我。"张谋不同意，提出应按原来讲好的分一半。小刘不肯。于是双方发生争吵（zhēngchǎo），引起纠纷（jiūfēn）。

对这八万元应该属于谁的问题，大家虽有多种分配方案，但总结起来是两种观点：第一种观点认为，这八万元应归小刘一人所有。理由是：（一）从所有权（suǒyǒuquán）来看，购买奖券的钱是小刘的，张谋没有出钱。虽然这八万元奖金是张谋的儿子帮助摸的，但不能因此否定小刘对这八万元奖金的所有权。（二）从摸奖的行为（xíngwéi）看，表面上是张谋的孩子摸的，实际上是小刘在摸。小刘告诉三岁的孩子摸还是不摸，在哪儿摸，摸几张。张谋儿子的行为完全由小刘控制，小孩子只是机械地摸。（三）摸奖前，张谋确实提出过中奖后自己应分得一半奖金的要求，小刘也表示同意，但那只是口头（kǒutóu）随便说说，没有具体的书面（shūmiàn）协议（xiéyì），因此没有约束力（yuēshùlì）。

第二种观点认为，小刘和张谋应各得四万元奖金。理由是：（一）张谋与小刘口头上的要求与承诺（chéngnuò）就是一种协议，是有效的。（二）既然口头协议有效，那么张谋和小刘之间就形成合伙（héhuǒ）关系，共同进行了摸奖的活动，只不过张谋是通过他儿子的行为进行的。因此，所得奖金应为两人共有。

请大家围绕这两种不同的观点发表意见。

练习

1. 根据课文内容，选择最恰当的答案。

（1）你家儿子手气好

这里"手气"的意思是：

A. 手上有气

B. 手的力气

C. 中奖的运气

D. 拿东西的技术

（2）好，一言为定

"一言为定"的意思是：

A. 肯定的话

B. 一句话

C. 一句说定了的话

D. 说定了，不再改变

（3）七万元归我

这里"归"的意思是：

A. 属于

B. 还

C. 回

D. 由

（4）由小刘控制

这里"由"的意思是：

A. 被

B. 经过

C. 根据

D. 从

2. 根据课文内容回答问题。

（1）这次有奖募捐活动，采取什么办法中奖？
（2）谁摸到了一辆自行车？讲一讲当时的情况。
（3）小刘为什么要再带张谋的儿子去摸奖？结果怎么样？
（4）小刘和张谋为什么会发生争吵，引起纠纷？
（5）对于"八万元应该属于谁"的问题，有两种观点，请讲一讲这两种不同的观点。

（二）会话课文

买彩票与心理卫生

方天明：小林，看你的样子很累，不舒服了？

林　萍：哪儿啊，我刚从医院回来，去看嫂子。

方天明：你嫂子怎么了？上星期天不是还给咱们包饺子吗？

林　萍：是啊，可是你还记得吗，那天她就特兴奋。说起买彩票、炒股票（chǎo gǔpiào）来话就不停。

方天明：对，她说她们商场的赵师傅，一连买了3000元彩票都不中。后来他拿着那3000元没中的彩票去问卖彩票的白小姐："你们这些彩票是不是做了手脚（zuò shǒujiǎo）？"

林　萍：那位白小姐说："买彩票靠的就是碰运气，有的人买几百次都不中，有的人买一次就中，就像60岁的老头娶18岁的姑娘一样，有什么可新鲜的！祝你下次好运气！"

方天明：对。你嫂子说，赵师傅当时眼睛就一亮：60岁的老头娶18岁的姑娘，不就是60加18吗？"下次好运气"，不就是叫我买下一次吗？赵师傅按照6018这个号码一买，果然中了奖，奖金两万元。

林　萍：唉！赵师傅得了两万元可害了我嫂子。

方天明：你怎么能这么说呢？

林　萍：买彩票本来就是碰运气，中奖不中奖是没有什么规律的，可很多人就要从中找规律。一看赵师傅中了奖，我嫂子从此就迷（mí）上了这些数字。一天去商场买袜子，那上面正好有四个数字2626，我嫂子心里一动，认定这四个数字是吉祥的，能中奖。她毫不犹豫地买了这个号码的彩票。按她的想法，应把这四个数字按不同的排列（páiliè）次序（cìxù），买下一串。可我嫂子已经买了500元彩票，最近经济也比较紧张，她就没有把这四个数字的排列次序全买下来。不料，这一期的头奖是6226。四个数字没错，但就这一个号码没买。这一来，对我嫂子的打击太大了。嫂子一下就病倒了，嘴里不停地念着："我丢掉了两万元，我丢掉了两万元，只少买一张……"

方天明：你嫂子太可怜了，咱们常去医院看看她，多跟她聊聊天。其实，这绝不是你嫂子一个人的问题。这是在市场经济建设中，越来越迫切需要解决的心理卫生问题。那些搞市场经济比我们早的国家已经证明：经济越发达，精神问题、心理问题会越多。所以，许多发达国家都把心理卫生问题当做一件十分重要的大事来抓。

林　萍：和发达国家相比，我们对心理卫生的认识也比较保守（bǎoshǒu）。即使有了病，也不敢去看精神病大夫，怕别人说"你有精神病"，会影响到找工作、找对象之类的事。

方天明：在一些发达国家，如果谁感到"不对劲儿"（bú duìjìnr），朋友们会提醒他："你该去看看心理医生了。"

林　萍：是啊，我们确实应该用一种既开放又负责的态度来看待心理卫生问题了。

方天明：你嫂子平时待咱们那么好，咱俩应该是她最亲近（qīnjìn）的心理医生。

林　萍：你说得太对了。过两天咱俩一起去看嫂子。

练习

1. 分角色进行会话练习。注意语音语调。

2. 根据课文内容回答问题。

（1）说一说赵师傅中奖的经过。
（2）赵师傅中奖后对林萍的嫂子有什么影响？林萍的嫂子为什么会病倒了？
（3）从林萍的嫂子病倒之事看经济发达与心理卫生有什么关系？
（4）为什么说和发达国家相比，中国对待心理卫生的认识还比较保守？

（三）听力课文

周末之夜

下班时天空阴得要下雪。然而，不管天气如何变化，都挡不住那些急着要回家的同事们。眼看这一个楼的人都要走空了，不觉感到一阵阵的寂寞。我不知该如何度过这个冷冷的周末之夜。

拨了好几个电话，朋友们都不在，不知为什么，越是需要他们的时候，越是一个也找不到。当我拨最后一个电话时，外边下起了雨夹雪，还是没人接。我的心好像也要下雨，我不肯放下电话，仍然盼望着一个熟悉的声音从电话的那一边传过来。

"喂，你好！"突然有人接电话了，我倒吃了一惊，静了静才张开口。

"你好！请您找桂兰听电话。"

"啊,这里没有这个人。请问您是不是拨错号码了?"

"是吗?"我一时感到很难过,"对不起。"

我正要放下电话,却听见电话里说:"刚才呀,我正在水房洗衣服,忽然听见一阵急急的电话铃声。于是我放下洗着的衣服,满手肥皂地跑到电话室。一看门锁上了,我又赶快跑回宿舍,掏遍了所有的衣服口袋,好容易才找到了钥匙。打开房门还没把钥匙拔出来就来接电话,然后就听到了你的声音。"

他一口气说了这么多,我被感动了。可以想象得出刚才他手忙脚乱的样子,结果还接了一个拨错的电话。

"对不起,真对不起,给您添麻烦了。"

"没什么,倒是你一个电话让我活动了活动,否则,我会一直站在水房里洗衣服。腰都酸了也不知活动一下。"

"您说话真有意思,或者说您很乐观。"

"是吗?"他笑了,"生活中总有很多美好的插曲,不乐观对不起它们。"

放下电话后,我还在想着他最后的那句话。是啊,生活中的确有许多值得乐观的插曲。我刚才那寂寞的心情不知逃到哪里去了。

外边的雪还在飘,很美丽。我知道自己该怎么度过这个周末之夜了。

生 词

1	周末	zhōumò	(名)	weekend	二
2	眼看	yǎnkàn	(副)	soon, in a moment	二
3	寂寞	jìmò	(形)	lonely	三
4	拨	bō	(动)	dial	三
5	锁	suǒ	(动、名)	lock up, lock	二
6	一口气	yìkǒuqì	(副)	without a break	二
7	插曲	chāqǔ	(名)	episode	

买彩票 12

练习

1. 根据录音内容填空。

   （1）然而，_____天气如何变化，都挡_____那些急着_____回家的同事们。

   （2）_____这一个楼的人都要走_____了，不觉感到_____的寂寞。

   （3）不知为什么，_____需要他们的时候，_____一个也找不到。

   （4）_____我拨最后一个电话_____，外边下_____雨夹雪。

   （5）于是我放下_____衣服，满手_____地跑回电话室。一看门_____上了，我又赶快跑回宿舍，_____遍了所有的衣服口袋，好容易才找到了_____。

   （6）他_____说了这么多，我被_____了。

   （7）可以想象得出刚才他_____的样子，结果还接了一个_____的电话。

   （8）_____都酸了也不知道活动_____。

   （9）您说话_____，或者说您很_____。

2. 根据录音内容回答问题。

   （1）"我"在周末之夜为什么会感到寂寞？

   （2）课文中所说的"美好的插曲"指的是什么？

   （3）"我"为什么又不感到寂寞了？

13 我的博客家园

（一）阅读课文

"微生活"的魅力（mèilì）

现在，喜欢"微生活"的人越来越多。

几个月前，我乘高速火车去上海看望父母，特地带上了厚重（hòuzhòng）的笔记本电脑，以消磨（xiāomó）时间。车上，我见身边一些青年乘客手里拿着的，或是掌（zhǎng）上电脑，或是迷你上网本，都很轻薄。他们上网、聊天、看视频、听音乐，真令人羡慕（xiànmù）。

在父母家里上网时，我发现一位博友的博客很久没更新（gēngxīn），就发帖给他，说博客非得更新不可，否则（fǒuzé）就难以赢得（yíngdé）点击率。博友很快回复，说他改玩微博了，自从开了微博，就迷上了它，几乎每天都发几条。因为微博只需三言两语就可以很快与网友互动（hùdòng），还能时不时（shíbùshí）欣赏粉丝爆（bào）出的猛料（měngliào），多开心！禁不住"引诱"（yǐnyòu），我也开通了微博。

我有一位朋友，特喜欢看书，尤其是中外名著。一次见面时，我问他还常去书店买书吗，他没直接回答，却反问我，"知道电子书不？……"原来他把自己喜欢的作品，从网上下载（xiàzài）到手机上，只要有空儿，就看一会儿。这样既省了买书的钱，又不用天天带着书，而且看书的时间反而更多了。

前不久，听朋友说，有一对富二代的小两口，不顾家人反对，买了套70平米（píngmǐ）的小户型（hùxíng）房子，装修（zhuāngxiū）也很简单。之后，又买了一辆排气量为1.4升的微型车。他们认为住小户型房子，每年可省不少物业（wùyè）费，平时打扫起来也省时省力；开微型车，不仅省油钱，对净化环境也有利。

最近，我和一些老同学聚会（jùhuì），我们点了一桌"微酒宴"（yàn），十来个人吃了很多道菜，每道菜只上一小盘。微酒宴既让我们尝到了多种美味，又避免（bìmiǎn）了吃不了造成的浪费。

有人说，"微生活"是快节奏（jiézòu），是速食化，是社会浮躁（fúzào）的表现。我却认为，"微"中见大。"微生活"低成本（chéngběn），又环保，是好事，所以爱上"微生活"的人越来越多。

（作者：余平。有删改）

练习

1. 根据课文内容判断对错。

（　　）（1）"我"乘火车时对使用微型电脑和上网本的青年非常羡慕。

（　　）（2）"我"发帖，告诉博友，博客要常更新，否则就没人看了。

（　　）（3）跟博客相比，"我"的博友更喜欢微博。

（　　）（4）"我"朋友不常去书店买书了，因为他看下载到手机上的作品。

（　　）（5）富二代小两口没多少钱，就买了小户型的房子。

（　　）（6）微酒宴使"我"和老同学十分满意。

2. 根据课文内容回答问题。

（1）"我"为什么给博友发帖？博友是怎样回复的？

（2）"我"的朋友为什么不去书店买书了？

（3）富二代是怎样买房、购车的？为什么？

（4）"我"为什么喜欢"微酒宴"？

（5）"我"为什么喜欢"微生活"？

（6）你认为什么是"微生活"？

（二）会话课文

网络购物

圆圆： 听说你总是上网购物，是吗？

方方： 我们从事媒体工作的，总是很忙，加班（jiā bān）是常事，没时间去商场买东西，所以才网购。干什么都能上瘾，网购也是，一旦你迷上了它，就难以抵抗它的诱惑。网购省时省力不说，还能买到便宜的商品。

圆圆： 网上什么都能买呀？

方方： 只要商场里面有卖的，都能在网上买到。

圆圆： 看来你有丰富的网购经验。

方方： 无论同事还是邻居、朋友，要网购什么，总爱跑来问我。最近我换了手机，升级（shēng jí）了摄影装备（zhuāngbèi），买了一条牛仔裤、一件T恤衫、几本书、几张电影票，这些都是我用了不到一小时的时间在网上买到的。哪家便宜，哪家质量好，轻点鼠标，想要的东西全都快递过来了。

圆圆： 喜欢网购的大都是年轻人，老人就少多了吧？

方方： 那是因为许多老人上网能力差一些。一次，我听父母说想换一台液晶（yèjīng）电视。为了给父母一个惊喜（jīngxǐ），我没告诉他们就给他们网购了一台。没两天东西就送到了千里之外的老家。

圆圆： 你怎么付款（fù kuǎn）呢？

方方： 有几种付款方式，我是网银支付。

圆圆： 听说网购的商品不一定都便宜。去年夏天，我一个老同学在网上买了一个70元的花瓶（huāpíng）。周末她去逛花鸟市场时，见到一个一模一样（yì mú yí yàng）的。她问价钱，本想偷着乐一下，不料老板一开口就把她惊呆了："30！"她扭头就走，老板还直冲她喊："姑娘，要的话，25元拿走！"

方方： 是够伤姑娘心的。

圆圆：还听说有挂羊头卖狗肉的不良商家，他们作虚假宣传，大大损害了顾客的利益。比如：颜色跟电脑图片上看到的不一样。甚至收到的是二手货。还有尺寸（chǐcùn）问题等。

方方：所以选择网店时，要注意看网店的等级，选择诚信（chéngxìn）度高的品牌店。现在网购还是比较规范的，不满意可以退货，可以投诉（tóusù），对商店还可以给予（jǐyǔ）评价。网上商家特别重视顾客的评价，谁愿意砸（zá）自己的牌子呢？

圆圆：听你这么一说，我不担心了，我也要加入网购大军。绝不能一朝被蛇咬，十年怕井绳啊。

方方：说得对。遇到问题来找我吧。

练习

1. 分角色熟读对话。注意语音语调。
2. 不看课文，分角色进行对话，尽量用上下列词语。

网购	省	便宜	无论……总……	快递	液晶电视	网银
支付	一模一样	挂羊头卖狗肉	虚假宣传	二手货	诚信
品牌店	投诉	评价	一朝被蛇咬，十年怕井绳

（三）听力课文

寻找热心人

20年前，一个雪花飘飘的早晨，周冰遇到过一位热心帮助他的司机。20年后，他在微博上写到这件事，并希望找到这位好心人。

当时，正上中学的周冰，因为怕耽误期末考试，自行车骑得飞快。不料，在一个十字路口拐弯时，碰到一块儿石头，一下子连车带人摔倒了。他赶紧吃力地爬起来，想继续骑车，可腿疼得不得了。他把自行车靠在一棵树上，锁好，准备打车。谁知一掏口袋，忘了带钱；又在书包里乱翻，书都掉地上了，也没找到一分钱。

正当他万分焦急的时候，一辆小汽车忽然停在他身边。司机探出头来，见他痛苦、焦急的样子，说："摔伤了吧？要不要我送你去医院或是学校？"司机见他犹豫，又说："放心吧，不要钱，我女儿也是中学生……"他听司机这么说，才点了一下头，朝小汽车走过去。车上的另一位叔叔从车上下来，搀扶着他上了车。就这样，司机一直把他送到学校。可惜，当时他年纪小，又急着考试，以至连一句感谢的话都没说，就匆忙告别了好心的司机。

20年过去了，早已事业有成的周冰，多次想起这件令他难忘的往事。他非常想和这位司机联系上，以表示对他的感谢。

他回想当时两位叔叔帮助他的情景，记得司机叫于清，就在微博上发了一条博文。出乎意料的是，仅仅十八分钟，于清就回复了。他写道："你的记性真好，还记得我的名字。不用谢，俗语说，'有缘千里来相会'，我那时能帮你，是咱们的缘分啊！"

生词

1	飘	piāo	（动）	float (in the air)	三
2	拐弯	guǎi wān	（动）	turn	三
3	摔	shuāi	（动）	fall, tumble, lose one's balance	二
4	口袋	kǒudai	（名）	pocket	二
5	万分	wànfēn	（副）	very much, extremely	三
6	搀扶	chānfú	（动）	help by the arm, support sb. with one's hand	
7	有成	yǒuchéng	（动）	be successful	
8	难忘	nánwàng	（动）	unforgettable, memorable	二
9	往事	wǎngshì	（名）	past events, the past	三
10	回想	huíxiǎng	（动）	think back, recollect, recall	三

13 我的博客家园

11	情景	qíngjǐng	（名）	scene	二
12	出乎意料	chū hū yìliào		unexpectedly, to sb.'s surprise	
13	俗语	súyǔ	（名）	common saying	附

专有名词

| 1 | 周冰 | Zhōu Bīng | name of a person |
| 2 | 于清 | Yú Qīng | name of a person |

练习

1. 用课文中的词语填空。

（1）周冰遇到过一位_____帮助他的司机。

（2）周冰因为怕_____期末考试，自行车骑得飞快。

（3）在一个十字路口_____时，碰到一块儿石头，_____连人带车_____了。

（4）正当他_____焦急的时候，一辆小汽车忽然停在他身边。

（5）车上的另一位叔叔从车上下来，_____他上了车。

（6）_____，当时他年纪小，又急着考试，_____连一句感谢的话都没说。

（7）20年过去了，早已_____的周冰，多次想起这件_____他_____的往事。

（8）他非常想和这位司机联系上，_____表示对他的感谢。

（9）_____，仅仅18分钟，于清就_____了。

（10）不用谢，俗语说，"_____"，我那时能帮你，是咱们的_____啊！

2. 复述课文内容，尽量用上下列词语。

热心	微博	耽误	摔倒	疼	打车
万分	焦急	犹豫	搀扶	可惜	以至
匆忙	难忘	博文	回复	俗语	缘分

14 开车与人生

（一）阅读课文

我把世界装进 Google

梅兰发现，原来不用出门，自己也能走遍全球。Google 地图上不是只能看到模糊的位置，还可以看到某个地方的图片和视频。而且，信息的上传和更新非常快，要知道全世界也许有数百万人每天在更新不同的信息。Google 还推出了新的街景功能——通过安装在世界各地的摄像头，抓拍下即时的视频和图片。打开它，你就像站在巴黎街头或埃菲尔铁塔上，也可以站在迈哈密的海滩……甚至连一些宠物身上也安装了摄像头，或许你可以选择一只鸽子身上的摄像头，来游览一个全新的城市。

为此，梅兰做了一个关于个人旅游的工作室：用 Google 软件，加上自己下载剪贴出来的图片、视频，吸引网友在网上做廉价的跨国旅游。

她印刷传单，在论坛上贴帖子，可大部分人是好奇而来失望而去。有个网友毫不客气地批评她："你这是什么旅游呀，简直是忽悠（hūyou）人！"

可是还是有人对这种形式感兴趣，梅兰收到过三笔"旅游"团费，每笔二十元。由她在网上操作，带着游客去了马尔代夫、南极和珠穆朗玛峰。可这三个人再没有和她联系过，梅兰很想知道原因，打电话去询问，对方说："软件谁都会装，我们自己在电脑上看也是一样的。"

梅兰并没有放弃，她换了另一种方式继续自己的做法。她申请了几个博客，想用这些自己的"旅游见闻"吸引网友点击。可惜的是，好几个月过去了，她的点击率还没到 3000。朋友们也劝她：Google 这东西娱乐一下可以，不能当成职业。

2010年6月，梅兰收到了一封来自法国的邮件。原来，梅兰已经放弃了的博客内容，被一个外国留学生转载，并且起了一个吸引人的标题《不一样的眼睛，不一样的世界》。因为留学生写明了是转载，所以感兴趣的人找到了梅兰的博客，发来邮件。那位法国粉丝认为梅兰做了一件了不起的事，他说"这样的旅游，可以让大家从不同的角度，了解自己居住的地球"。这个时代变化太快，而梅兰就像在对每个地方做现场直播。也有电邮说，如果你出书的话，我一定会买，因为它值得收藏，它比一个人徒步环游全球更让人兴奋和新奇。

梅兰很感动，她发现并不是所有的人都认为她在浪费时间做毫无意义的事情。最近梅兰找到了一个"免费助理"，因为那个"助理"对梅兰搜集的资料、视频、图片很感兴趣，愿意与她合作出书。至于书是否会受欢迎，梅兰说："碰碰运气吧，说不定会有人喜欢。"

练习

1. 根据课文内容判断对错，并说明理由。

（　）（1）梅兰不出门就能游览世界，是通过电脑的传递功能完成的。
（　）（2）梅兰站在巴黎街头或迈哈密海滩拍下视频和图片。
（　）（3）世界各地都有Google安装的摄像头。
（　）（4）Google安装在宠物身上的摄像头所拍摄的情景，会使你对某个地方有全新的认识。
（　）（5）梅兰的网上跨国旅游因为便宜，吸引了不少游客。
（　）（6）参加过梅兰"网上游"的旅客很失望，因为去的地方太少。
（　）（7）梅兰为了吸引"游客"，又申请了几个博客，但点击率不高。
（　）（8）梅兰的法国粉丝是一位在中国留学的学生。
（　）（9）梅兰的博客内容被转载，引起了有兴趣的人的关注。
（　）（10）梅兰收集的资料、视频、图片引起了网友的兴趣。
（　）（11）有人想买梅兰出的书是因为这种"网上游"很省钱。
（　）（12）梅兰能找到"免费助理"，是因为梅兰的"网上游"以后会赚钱。

2. 根据课文内容回答问题。

（1）梅兰为什么想做一个"网上游"工作室？她做了哪些工作？

（2）梅兰的"网上游"工作室受欢迎吗？为什么？

（3）梅兰没有放弃自己的追求，她又做了哪些努力？

（4）梅兰为什么想把"网上游"编成书？她对出书抱有很大希望吗？

（三）会话课文

红绿灯的间隔时间是长了还是短了

记者张： 小李，关于道路信号灯的采访，咱俩交流交流吧，看看怎么写这篇报道。

记者李： 一位交通学院的程教授提出，红绿灯间隔时间不合理是造成堵车、行人乱穿马路的重要原因。

记者张： 红绿灯间隔时间是长了还是短了，情况很复杂，不能简单下结论。在广州的有些路口，车辆不多时，行人大约要等一分半钟，而交通高峰时段，行人需要等三分钟，甚至更长的时间。行人就像赶火车一样匆忙，绿灯持续时间只有十几秒，有的老年人刚走了一半儿，红灯就开始闪了，老人很着急，这就不安全了。

记者李： 我采访的北京司机、行人也谈到类似情况。在朝阳区的一个路口，上班高峰时段，东西方向车不多，但南北方向的车已经排成了长龙。因为这个方向路口跟路口距离短，使得由南向西行驶的车经常被迫停在路口中间，这就让东西方向的车也没法儿正常通行了。

记者张： 所以行人闯红灯也不新鲜了。我采访的行人，不管是上班族还是外地打工的，几乎都有闯红灯的经历。

记者李： 我采访的情况跟你差不多。一家出版社的刘先生，在谈到闯红灯时一个劲儿地诉苦："我从家到单位要经过三个路口，这些路口的红灯设置都不一样，有的是一分钟，有的要等上差不多两分钟。要是过的车多还可以，可有时一分钟才过两三辆车，这不是浪费我们行人的时间吗？"

记者张：我采访的王先生，住在北京通州区，每天都要开车上班，他也抱怨："我每天开车都要经过新华大街，那条街红绿灯太多了，差不多每八百米就有一个红绿灯，每个红灯的停留时间都是一分半，可是，有些绿灯却只有二十五秒，本来十几分钟就能走完的路，有一次竟开了四十分钟。"

记者李：小张，那咱俩这篇报道主要就从司机、行人对红绿灯的具体感受谈，关于间隔时间长短的问题太专业，既要"以人为本"，又要严格遵守"科学设计"的原则。还是……

记者张：听说《现代司机报》将会有专题研讨会。等研讨会以后再谈吧。

练习

1. 分角色进行对话练习。注意语音语调。

2. 朗读下列短语或句子。

（1）交通信号灯

（2）红绿灯间隔时间

（3）交通高峰时段

（4）上下班高峰时段

（5）行人乱穿马路；违反交通规则。

（6）千万不要乱闯红灯！

（7）过路要看红绿灯；开车礼让斑马线。

（8）红绿灯的间隔时间合不合理？

（三）听力课文

骑自行车串弄堂

如果你想进入上海文化的心灵之中，最有代表性的便是上海的弄堂。上海的弄堂就像一条条记忆之线，带你去看看上海的昨天、今天……

近年来，骑自行车串弄堂，已经成为上海滩的一种时尚。据调查，这一时尚是由生活、工作在上海滩的老外们兴起来的。老外们都喜欢骑着自行车去公司，甚至一些在上海的领事们也喜欢骑着自行车上班、购物、去公园。

骑自行车串弄堂最大的好处就是，心情格外放松，想去哪儿就去哪儿，时间、地点都由自己掌握。喜欢哪个弄堂、哪所房子，就把车一停，人往墙上一靠，你就只管欣赏吧。走走停停，骑累了还可以随便找一家小咖啡馆、小茶馆休息休息，喝点儿、吃点儿，听听老人们说过去谈今天，真是一种很有东方特色的享受。

早上八点过后，如果是冬天，老大爷们便会拿着椅子、茶水出现在能晒到太阳的地方，妇女们这时也会找个有阳光的地方，拉上一根绳子，把家里的被子、衣服拿出来晒。下午是弄堂里最安静的时候，只要不下雨，无论春夏秋冬，总能看见几个爱下棋的在弄堂里下棋。等到孩子们放了学，下班的男女回到家，安静了一下午的弄堂又热闹起来。大家忙着弄晚饭，上了一整天班的人也会在这个时候拿着饭菜，和弄堂里的人打打招呼、聊聊天儿，好像只有在这种交流中，饭菜才格外好吃。

如果是夏天，有的人干脆把饭菜摆在了弄堂里，一边吃着、喝着、聊着，一边享受着弄堂里才有的凉风，弄堂里才有的自由自在……

在北京，也有人骑车串胡同。不过，在由关着院门的四合院形成的胡同里骑车，大多是沿着胡同的墙骑，骑着骑着就忘了是胡同了。串弄堂就不同了，弄堂更开放，更让人亲近。上海的弄堂，房子有各种建筑特色，法国的、英国的、西班牙的……它随时会传递给你历史的现代的信息，不知在什么地方，就会带给你一连串意外的惊喜。

（作者：雨蔚。有删改）

14 开车与人生

生词

1	弄堂	lòngtáng	（名）	lane, alley, alleyway	
2	领事	lǐngshì	（名）	consul	三
3	老外	lǎowài	（名）	foreigner	
4	放松	fàngsōng	（动）	relax	二
5	晒	shài	（动）	be exposed to the sun	二
6	下棋	xià qí	（动）	play chess, have a game of chess	三
7	聊天儿	liáo tiānr	（动）	chat	二
8	自由自在	zìyóu zìzài		leisurely and carefree, free and unrestrained	三
9	亲近	qīnjìn	（形、动）	close, intimate; be close to, be on intimate terms with	三
10	惊喜	jīngxǐ	（形、名）	pleasantly surprised; pleasant surprise	二

专有名词

1	上海	Shànghǎi	Shanghai
2	上海滩	Shànghǎi Tān	Shanghai Bund
3	法国	Fǎguó	France
4	西班牙	Xībānyá	Spain

练习

听录音选词填空。

老外　　时尚　　串　　起来　　只管　　由　　格外
自由自在　　开放　　把　　据　　信息　　亲近　　一连串
东方特色　　传递　　出来　　往　　建筑特色

（1）骑自行车_____弄堂，已经成为上海滩的一种_____。

（2）_____调查，这一时尚是_____生活、工作在上海滩的_____们兴_____的。

（3）串弄堂真是一种很有_____的享受。

（4）拉上一根绳子，_____家里的被子、衣服拿_____晒。

（5）把自行车一停，人_____墙上一靠，你就_____欣赏吧。

（6）好像只有在这种交流中，饭菜才_____好吃。

（7）享受着弄堂里才有的凉风，弄堂里才有的_____。

（8）上海弄堂里的房子有着各种_____。

（9）它随时会_____给你历史的和现代的_____。

（10）串弄堂就不同了，弄堂更_____，更让人_____。

（11）不知在什么地方，就会带给你_____意外的惊喜。

15 在那遥远的地方
——记西部歌王王洛宾

(一) 阅读课文

贺绿汀（Hè Lùtīng）的音乐生活

贺绿汀是中国现代著名的作曲家、音乐教育家。他出生在湖南一个小山沟（shāngōu）里。山上松柏（sōngbǎi）常青，绿草满坡。山脚的小河唱着歌儿，流向远方。如画的家乡山水养育（yǎngyù）了他，也给他的童年带来许多欢乐。那时，他常跟小伙伴（huǒbàn）们一起到山坡上放牛（fàng niú）。他们一边放牛，一边愉快地唱起山歌（shāngē）。歌词大都是临时编的。歌曲简单朴素，伴随着哗哗的小河流水声，在绿色的山沟里一阵阵地回响（huíxiǎng），非常动听。有时两个小伙伴各站一个山头，隔着山沟就高声唱起来："哎喂，山对面有个丑（chǒu）小孩……"，既好笑，又有趣。

一天半夜，邻居家死了人，阵阵哭声传来，把贺绿汀吵醒了。许多为死者守夜的人不停地唱着哀悼（āidào）的歌，一直唱到天亮。歌声那么悲哀（bēi'āi）凄凉（qīliáng），就是多年以后回想起来，那朴素的旋律，仍然有令他心痛的艺术力量。

贺绿汀的父亲虽然没有文化，但高兴时也喜欢唱唱山歌。每年收获季节到来时，只要收成（shōucheng）好，他常常在打谷场上望着堆起的粮食高兴地哼起湖南地方戏的曲调（qǔdiào）。尽管父亲的嗓音并不怎么好，但因为心情愉快，又是在明媚的月光下，所以在贺绿汀听来，父亲的歌声显得格外优美，很有些诗情画意（shīqíng huàyì）。

在乡村，要想看个戏什么的是很不容易的。每当十几里以外的地方演唱花鼓戏（huāgǔxì）的时候，村民们爬山过河也要赶去看，贺绿汀更是高兴地光着小脚去看热闹。这一切都在他童年的心里埋下了音乐的种子。

后来他到长沙当老师，常去在湖南师范（shīfàn）学校工作的二哥那里玩儿。那个学校条件比较好，他看到了五线谱（wǔxiànpǔ），还有一些介绍音乐知识的书。这些书他以前没看到过，别的地方也很难找到。他好像得到宝贝（bǎobèi）似的，急切地翻阅着。可是书上的五线谱符号（fúhào）却让他发愣。不过，这并没有难倒他，没有人教，他就自己边看边学。就这样，他渐渐学会了识五线谱。

考音乐专科学校时，碰巧要考五线谱。考生里懂五线谱的人很少，而贺绿汀已经自己学会了，所以他的考试成绩特别好，被学校优先录取（lùqǔ）了。这所学校在当时思想开放，教师水平高，在湖南和全国都很有名。他在这里主要学习画画儿和音乐两门课。从此，他决心把自己的一生献给音乐事业。

1931年他考入了上海国立音乐学院。学习期间，他创作了《牧童短笛》这首著名的钢琴曲，并获得国际"中国作品比赛"一等奖，后由俄国作曲家齐尔品介绍到欧洲各国。全曲共分三段。第一段展现在我们面前的好像一幅美丽的图画：一个天真可爱的牧童骑在牛背上吹着笛子，在田野里漫游（mànyóu）。第二段旋律活泼欢快，是传统的民间舞蹈节奏（jiézòu）。第三段再现了第一段的主题。全曲具有浓郁（nóngyù）的民族风格。

抗日（Kàng Rì）战争爆发（bàofā）后，他创作了有很大影响的《游击队（yóujīduì）之歌》，在军队和群众中广为流传。人们非常喜欢那轻快流畅（liúchàng）的曲调，而且它很适合部队行军（xíngjūn）时边走边唱。

贺绿汀长期从事音乐创作和教育事业，多次参加国际音乐节，作品数量极多，代表作还有《天涯（tiānyá）歌女》、《四季歌》、《摇篮（yáolán）曲》等。他为中国现代音乐事业的发展做出了重大贡献。

练习

1. 根据课文内容选择最恰当的答案。

（1）贺绿汀跟小伙伴们唱的山歌是：
    A. 从书上学来的。

B. 别人编的。

C. 自己编的。

（2）为什么那些哀悼的旋律能给贺绿汀留下很深的印象？

A. 因为歌声非常悲哀凄凉。

B. 因为守夜的人不停地唱。

C. 因为那天晚上他被哭声吵醒了。

（3）他父亲什么时候喜欢唱湖南地方戏？

A. 收成好的时候。

B. 月亮出来的时候。

C. 嗓音不好的时候。

（4）哪些事在他童年的心里埋下了音乐的种子？

A. 光着小脚。

B. 山上有松柏。

C. 听父亲唱湖南地方戏。

（5）书上的五线谱符号让他发愣，是因为：

A. 他太激动了。

B. 他不认识五线谱。

C. 以前认识，现在不认识了。

（6）为什么他考试成绩特别好？

A. 他唱山歌唱得好。

B. 他会作曲。

C. 他懂五线谱。

（7）他的哪首钢琴曲具有浓郁的民族风格？

A.《游击队之歌》

B.《牧童短笛》

C.《摇篮曲》

2. 根据课文内容回答问题。

（1）哪些事在贺绿汀童年的心里埋下了音乐的种子？

（2）他是怎么学会识五线谱的？

（3）认识五线谱给他带来了什么好处？

（4）贺绿汀在音乐创作方面取得了哪些成就？

（二）会话课文

"重大"发现

琼斯：最近我有一个"重大"发现。

周平：什么重大发现？那么严重？

琼斯：中国人表达谦虚（qiānxū）的方式跟我们西方人不一样。

周平：怎么不一样？

琼斯：比如说，自己受到别人称赞时，西方人一般都会高兴地回答："谢谢！"

周平：中国人却不好意思地说："哪里，哪里，还差得远呢。""您过奖了……"

琼斯："我的工作没做好，请多指教（zhǐjiào）！"

周平：欸（éi）！你听谁说的？你也会这种中国式的谦虚了？

琼斯：我以前打工的美国公司有一个中国雇员（gùyuán），他见到老板就爱这样说。老板以为他真的不行，就打算解雇（jiěgù）他，另雇别人。

周平：对了，我有个朋友在英国留学，也遇到过这种情况。那时他刚从中国到英国，一跟导师（dǎoshī）见面就说自己成绩不好，希望多指教。当时导师对他很失望，怪自己运气不好，碰到了一个笨学生。可是后来发现这个学生并不差，人很聪明，学得也特别好。

琼斯：导师和老板都产生了同样的误会，这也难怪他俩。因为西方人习惯于尽量表现自己的优势（yōushì），这样才能得到对方或雇主的赏识（shǎngshí）。中国式的表达有时容易给人一种缺乏自信的印象。

周平：可是，在中国，这却是谦虚的表示。中国人把谦虚看成一种美德（měidé），谦虚的人才容易获得别人的好感。当然啦，如果不了解这些交际文化中的差异（chāyì），不仅会产生误会，还可能闹笑话。

琼斯：不瞒（mán）你说，我自己就闹过这方面的笑话。

周平：是吗？说说我听听。

琼斯：有一次，我去中国朋友家做客，主人做了很多好吃的菜，却对我说："没什么好吃的，随便吃点儿吧！我的手艺（shǒuyì）不好……"我听了以后很不安。

周平：那为什么呢？主人的话正是一种谦虚、礼貌的表示呀！

琼斯：因为在我们国家，如果有客人来吃饭，主人会高兴地介绍说："这是我最拿手的菜，味道好极了！"所以，当时我急忙站起来说："对不起，我打扰你们了，我是不是应该……"

周平：你的中国朋友一定觉得奇怪了吧？

琼斯：是呀。小王问我："你怎么啦？"我悄悄说出了自己的看法，小王赶忙笑着给我解释，我才安心地留下了。可是临走时，又遇到了问题。

周平：又遇到什么问题啦？

琼斯：我把一件礼物送给主人，主人说："来玩儿就行了，带礼物干什么？"我心想，糟了！他们可能不喜欢我的礼物。

周平：你怎么会有这种想法呢？

琼斯：因为在我们国家，客人送礼物时，主人不仅会当面打开，而且还会把礼物称赞一番，表示喜欢……

周平：可是，在中国一般不会这样。如果这样做的话，好像意味着下次还要客人带礼物来，客人会认为主人太"看重礼物"了。

琼斯：啊，这些对我来说都太重要了。看来，在交往的过程中，一定要了解对方的心理、习惯、文化差异，不同国家的人互相交往更是如此。

周平：光会说汉语还不行啊。

琼斯：你说是不是"重大"发现？

练习

1. 分角色练习对话。注意语音语调。

2. 两人一组进行问答练习。

 （1）在你们国家，人们交往时怎样用语言表示谦虚和礼貌？

 （2）有哪些表达方式跟中国人不一样？

（三）听力课文

误 会

　　她是一个漂亮的姑娘。可当她在商店上班时，顾客从没见过她的笑脸。

　　一个浓眉大眼的小伙子最近常到这个商店买东西。他细细地看，慢慢地买，不时还向姑娘的脸上盯一眼。

　　姑娘起了疑心。她悄悄掏出小镜子照了照自己，又对着镜子画了画眉，抹了抹口红，鼻子里哼了一声，心里说：瞧你那样儿！还想打我的主意？我要让你尝尝我的厉害！

　　小伙子又来买东西了。姑娘扔出一大堆零钱找给他。有的硬币满桌乱滚，有的还掉到了地上。小伙子愣了一下："你……，你这是干什么？""干什么？找你钱！""这叫人怎么拿？""没法拿，甭要！""你……什么态度！""就这态度！你花钱还买不起呢！""你这是为人民服务吗？""就不为你服务！"一场争吵发生了。

　　不料第二天，两张剧票送到了姑娘的面前，小伙子红着脸说："昨天我态度不好，向你道歉！今天我们剧院演出，请你和朋友光临……"

　　晚上姑娘和妈妈准时来到剧院，演出开始了。瞧！台上不是他吗？浓眉大眼，穿着售货员的工作服，正和"顾客"吵着："就怪你！""你这是什么态度？""就这态度，你花钱还买不起呢！""你这是为人民服务吗？""就不为你服务！"

　　姑娘脸红心跳，明白了一切……

15 在那遥远的地方

生 词

1	浓眉大眼	nóng méi dà yǎn		with big eyes and bushy eyebrows	
2	疑心	yíxīn	（名）	suspicion	
3	口红	kǒuhóng	（名）	lipstick	
4	硬币	yìngbì	（名）	coin	三
5	争吵	zhēngchǎo	（动）	quarrel	三
6	光临	guānglín	（动）	be present (of a guest, etc.)	二

练习

1. 听录音判断正误，并说明理由。

（　　）（1）姑娘对顾客不热情。
（　　）（2）小伙子注意观察那个姑娘的工作情况。
（　　）（3）小伙子被姑娘的美貌迷住了。
（　　）（4）姑娘怀疑小伙子想偷东西。
（　　）（5）姑娘怀疑小伙子爱上了她。
（　　）（6）她瞧不起那个小伙子。
（　　）（7）她打算故意给小伙子找麻烦。
（　　）（8）小伙子不满意姑娘的服务态度。
（　　）（9）小伙子为了能跟姑娘谈恋爱，主动送给了她两张票。
（　　）（10）其实，那个浓眉大眼的小伙子是个演员。
（　　）（11）姑娘知道真实情况后，觉得很不好意思。
（　　）（12）小伙子常去商店，是工作的需要。

2. 根据录音内容复述大意。

词语总表

B

绊	bàn	（动）		2
保价	bǎojià	（动）		7
保修单	bǎoxiūdān	（名）		8
拨	bō	（动）	三	12

C

插曲	chāqǔ	（名）		12
搀扶	chānfú	（动）		13
出乎意料	chū hū yìliào			13
传递	chuándì	（动）	二	3
传染	chuánrǎn	（动）	三	11
促成	cùchéng	（动）	三	3

D

丢失	diūshī	（动）	三	7
独自	dúzì	（副）	二	4
赌博	dǔbó	（动）	二	10

F

发票	fāpiào	（名）	二	8
犯罪	fàn zuì	（动）	二	10
放松	fàngsōng	（动）	二	14

G

拐弯	guǎi wān	（动）	三	13
光临	guānglín	（动）	二	15
规格	guīgé	（名）	三	8

H

行业	hángyè	（名）	二	7
哄	hǒng	（动）	三	2
回想	huíxiǎng	（动）	三	13

J

疾病	jíbìng	（名）	二	11
寂寞	jìmò	（形）	三	12
跤	jiāo	（名）		2
进价	jìnjià	（名）		9
经营	jīngyíng	（动）	一③	8
惊喜	jīngxǐ	（形、名）	二	14
酒店	jiǔdiàn	（名）	一①	6

K

开心	kāixīn	（形）	一②	2
客户	kèhù	（名）	二	7
课余	kèyú	（名）		9
口袋	kǒudai	（名）	二	13
口红	kǒuhóng	（名）		15
快递	kuàidì	（名）	三	7
快件	kuàijiàn	（名）		7

L

老外	lǎowài	（名）		14
礼品	lǐpǐn	（名）	三	9
聊天儿	liáo tiānr	（动）	二	14
领事	lǐngshì	（名）	三	14
弄堂	lòngtáng	（名）		14

M

迷	mí	（动）	一③	6

N

难忘	nánwàng	（动）	二	13
娘家	niángjia	（名）		2
浓眉大眼	nóng méi dà yǎn			15

P

赔偿	péicháng	（动）	二	7
飘	piāo	（动）	三	13

词语总表

Q

亲近	qīnjìn	（形、动）	三	14
情景	qíngjǐng	（名）	二	13

S

晒	shài	（动）	二	14
舍得	shěde	（动）	二	4
侍女	shìnǚ	（名）		3
树干	shùgàn	（名）		5
摔	shuāi	（动）	二	13
俗语	súyǔ	（名）	附	13
损坏	sǔnhuài	（动）	三	7
锁	suǒ	（动、名）	二	12

T

投诉	tóusù	（动）	二	8
途径	tújìng	（名）	二	11
推荐	tuījiàn	（动）	三	3

W

万分	wànfēn	（副）	三	13
往事	wǎngshì	（名）	三	13

X

下棋	xià qí	（动）	三	14
消毒	xiāo dú	（动）	二	11
协会	xiéhuì	（名）	二	8
心理	xīnlǐ	（名）	二	1
辛苦	xīnkǔ	（形、动）	二	7
欣赏	xīnshǎng	（动）	二	9
幸亏	xìngkuī	（副）	三	10

Y

眼看	yǎnkàn	（副）	二	12
要不然	yàobùrán	（连）	二	10
钥匙	yàoshi	（名）	三	11
疑心	yíxīn	（名）		15
一口气	yìkǒuqì	（副）	二	12
硬币	yìngbì	（名）	三	15
有成	yǒuchéng	（动）		13

Z

杂剧	zájù	（名）		3
枕头	zhěntou	（名）	三	2
争吵	zhēngchǎo	（动）	三	15
挣	zhèng	（动）	二	1
枝	zhī	（名、量）	二	5
周末	zhōumò	（名）	二	12
自由自在	zìyóu zìzài		三	14

专有名词

崔莺莺	Cuī Yīngying	3
法国	Fǎguó	14
红娘	Hóngniáng	3
立美商店	Lìměi Shāngdiàn	9
胖嫂	Pàngsǎo	2
上海	Shànghǎi	14
上海滩	Shànghǎi Tān	14
婷婷	Tíngting	5
西班牙	Xībānyá	14
西厢记	Xīxiāng Jì	3
于清	Yú Qīng	13
张生	Zhāngshēng	3
周冰	Zhōu Bīng	13

语言游戏答案

第1课　十年树木，百年树人

第4课　成人之美

第5课　1）告　2）尖　3）也

第13课　千里之行，始于足下

第14课　欲速则不达